東亞漢藏佛教史研究

王俊中 著

江燦騰
潘光哲 合編
金仕起

東大圖書公司

國家圖書館出版品預行編目資料

東亞漢藏佛教史研究／王俊中著;江燦騰,潘光哲,金仕起合編.－－初版二刷.－－臺北市：東大，2004
面；　公分
ISBN 957-19-2666-3　(精裝)
ISBN 957-19-2735-X　(平裝)
1. 佛教－東亞－歷史
2. 藏傳佛教－歷史
228.3　　92005183

網路書店位址　http://www.sanmin.com.tw

著作人　王俊中
編著者　江燦騰　潘光哲　金仕起
發行人　劉仲文
著作財產權人　東大圖書股份有限公司
臺北市復興北路386號
發行所　東大圖書股份有限公司
地址／臺北市復興北路386號
電話／(02)25006600
郵撥／0107175-0
印刷所　東大圖書股份有限公司
門市部　復北店／臺北市復興北路386號
重南店／臺北市重慶南路一段61號
初版一刷　2003年4月
初版二刷　2004年7月
編　號　E 220830
基本定價　陸元肆角
行政院新聞局登記證局版臺業字第〇一九七號

ISBN　957-19-2735-X　(平裝)

黃　序

王俊中是前輩學者王家儉教授的愛子，素有家學淵源；我則忝列他的博士班指導教授。

這本冊子收集了俊中生前所發表的學術論文。以博士生而言，絕對值得稱道。就量而言，他著述勤奮；就質而言，內容多樣而有見解。刊佈的園地更遍及國內首屈一指的史學期刊。

俊中長期關注漢藏佛教的發展，用心既廣且深；這從他論文的選題可以獲得佐證。全書思慮慎密，加上行文要言不煩，處處展示他澎湃的研究潛力。

他遺留的博士論文綱要告知我們，他擬從政治、文化、藝術的多元觀點，檢視「避暑山莊」在清初多民族國家建構的角色。病發之前，他正緊鑼密鼓地從事準備工作。除了搜尋文獻資料，之前，他還遠赴熱河實地考察。這些都與他一絲不苟、實事求是的治學態度有關。遺憾的是，由於天年所限，他並無法達成他的雄心壯志。這誠是學術界的損失。

比較瞭解俊中，乃他病發前的幾個月。由於飽受流言所困，常來找我談談。偶爾我們一起出去用餐，師生兩人解解悶。一度他想去某個大學任教，我總覺得他的學術生涯斷不止於此，遂鼓勵他先完成博士論文再作打算。

俊中就學國中時為鼻癌所侵，鈷六十的照射雖暫時挽回性命，卻造成言語不便，亦埋下日後致命的遠因（腦血管提早硬化）。他說的話，我僅能領略七、八，但都心知其意，不必一一細究。

有件事，我頗感納悶。即以俊中優異的程度，其實不用上我的宗教課程。嗣後，我方知悉原來俊中在班上找到了「雪地裏的春天」。此事令同學欣羨萬分，亦使我大惑頓解，不禁要興起「善學者如俊中」的讚歎。

俊中樂天知命，好學深思，純潔善良，樂於助人，眾所皆知。病中，諸多師長的關懷、同學的友愛之情、友朋的照料，在在感人肺腑。特別是俊中父母數十年來無怨無悔的付出，內心所受的煎熬，是旁人無從體會的。他們的愛心，令人由衷地欽佩。由此看來，俊中的生命固然短暫，卻是極其豐富而溫暖的。如今他的形體雖已遠去，但他的一言一行，將永遠烙印在我們記憶的深處。

黃進興 謹識

二〇〇三年三月二十四日

編輯說明

本書是王俊中先生英年猝逝之後，由其學長、同學、師友等多方蒐集、借閱其遺稿而匯集成的。但在多樣遺稿中，此書僅精選其中有關漢藏佛教史研究的論文，以《東亞漢藏佛教史研究》為書名，經李訓詳博士洽妥，交由信譽卓著的東大圖書公司出版。而本書所以如此精選，是基於如下考慮：

一、此書應以專業而有特色的學術論文稿，為優先選取的對象。所以遺稿中有些屬於中學時期的短篇習作，就只得暫時割愛了。

二、東亞漢藏佛教史研究，是俊中先生享譽學界的學術專精領域，遺稿中也以此佔最大部分。但因其有關藏傳政教關係史研究的論文，主要是集中在俊中的成名作《五世達賴政教權力的崛起》一書；而此書才於2001年底，由新文豐出版公司為其出版不久，所以為免兩書內容過於重複，只得在最小限度且絕對必要之下，將其部分內容合併，而建構成本書目前所呈現的體系和內容。

三、有關俊中先生遺稿書目的完整內容，經潘光哲博士的整理和分類之後，已納入本書的附錄中，以提供給有興趣想進一步理解者的參考之用。而若有可能，繼本書之後，亦考慮再另出一紀念文集，屆時當可將未曾納入的其他遺稿，悉數納入。

四、在本書所收入的各類論文中，有一篇〈台灣與西藏及在台的藏傳研究〉一文，原登《思與言》第37卷第2期（1999年6月）。其後，俊中先生曾刪除部分爭議性的段落，再被收入由張珣和江燦騰合編的《當代台灣本土宗教研究導論》(台北:南天書局,2001年)一書。所以此次本書編輯時,即以後者的內容為準。

五、俊中先生的東亞漢藏佛教史研究,內容多元,考訂精細,並且常有新的見解提出。這在當代兩岸少壯派的佛教學者中,可謂異軍突起,別豎一幟。他的研究著眼點,是佛教與多民族統治的交涉史為主軸,然後旁涉諸如古代的中國佛教宗派的形成、中古佛教醫學的傳播狀況、乃至近代以來的日本佛教轉變、梁啟超的佛教與時局變革的思維等。

六、特別值得一提的是,由於學長江燦騰的建議,他和由江燦騰所指導的釋滿貴兩人,分別專攻明末清初環繞山西五台山文殊菩薩的佛教信仰淵源史及其歷代所衍生的政教影響狀況。[1]其後,俊中先生又與江氏商定新大綱後,採取邊地多元國家共治的新觀點,來透視清朝統治下的滿、蒙、藏政教關係。所以,其論學實反映台灣學界在九〇年代中期對兩岸統獨意識的憂慮和深切關懷。因此他一方面對五台山文殊佛教道場的歷代變革之探索用力獨深,一方面則透闢分析清初統治下的精巧多面性政策。所以在本書中此類文章共收入三篇——內容前後相貫,成一思維體系——而其學術的份量亦最重,且隱隱然有獨步當代學界的非凡氣概。

七、但由於俊中先生曾擔心其論滿、蒙、藏三地的政教關係與學界主流意見不合,所以江燦騰氏除設法將其書出版之外,並建議

---

[1] 釋滿貴的論文以明末華嚴的思想為主軸,於1996年完成,為佛光山開山三十年來最佳論文之一;而口試答辯時,俊中本人即在現場觀摩。此後兩人還共同論學多次,彼此受惠良多。

他旁治當代台灣佛教發展史，以培養第二學術專長。所以本書收入的兩篇有關台灣佛教史的書評，都是關於江氏的著作。其意見雖非一定成熟，但見解犀利之處仍隨處可見。惜其早逝，否則當可又綻放另一學術領域的異彩。

八、至於其他訪問稿和評論，都是俊中在法光佛教文化究所選修藏文和佛教史的作品，有一定的代表性，故本書亦加以收入。

九、除上述文章外，還特約博士論文的指導教授黃進興博士為本書撰一序文；而俊中先生之父王家儉教授亦特撰〈一個失落的希望〉一文為後記，歷數俊中的成長過程，點點滴滴，流露著對愛子的情深望切，以及對其英年早逝後的沉重失落感，動人心坎。

東亞漢藏佛教史研究

目　次

專論

中國佛教早期宗派問題研究的相關探討

——以吉藏及其三論教學為中心

一、「宗派」問題的由來與相關研究之檢討

研究中國佛教史的中外學者咸一致認為：佛教自南北朝發展至隋唐，在教義研究、僧眾組織等內外形態上，皆產生明顯的轉變。不論學者們以「解析期」與「建設期」；❶或「同化期」與「獨立發展期」❷等分期法來區分這兩個時代，其中共同的關鍵點之一乃在於：天台宗、華嚴宗、禪宗等具有獨立派別意識的教團，是在隋唐之際所形成的，適可為佛教史上這兩個時代作出區隔。因這些教團之名皆以「宗」字為尾，學者們多以「宗派」來稱呼之。

雖然如此，但對於中國佛教宗派的研究，卻是學術界最為紛歧，最有爭議性的論題之一。學者自教義的角度、教史的角度，在各自研究下之中國佛教宗派的數目，自七宗，八宗，乃至有九、十、十四宗之說，極不統一。❸所以如此，其原因有下：

---

❶ 中村元引道端良秀：《概說支那佛教史》中的分期說，見《中國佛教發展史》(上)，頁 5，台北，天華出版社，1984, 5。

❷ Authur F.Wright 的原文分別是 “The Period of Domestication” 與 “The Period of Independent Growth”，見氏著，Buddhism in Chinese Society，Standford University Press，1959。

❸ 顏尚文在《隋唐佛教宗派研究》頁 3 的圖表中，引用宗鑒、湯用彤、

㈠中國佛教各宗缺乏明確且綜合的資料記載，遲至南宋，天台宗人宗鑒撰《釋門正統》、志磐撰《佛祖統紀》，才簡略地提出有七宗之說，❹在此之後，各宗的歷史又付之闕如。

㈡日本遣唐僧使回國時，將中國佛教各家論疏傳入日本，但因未分明教派的性質，往往逕將各個經論系統冠以「宗」名；或以後期日本宗派的發展來揣度早期中國的情形，凝然在《三國佛法流通緣起》（撰於 1311 年，元武宗至大 4 年）載有日本八宗，中國部分則有十三宗，❺便是著例。

㈢南北朝時中國一度盛弘的經論家，隋唐之後或不再流傳，久之，其論疏在國內亡佚，卻保存在日本專宗的寺院。清末民初，國人赴日甚夥，不少漢籍回流中國，三論、唯識等論典在當時佛教徒，無不視為奇珍，凝然等人關於中國「宗派」之說，因此一度流行國內學界。❻

岑仲勉、凝然、宇井伯壽、高楠順次郎、陳觀勝等人的研究，有此諸說。師大史研所專刊（九），1980, 12。

❹ 宗鑒《釋門正統》中有〈載記〉一篇，舉天台之外還有禪宗、賢首、慈恩、律、密等五宗；志磐《佛祖統紀》裡有〈法運通塞志〉十五卷，可視為中國佛教的編年通史。唯二書皆帶有濃厚的天台本宗意識，且時間已在十三世紀，去唐世已遠，只能說反映出南宋僧人的宗派意識。

❺ 計有毗曇宗、成實宗、律宗、三論宗、涅槃宗、地論宗、淨土宗、禪宗、攝論宗、天台宗、華嚴宗、法相宗、真言宗。

❻ 舉例而言，黃懺華《佛教各宗大義》，岑仲勉《隋唐史》中舉出十宗；湯用彤《隋唐佛教史稿》，方立天《中國佛教與傳統文化》則列述九宗；呂澂《中國佛學思想概論》舉有五宗。上述五書，從黃懺華 (1947) 到方立天 (1988) 前後有四十年之久。我認為，造成分宗數目差異的因由不全是在「教義」與「教史」的研究切入點不同，而是學者們對「宗」這個字並未有精詳而共同的使用規範。

但是，凝然的十三宗畢竟是以日本佛教的特有歷史形態，輔以某些揣測而成，❼初傳入中國時即受到學者質疑，而改採十宗之說。❽其後，湯用彤運用歷史考證的方法，證明在《續高僧傳》等史傳部的典籍中，凝然稱為「涅槃宗」、「攝論宗」、「地論宗」、「成實宗」的字眼並未出現，當時著重研究傳講的各個「學派」，與隋唐以後，有始祖、傳承、教規、徒眾的各個「宗派」（文中湯先生亦使用「教派」，二詞似無明顯的分別）在性質上有很大的差別。❾湯先生認為國人宜以宗鑒、志磐的「七宗說」為研究中國佛教宗派的主要根據，後來在北大授課時，他又提出了九宗的說法。❿

湯用彤的研究開始為字義模糊的「宗」字區分出在各個時代不同的涵義，也以「學派」和「宗派」之名分別用來指稱隋唐前後佛教的發展，顯然較前人的研究向前跨了一步；⓫顏尚文接續這個問

---

❼ 湯用彤經多方對照，認為「凝然之說出於自造」，〈論中國佛教無十宗〉，收於張曼濤主編《現代佛教學術叢刊》(31) 頁 233，台北，大乘文化出版社，1978, 5。

❽ 於清末推動將日本所藏中國祖師大德之著疏重現中國的楊文會居士，曾改凝然之作，重撰《十宗略說》，其後黃懺華、岑仲勉皆從十宗之說。

❾ 同❼，頁 215–226。

❿ 湯用彤：《隋唐佛教史稿》，頁 134–273。其中較宗鑒等多出的兩宗是三論宗與三階教，台北，木鐸出版社，1983, 9。

⓫ 早期開啟研究中國佛教宗派風氣的多是日本學者，如山崎宏《支那中世佛教の展開》(昭和 22，西元 1947)，書中依地理區域的分佈將隋唐佛教分為：北支那幹線、太行山麓線、五台汾河線、中支那幹線、江南地方群、北中支那連絡線、四川地方群、廣東地方群等八區，並對宗派問題略作分析；真野正順《宗觀念於佛教之成立》(昭和 39，西元 1964) 則自「判教」、「經宗」和「眾」三個角度探討「宗觀念」，其結論是「宗觀念」作為「宗」的特別立場在中國是沒有的，直到傳入日本方才成立；湯用彤的研究顯然有別於山崎宏，且似開啟了真野正順

題意識，並對「宗派」擬了一個定義，其要如下：

㈠構成宗派最基本的因素是宗義與師承，在此種關係發展下產生專宗寺院、組織、制度等要素。派別意識由隱而顯地貫串在宗派教團發展的過程中，產生宗祖、道統等強烈的爭執。

㈡各宗派有發展程度之不同，可區分為兩種形式：1.學派式宗派：僅有宗義與師承關係，及微弱之派別意識的教義體系。2.教派式宗派：包含宗義、師承體系、專宗寺院、組織制度與強烈的派別、宗祖、道統意識等因素的教團。⓬

顏書依此定義，將「學派」和「教派」都收攏在傳統習用的「宗」字底下，討論包括毗曇、俱舍、涅槃、三階等十五個「宗派」，研究方法是檢索摘出僧傳中凡對某經某論曾有修習、傳講、著疏的法師，依師資關係的親疏，劃分為主系、次系、獨家三類，統計成數字表，從中看出各「宗派」勢力的消長。當然，顏書中「宗派」的定義是歷來研究成果的綜合集成，但似仍有可討論的餘地。首先，若宗義、師承是構成學派式宗派的不可缺乏的條件，則依湯用彤的研究，南北朝弘法最盛的經論諸師，多半尚未有統一的宗義和明確的師承，⓭則成實等作為「宗」的定位便成問題；其次，追溯宗祖，具強烈的道統意識，似只限天台、華嚴、禪等「宗派」，且時代到中唐以後才趨濃烈，是在比較特殊的歷史條件下形成的，如此，所謂「教派式宗派」與「學派式宗派」的中間，即產生相當分明的斷層；其三，湯用彤嘗試自「宗」字底下析理出其雜多紛歧的歷史面貌，但顏書

以下學者的視野，平井俊榮討論宗派的部分，幾半承襲湯說，詳見下文。

⓬ 顏尚文：《隋唐佛教宗派研究》，頁 4。

⓭ 同❼所引文，頁 222–226。

的分類類型卻又把這多元的歷史面貌予以概念化與簡約化了。性質極不相同的「學派」和「教派」全部統合在「宗派」的概念底下，皆冠「宗」名，造成同名而異指，似不如湯用彤先在名稱上予以區分來得恰當。

雖如此，用湯先生「學派」與「宗派」的劃分來說明南北朝至隋唐的佛教類型，亦會遭遇到研究上的難題。理由是在這一段四百多年的長時間內，中國佛教的發展形態非此二類型所能說明完全。現今留存下來各個專宗的史料，在祖師相承、道統維護等內容上，皆是該宗後傳的宗徒所追記的，以之來理解數百年前該宗早期的歷史情況，實已失真甚多，且多少有誇張歪曲之處。另外，「學派」和「宗派」的討論，在湯、顏兩書的論說中，其間有一種進化式的發展關係，這仍然帶有部分後設的立場。在歷史之兩者雖各有典型（如涅槃等論師屬於學派，天台宗等屬於宗派），也有相對的定義，但是基於此種定義所作的研究判分中，某些佛教教團，學者們便容易產生判分的困難。舉例來說，吉藏的三論學傳承⓮便是在學派、宗派二分底下令人感到困擾的一支教團，在早期提出的十三宗、十宗的觀念裏，「三論宗」皆列居其一，在湯用彤用史實考察的研究裏，三論宗「已形成教派，但傳世甚短。」⓯呂澂亦指出，「三論宗」是隋唐宗派的五宗之一。⓰但此種看法時至晚近，已有所修正，藍吉富

⓮ 自民初以來，學者多以「三論宗」來指稱這支自僧朗至吉藏攝山一系的三論學傳承，此說在中國宋代以來對宗派記載的典籍中並未出現，顯係受日人的影響。本文以下多以括號將此詞限定化，是因不欲在一般「宗」字底下學派與教派二分法的意涵上理解這支傳承，因在筆者認為，「三論宗」就史實而言不符合兩者的定義。

⓯ 同❼，頁 233。

⓰ 呂澂：《中國佛學思想概論》，頁 175，台北，天華出版社，1991，5。

以宋代各宗為宗派的依據，認為吉藏並未為三論立派，且吉藏本人亦缺乏宗派意識。⑰專門研究吉藏學承的日本學者平井俊榮更進一步指出：中國三論宗是「歷史性的虛構」，但他亦承認，「三論宗」的性格特殊，既與成實等學派同列，在某意義上又與（天台等）宗派同質。⑱在我個人的理解中，學者對「三論宗」的「屬性」產生的歧異，並不是「三論宗」在隋代、唐初，與同時代各教團比較之下顯得特殊，但因其傳世不長，恰恰只反映出其所處的時代中國佛教面臨轉型期的歷史性格，所以就易被以宏觀角度研究教史的學者們所忽略，而難以定位了。

本文的目的並非意圖討論「三論宗」的教義、師承與興衰，而主要關懷的論題乃是：在過去學者慣以宗派的興起思考隋唐以後中國佛教發展的研究模式底下，是否忽視了這段歷史轉變的某些事實真相？本文以下的部分將進行這方面的探討。

二、南北朝佛教風氣的發展——以南朝為主

佛教自東漢傳入中國，歷三國、西晉，到南北朝時，印度佛教各系統經律論典的翻譯和流傳，已累積至相當的規模與範圍。諸如大乘空宗的《般若》、《維摩》、《三論》；大乘有宗的《華嚴》、《涅槃》、《地論》、《攝論》；小乘論典則有《俱舍》、《成實》、《沙婆多》等諸論。出典既多，各個經論在教義的闡釋上又非一致，關心「正法」法脈的佛教徒為求如實理解佛法，乃窮經闡論，或行遊訪師，講經

⑰ 藍吉富：《隋代佛教史述論》，頁 198–199，台灣商務印書館，1974, 5。

⑱ 平井俊榮：《中國般若思想史研究——吉藏　三論學派——》，頁 53，春秋社，1976, 3。

說論的風氣於是大盛。湯用彤比較東晉與南朝齊梁之後的佛學，指出前者崇尚「清通簡要」，以能清談玄理見長；後者則務期兼通眾經，以能講說經論知名。[19]如此，在南北朝的佛教界有兩個明顯的現象：

㈠眾多僧人遊方各處，轉益多師，不侷於一家一派。

㈡針對某一部佛經的著疏，其卷數較前代有明顯地增加。

據僧傳記載，劉宋僧人慧基為求洞解群經，「遊歷講肆，備訪眾師」，基之弟子慧集亦「遍歷眾師，融冶眾說；三藏方等，並皆綜達。」[20]時惠基的講壇有學徒千餘人。在闡解佛經上，慧基和惠集都未意識到經論中大小空有的異說，亟欲藉著博求廣聞，以相辯校。基與集雖身為師徒，但卻各有專擅的經論。

講習風氣的興盛，使得尋文求義，訓解章句日益普遍，乃有集注產生。梁武帝時敕撰《涅槃集注》，卷數達七十一卷，內搜集注疏就有十九種，可見在南朝，宣講《涅槃經》的家數之多。而在歷經一段時期的習講闡解之後，各部經論的要旨漸為時人所悉瞭，在史籍中於是出現一些如「成實師」、「涅槃師」、「數人」等名詞，此外，另有「雜心家」、「毘曇宗」等字眼。但是，若依照上下文義，這裏出現的「宗」字指的是雜心、毘曇中的學說與義理，時人或許已經察覺每部經論多少有一些各自核心的觀念，但，除此之外，此時的「宗」字絲毫沒有後世佛教宗派所指涉的，具有獨立意識的教團之意。類似的記載，到南北朝末期已在多處史籍中可見。

隋初，晉王楊廣曾致書天台智顗大師，指出他對佛教經論不知從何選擇的困惑：

---

[19] 湯用彤《隋唐佛教史稿》，頁 248–249。

[20] 慧皎《(梁) 高僧傳》卷八，《大正藏》五〇，史傳部二，頁 369。

若習毘曇，則滯有情著；若修三論，又入空過甚；成實雖復兼舉，猶帶小乘；釋論、地持，但通一經之旨。如使次第遍修，僧家尚難盡備，況居俗而欲兼善？㉑

楊廣所指的毘曇、三論等，都是隋初流行遍及南北的佛教學說，身為皇子的他，猶有佛學廣大，不能盡修之憾，透露出在其時教徒的求法態度上，漸漸醞釀有由廣求博涉而趨專一以深的傾向。早在南朝齊、梁之世，即有專盛《成實論》的風氣，現代的佛教史家如湯用彤等，皆視成實為南朝典型的學派，至梁代時，且是佛學最大的流派。梁三大師：莊嚴僧旻，開善智藏，光宅法雲，皆擅長成實而名耀當世。然據吉藏的記載，三法師雖習「成論」，遍釋眾經，「但開善以涅槃騰譽，莊嚴以十地、勝鬘擅名，光宅法華當時獨步。」㉒三人對大乘經典均另有擅長，對《成實》的教理亦無一致的解釋，亦不見時人有標高《成實》，而區判其他經論的情形。唯三人皆各領有私家弟子，㉓此乃所謂佛教學派之一般。

般若性空之學原是南方佛學主流，後因涅槃、成實的流行，一度消寂。至南齊時北方僧人遼東僧朗在攝山弘傳三論之學，才復重續學脈。僧朗明顯地受到重博綜的時風影響，「凡厥經律，皆能講說」，除講三論，亦大弘《華嚴》。㉔

唯當時南方流行的成實之學，與三論言近而實非，僧朗到南方

㉑ 灌頂《國清百錄》，卷五十二，＜王重請義書第五十＞《大正藏》四六，頁 793。

㉒ 吉藏《法華玄論》，《大正藏》三四。

㉓ 均正《四論玄義》中有謂「開善門徒」、「莊嚴寺門徒」等，湯用彤：前引文，頁 258。

㉔ 慧皎《(梁) 高僧傳》，卷八，〈法度傳〉，《大正藏》五〇，頁 80。

後首標非難成實師的大旗，此後攝山一系的師徒，便以喝破成實為最鮮明的家風。僧朗弟子僧詮講大品，讀三論，不開涅槃、法華。[25]傳學的重心漸有所專，但僧朗和僧詮並非南朝義學出身，朗好坐禪，詮的行教方式也是「頓跡幽林，禪味相得」。[26]至僧詮弟子法朗，法朗弟子吉藏時，一反祖風，以南方宣講經論的方式，在京師大邑大開法筵，機鋒所至，斥外道、批毘曇、排成實、呵大乘，法席所在，眾常千餘。在吉藏時，傳教標舉的已經是「建立三論，欲申正教」，以三論為大宗、正教，攝論、成實等為非正教，為小宗。有所專，有所破，這種激烈的教義爭執，已遠非齊梁時代的佛學風氣所能比擬。

南北朝時因佛教傳佈日盛，譯出經論亦益加龐多，為攝化經義，乃有講席，撰著論疏的流行。各種經論的經師、論師，據史傳記載，多於南朝領域內各擅勝場。但是，初起階段因時尚博通眾經，各經論師間的競爭尚不激烈，家風性格尚不分明；然而到了南北朝後期，各部經論的宗旨已因長久的闡發，而漸有論說上的交流與歧見，論師、經師在教理上的諍論轉趨激烈，前面所述吉藏等師標舉三論為正法、大宗，呵斥成實等師的作法，殆為時代學風的轉向，標誌出某些訊息。

三、「眾」在教史中的出現

湯用彤指出，南北朝學派中所謂的「宗」，與隋唐佛教教派的

---

[25] 僧詮的事蹟見湛然《法華玄義》，卷十九，《大正藏》三三，頁951；又道宣：《續高僧傳》，卷七，〈法朗傳〉，《大正藏》五〇，頁478。

[26] 見上，〈法朗傳〉。

「宗」，其指涉有所不同。後者蓋為一有創始，有傳授，有信徒，有教義，有教規的宗教團體。[27]獨自的教義，在南北朝末期的成實、三論之諍已現端倪，以下將就教眾和師承二者續作闡說。

承上所說，南北朝末期，教徒們對佛教典籍開始有「一門深入」的認識，到了隋初，乃具體地以「眾」的形態出現。開皇年間文帝曾敕令設立「五眾主」，關於此段歷史，由於謹存片斷的資料，至今所知不多。據《續高僧傳》所載，五眾包括：十地眾、講律眾、大論眾、涅槃眾、講論眾。眾主（首席講員）來自四方，受召入京，住長安大興善寺。[28]五眾主雖並非各有獨立的寺院，[29]但是以專門法師致力專弘一經一論，在教史上卻似是首例，反映其時佛學分門益細的趨勢。尤可留意者，是「眾」字。《續高僧傳》曾提及文帝所置五眾「各使一人曉夜教習，應領徒三百。」則五眾之設，當類同於漢代朝廷為儒家所設的五經博士，各「眾」所領的徒眾達三百人之多。

若言隋文帝時的「五眾」乃隋唐宗派的前身，則缺乏可資連繫的明確証據。「五眾」制度在隋代為時似乎並不長，且「五眾」的教學，沒有一眾與日後流行的宗派有直接關連。但是，隋初此種專門化的經論師，專門化的徒眾，不只見於官方的設置。《續高僧傳》卷八〈曇延傳〉載：「開皇四年下敕，改延眾可為延興寺。」此處的「延眾」，依上下文義，即「延法師眾」，是曇延為主持者的僧眾團體。又《續高僧傳》卷十二〈靈幹傳〉載：「開皇三年⋯⋯有海玉法師講華嚴眾，四方追結用興此典，幹即於此眾講釋華嚴，東夏眾首咸共

---

[27] 湯用彤《隋唐佛教史稿》，頁257。

[28] 見道宣《續高僧傳》中，慧遷、洪遵、寶襲、童真、智隱等傳，《大正藏》五〇。

[29] 湯用彤在此點上似乎稍有誤解，見〈中國佛教無十宗〉，頁222。

褒美。」則更進一步指出部分「眾」的結合，是依某部佛教經典，未必是依師。從文中所謂「東夏眾首」一詞來看，或可推論隋初全國各地的僧眾集團已有相當的數目，且彼此之間會相互品評聞知的情形。

後世尊稱為天台宗三祖的智者大師，早在南朝・陳時便有結「眾」的記載：

> 陳主既降法筵，百僚盡敬……因即下敕，立禪眾於靈曜寺，學徒又結，望眾森然。[30]

在南朝義學開法筵席時，吸引眾多信徒前來聆法，並非稀事。吉藏之師法朗於陳都興皇寺開講《三論》時，眾常千餘。隋代所立、所置於官方或民間的「眾」，和在南朝義學講會的聽經者、北朝大寺院中為數眾多的住寺僧人，有什麼不同的性質？資料中並沒有進一步的解答，唯一可以比較的是，早期南朝的學僧（如前章所舉慧基等人）均廣訪眾經，聽講綜習，僧人為了廣求，往往行腳各寺，僧眾之間聚散不定。北朝的情形與此有所不同，如北朝末期曾居鄴京的曇延，善《涅槃》，他於隋初在延興所的「延眾」，到唐高宗道宣撰《續高僧傳》時，猶「門人見在」（見《續高僧傳》卷八），可見「延眾」的存在維時已達八十年之久。

南北兩朝的佛教，於僧徒求法、僧眾組織上的差異，到了隋唐時代，隨著帝國統一，佛教教學、修行、寺院形態等方面逐漸有交流的趨勢之際，較早期出現的「眾」組織，是否在一些方面，成為日後某些佛教師承團體朝向「宗派」形態過渡的前因？對此問題細緻的解答，有待學者們更進一步的研究。

---

[30] 道宣《續高僧傳》卷十七，〈智顗傳〉。

四、師資、付囑與漸興的法統意識

次就師承、承命傳法和教團間的派別意識再作闡說。「人能弘道，非道弘人」，佛法必得人力弘倡，才能廣為傳播；而徒眾也必須藉由法師的開示，才能排難解惑，對佛法產生堅信。故師徒相承，本是佛教傳播最重要的方式，《法華經・法師品》中偈曰：「若親近法師，速得菩薩道；隨順是師學，得見恆沙佛」。[31]入華之後，教徒倚仗法師的情形亦是如此。東晉道安晚年頗有懷念其師佛圖澄之語：僧叡在〈喻疑論〉中也美讚其師道安宣法「不悖性空之旨」；[32]另一方面，鳩摩羅什對其門下僧肇、僧叡亦曾留下不少讚譽之詞。師徒之間，朝夕相處，耳目交接，感情上的憬慕乃自然流露，但此種感情未必會發展成一種穩固而代代相承的關係。見諸僧傳等史料，其前，佛法傳布的情形多是：僧人行腳，遊蹤四方訪師問經，法師在道場執一經一論講說，座下聆者逐文研讀。若逢對機，便得法會心；若久不得其門而入，則即繼續行腳，再訪明師。後期宗派所標舉的「傳正法，付正統」的觀念，在梁，陳幾不曾見及。

成實師是齊梁之際佛教最大的流派，前舉梁代三大師的僧旻、智藏、法雲，據智者大師《摩訶止觀》卷三指出，三人對涅槃佛性的理解各異。後人譏曰：「成實師說，自相爭鬥」，[33]就是以後期佛教宗派的觀點，對早期學派以學問研究方式探討佛學的批評。資料中未曾見三大師標榜其師資傳承，三師在梁都所在的寺院，也非成

---

[31] 《妙法蓮華經》卷第四，《大正藏》九，頁 32b。

[32] 僧叡〈喻疑論〉言：「附文求旨，義不遠宗，言不乖實，起之於亡師。」此處「亡師」指的便是道安。

[33] 智顗弟子灌頂在《涅槃玄義》卷上所言。

實專宗所屬。在這一點上，三論師吉藏的作法便大不相同。吉藏極重視家學，在其著作裏，不論是述及自家學脈，或破斥他說，多次皆以「師資之有無」立論。㉞當他自述師資時，每指出家學是來自「關河舊說」、「攝嶺相承」。攝山一派，僧朗——僧詮——法朗——吉藏這四代的傳承，吾人可以從僧傳資料中獲得確立，但是僧朗來自遼東，其前的師資關係，資料中便較模糊。在吉藏卷數龐大的論疏中，他將僧朗的得法，歸自於關中僧肇的〈不真空論〉，僧肇是姚秦大翻譯師鳩摩羅什的重要弟子，如此，順理成章地，南朝攝山三論師資便進而上推至鳩摩羅什了。吉藏在著作裏也屢屢稱引鳩摩羅什和其門下僧肇、僧叡的文句，但問題是，當年鳩摩羅什在長安主持譯場，除譯出《中論》、《百論》等論外，也譯出《成實論》，吉藏師徒當時列為傳法首要教敵的，正是成實師。對吉藏這種師承推引的安排，我們或可理解為在當時教團競爭的心態下，吉藏等欲藉自比為關中正學，以俾打壓同源對手的一種方式。

三論師法朗的門下人才濟濟，其中吉藏則是將三論之學弘揚到北方隋都長安的第一人，吉藏在長安的講壇之盛，聲譽之隆，著述之富，法朗門下其他徒眾確實無出其右。但是，法朗和吉藏師弟之間，並沒有後世宗派（尤其是禪宗）「傳法」、「傳衣缽」的關係。據載，法朗圓寂前，曾有「遺囑」召命，但吉藏並非所囑。《續高僧傳》

㉞ 吉藏立說反對真諦為正因佛性，其理由是：「問：真諦為佛性，何經所出？承襲是誰？無有師資，亦無證句，故不可用也。」（《大乘玄論》卷三）；另時人疑唯識、《攝論》等經論為不可信，吉藏則舉論師世親在《付法藏因緣傳》中有傳，故當可信。（《法華玄論》卷四）。按《付法藏因緣傳》乃記佛法代代相傳的典籍，湯用彤疑此書內容係北魏太武帝毀法時，為證佛教法統，據舊記編撰而成的。（《隋唐佛教史稿》，頁263）書中標舉師資一脈之說。

卷十五〈法敏傳〉:「朗公將化，通召門人，言在後事」，因座下明法師「居此席，不移八載，口無談述，耳無妄涉」，舉明法師繼朗主持講座。日後明法師領眾入茅山，道宣還稱他是「興皇之宗」。《續高僧傳》中其他地方尚有多處記載講座法師將亡，以「付囑」、「付麈尾」傳座下英達弟子賡續法筵的例子。㉟後世尊為天台宗初祖的慧文，其門下最著名的弟子並非天台二祖慧思，而是智璀。時人評智璀為「禪慧兩深，帝王師表」，㊱殆一時國師，但因為後來天台宗人上推智者大師的師資承襲為慧文——慧思——智顗，一度顯赫的智璀卻由此沒無聲聞。由此可見在南北朝、隋代、唐初時，已出現以「遺囑」、「付囑」的方式，命弟子接掌講座的情形，但這種作法的目的在當時是為使某部經論的講席不致中斷，當沒有後世宗派承繼的意味。

當時南北方皆有敘述印度佛教法統的著作流傳。北魏時吉迦夜與曇燿所譯的《付法藏因緣傳》於太武帝毀法之後流傳，以「代代相傳」說明佛法的傳播；南方流行關於傳法的記載，則有《薩婆多部相承記》，是律師僧祐采集古今關於十誦律傳授的記載所編輯而成。這二部典籍，後世成為各個宗派援引作為爭執法統的主要依據，吉藏亦倚《付法藏因緣傳》為時人究疑經論解答困惑。㊲這種在佛法中分判「法統」，批判他宗的風氣到南北朝末期轉趨激烈，其中鬥爭氣氛最強烈的例子之一，是梁、陳時的三論師破斥成實。三論、成實皆言空學，羅什門下多是兩論並講。成實盛時，三論不彰，蓋

㉟ 湯用彤《隋唐佛教史稿》，頁 264–265，引〈道莊傳〉〈智璩傳〉、〈法恭傳〉的例子。

㊱ 道宣《續高僧傳》卷十八，〈曇遷傳〉，《大正藏》五〇，頁 572。

㊲ 見㉝。

因《中論》、《十二門論》等論義艱深，難究其理，且時人不察兩者說空之別也。蓋自習三論者看來，成實師雖言人法二空，但以析法解空，不言緣起之性空，非但住空，且用的是小乘的析法。故自僧朗以至吉藏，四代師徒，弘法的行徑方式雖不相同，或禪隱山林，或講經於市肆，但維繫師徒法情最大的共通意識，便是破成實師，以恢復關中僧肇不真空的學脈。到第三、四代法朗、吉藏師徒，得到帝室貴冑的支持，在國都大邑，以博辯犀利的機鋒，「破邪顯正，只破不立」，雖毘曇、地論、攝論，無不究難，然話鋒所指，針對的仍主要是成實師。《陳書》中述及時僧大心法師斥責「弘三論者」：「雷同訶詆，恣言罪狀，歷毀諸師，非斥眾學」；法朗弟子傅縡聞言，著《明道論》反駁稱佛弟子應「須掎摭同異……忘身而弘道，忤俗以通教。」㊳可見大心法師所指責的，正是攝山三論師。這種論師間的忤抗與對立，甚至激起佛教徒之間的互害相殘。《續高僧傳》記載：武德二年，靈睿法師入蜀講三論之學，「寺有異學，成實朋流，嫌此空論，常破吾心，將興害意」，兩度乘夜襲擊，欲置之死地，而終不果。㊴南嶽慧思〈立誓願文〉中，亦述有惡僧四度毒害而未死之事。《續高僧傳》卷十六亦載，後世尊為禪宗二祖的慧可，在鄴都行道時，與當地僧人道恒因對修禪有不同見解，為恒所陷害，幾至於死。可見當時因教義和利害的衝突，僧眾之間傾軋之激烈。

另外，以前述靈睿法師為例，靈睿並非法朗的弟子，但曾入長安流聽諸法，大約見識過當時吉藏在京師的風采。

靈睿在四川講三論，竟也一如攝山三論師的家風，破斥成實，可見到隋代全國統一，京師成為南北佛學各個流派溝通較量的中

㊳ 《陳書》卷三〇，〈傅縡傳〉，頁1887上。

㊴ 道宣：《續高僧傳》卷十五，〈靈睿傳〉，文殊版，頁428。

心，攝山三論的家風，不僅自南方北傳，風被於長安，且一度西傳到達四川。由此可見，與齊梁時成實三家學說紛歧的情形相較起來，到了隋代唐初，一種基本上統一的三論之學已經成立，且風行一時。

五、餘 論

以上就講經、立眾、師資、法統觀念等項目來討論中國佛教自南北朝末期以至隋唐初期的轉變。由於立論和篇幅的限制，取材上筆者主要是運用僧傳，以及吉藏等三論師對當世教界的記載，所以並不能反映這個時期佛教史的全貌。譬如說，為了統攝當世流傳經論的紛雜內容，有所謂「南三北七」的判教出現，這是中國佛教在本土獨立創思，展現中國人接受佛教四百多年來開始對佛教教義產生系統性、批判性見解的一個重要顯示。湯用彤等教史學者認為：後世天台、華嚴等宗派立派的骨幹，就是其各自的判教理論。但本文的目的不在研究單一宗派興起的條件，而是希望較具體的點明：學者皆認為中國佛教有新的發展的南北朝到隋、唐期間，其間經歷面的轉變及其因由何在？

如同在第一節所述，自湯用彤以降，學者已不再將「宗」字稱謂南北朝所流行的經論師，也開始用定義之後的「學派」和「宗派」來指涉南北朝與隋・唐佛教各自的性格與特色。但是一旦在研究觀念上有了界定，就會產生觀念與事實之間是否相符的問題，禪宗所言的「說似一物便不中」，三論空義中的「究竟無所得之理」便成了值得研究者思索的哲理。

對「三論宗」的屬性，較之其他的佛教流派，學者間有較大的歧見，便是因為「三論宗」流行的時代恰好是中國早期佛教團體的型態朝向一個新方向過渡的時段，但是，在此期間，「三論宗」乍興暴落，此後吉藏等師的著作又在國內失佚，到了南宋，宗鑒、志磐等擬為佛教撰通史大綱時，殆已經遺忘了這支於隋唐之際盛弘一時的教學。（與「法相宗」相較，這二支同樣短壽的教學為何後者受到國人記憶，而前者受到遺忘，是個有趣的論題）。三論在當世的確沒有稱「宗」，藍吉富亦指出，吉藏雖優禮於隋唐帝室，但他並沒有宗派意識，且其時天台智顗等大師同樣沒有宗派意識。[40]可見宗派觀念之形成，確實是後期教史中發展出來的。而從上文中可知，吉藏等三論師在教義、師承觀念、法統意識上，都絕異於南北朝的涅槃、成實諸師，日本學者平井俊榮逕稱之為「三論學派」，亦模糊了三論師與「學派」間的異質性格。

由此，不難看出早期學者以分類來作研究的侷限。「學派」與「宗派」的分類概念，在教史的長期發展進程中並不是「非此即彼」的，直覺地用「宗派興起」來思考隋唐佛教時，亦當考慮到，在隋代、唐初的天台、三論尚未有宗派觀念的事實。對於三論這樣一個性格特殊的教團，如果強要加以歸類，筆者認為或可用「宗派前期（時間），抑是「宗派雛型」（教團性格）二詞來思考、稱謂三論與早期的天台、禪宗，當是較貼近事實的作法。

---

[40] 藍吉富，《隋代佛教史述論》，頁 198–199。

中國中古佛教醫學幾點論題芻議
——以「四大」和「病因說」為主

一、佛教、藏經與醫學

佛教以「空」作為解釋世間一切色法存在的本性，這是貫通上座部和大眾部的教義。待傳到中國，在唐・三藏法師玄奘翻譯的《般若波羅密多❶心經》中即言：「觀自在菩薩，行深般若波羅蜜多時，照見五蘊皆空，度一切苦厄 ...... 色不異空，空不異色；色即是空，空即是色」，❷依此看來，作為緣起法的性空既為所有色法的本質，則一切色法，包括人體的色身，在解脫道上來看，是無什可以執著的。以故，在佛陀本緣經中的《佛本行經》用以下譬喻來形容色身：

如壞器盛水，亦難可久保；
輕脆基於是，無強速壞捨。❸

然而，雖如此，但並不表示佛陀視肉身如同印度耆那教 (Jaina) 苦行主義般視之為解脫的障礙，佛陀強調的是行「中道」❹，雖要

---

❶ 般若波羅蜜多，梵語 prajna-paramita，意「大智慧到彼岸，為佛教教義精髓。

❷ 唐：玄奘譯，《般若波羅蜜多心經》(T08, No.251)，頁 848。

❸ 宋：釋寶雲譯，《佛本行經》第二十六《魔勸捨壽品》(T04, No.193)，頁 98。

對色法存在的「無常」與「無自性」時時警覺，但因「人身難得」，也要保持色身的康健，不要過於虛耗它，如此才能對之有所提昇，以為解脫之津。故《佛本行經》復曰：

當作是覺知，可得四大身；
何見正諦者，堪任昇此身。
眾生愚癡故，悅意不懷憂；
見他有死者，不自計當爾；
放心於不要，耗盡其壽命；
終不設方便，求益已善本；
當作是覺知，普世歸無常。❺

如此，在原始佛教，尤其在早期的經部、律部中，並不忌諱談色身的問題，他們把維持壽命之道看做是一「方便」和「善本」，尤其是釋迦牟尼悟道前，曾行耆那教的苦行，日食一麥一穀，為之形銷骨毀，力乏不支，終於飲用善女佈施的羊乳，才在菩提樹下坐悟證道，成為佛陀。此事更象徵性的指出原始佛教認為要擁有色身的正常狀態，才能有正覺的意識，也才具有成就正法的條件。

但是，佛教愈往後發展，因應各地習俗和歷史因素，面貌逐漸有了多元性，也就有了宣教和傳播上的取捨，對中國中古僧侶來說，因為「末法、無佛時代」的末日感極為濃烈，逐漸有「捨此世，就彼世」的宗教心理❻，在亂世中為了超脫俗世，專意朝「修心」的

❹ 如《中論》首句：「因緣所說法，我即是空，亦為是假名，亦是中道義。」

❺ 宋：釋寶雲譯，《佛本行經》第二十六〈魔勸捨壽品〉(T04, No.193)，頁 98。

❻ 北魏·曇鸞 (476~?) 等宣倡的「淨土信仰」就反映出中古人士渴望有一個穩定、純淨、平等之「彼世」的想法。

方向修持,「修身」就成為不究竟的修持法門,這時,色身患病,和如何去醫治的問題,便非「經院佛教」關懷的重點。❼重「心」不重「身」這一點,確實是隋以後編輯藏經的僧侶們所執持的原則,譬如,在唐僧智昇編集的佛經目錄《開元釋教錄・元魏錄》(AD.730)中,對《龍樹菩薩和香方》這部印度醫方明著作的解題旁,即附加小註曰:「凡五十法,今以非三藏,故不錄之」,❽現存為數龐大的藏經中雖並不乏關於醫理、醫論、療疾禁咒、衛生、醫德等典籍,但由於佛教在社會上傳講的內容偏向「內明」,許多非內明的外四明❾的著作,尤其是在晚期翻譯的典籍,❿泰半在論列藏經的討論後

---

❼ 若說在實際社會中,佛教的傳播依「教義理解」和「參修深淺」的不同可分成經院佛教、寺院佛教、居士佛教、民間佛教四類,而以經院佛教作為保存佛教藏經、宣說佛法、判別正信和邪說的標準,則在唐到宋這段期間佛教「醫方明」著作可說在經院佛教僧侶們編集藏經時普遍受到忽視,尤其是後期翻譯的經典,收錄入藏經的「醫方明」著作愈少。但是另一方面,醫學,可能多半是中醫的醫方和藥方,在寺院佛教行社會布施、慈善醫療上卻發揮了相當作用:早先在南齊時,文惠太子和竟陵王子皆好釋氏,立六疾館以養濟窮人:梁代於普通三年,詔置孤獨園以恤老幼,這兩方機構皆由佛教僧侶來籌款主持,且實際擔任照顧和醫療的工作;時至唐代武宗廢佛,「悲田養病坊以僧尼還俗,無人主持,恐殘疾無以自給,乃命兩京,量給寺田,諸州或七頃或十頃,擇本處耆老勾當。」(《舊唐書・武宗紀》)可見早期寺院僧侶擔任葬濟和療病活動在社會上曾具相當的份量。這情況到了宋代,由國家設置福田院、養濟院,又回復到由僧侶主導的局面,其組織制度,為歷朝之最。(見黃敏枝,《宋代佛教社會經濟史論集》,臺北學生,1989。頁 423–424),可見要研究佛教醫方明與醫療活動在中國社會扮演的角色,必須將「佛教」的內容分成數項,分別視之,才較能看清全貌。

❽ 唐:智昇,《開元釋教錄》(T55, No.2154),頁 477。

---

❾ 佛教在印度的學術，有所謂「五明」。此為印度與西域僧侶，必學習的學問有五：

一、聲明，明言語文字者。

二、工巧明，明一切工藝、技術、算曆等者。

三、醫方明，明醫理及治病法者.

四、因明，考定正邪，詮考真偽之理法者，所謂論理學、邏輯學也。

五、內明，明佛教之宗旨者。

前四明與印度傳統學術同一；內明則與印度他教教義有異。婆羅門教以「四吠陀論」為內明，佛教以「三藏十二部教」為內明。唐玄奘於十六年間，遊歷印度、西域等一百十餘國與傳聞中二十八國之見聞錄《大唐西域記》卷二言：「(印度佛教徒）七歲之後，漸授五明大論：一曰聲明，釋詁訓字，詮目流別；二曰巧明，伎術機關，陰陽曆數：三曰醫方明，禁咒閑邪，藥石針艾：四曰因明，考定正邪，研覈真偽；五曰內明，究暢五乘，因果妙理；婆羅門學四吠陀論：一曰壽，謂養生繕性；二曰祠，謂享祭祈禱；三曰平，謂禮儀占卜，兵法軍陣；四曰術，謂異能伎數，禁咒醫方。」(台灣商務，1971，頁 24)

❿ 藏經中的醫方明著作並非全無，數量還不算少。以目前學界通用的《大正新修大藏經》為例，就收有《佛說醫喻經》(T4, No.219)：《佛說胞胎經》(T11, No.317)；《佛說佛醫經》(T17, No.793)；《大藥叉女歡喜母並愛子成就法》(T21, No.1260)；《能淨一切眼疾病陀羅尼經》(T21, No.1324)；《佛說療痔病經》(T21, No.1325)；《佛說咒時氣病經》(T21, No.1326)；《佛說咒齒經》(T21, No.1327)；《佛說咒目經》(T21, No.1328)；《佛說咒小兒經》(T21, No.1329)；《除一切疾病陀羅尼經》(T21, No.1323)；《迦葉仙人說醫女人經》(T32, No.1691) 等。這些佛典多是唐以前翻譯的，入唐以後，由旅印僧侶義淨翻譯印度醫書，與密宗大師不空翻譯的陀羅尼 (Dharani) 禁咒最多，宋以後，印度佛教已經衰微，中印交通因此中斷，立基於城市寺院，擅解佛經的中國各宗派勢力亦因政治力量的「滅佛」之舉而泰半殘破，此後少再有醫方明的經典入藏。另外，上述的《迦葉仙人說醫女人經》、《佛說胞胎經》等，幾乎完全談的都是女子懷胎十月的身體變化過程，內容絕大部分都是醫學。但不知是否因冠上了「經」名，使得其內容得被羅列至具有神聖含意

被剔除出《三藏》外，因此，這類的經典往往不被刻版印製，甚至在後世的動亂中漸次失佚了。

若我們對照早期正史中「藝文志」類的目錄，與現存佛教藏經內容，可以發現上述的例子並不少見。例如在《隋書・經籍志》中收錄有龍樹菩薩醫藥書三種：

《龍樹菩薩藥方》四卷
《龍樹菩薩和香方》二卷
《龍樹菩薩養性方》一卷

其中也收錄了中國僧人的醫藥著述，如：

釋曇鸞，《論氣治療方》一卷；
《療百病雜丸方》三卷
沙門行矩，《諸藥異名》八卷
釋僧匡，《針灸經》一卷
釋道洪，《寒食散對療》一卷
釋莫滿，《單復要驗方》二卷[11]

另外，在《宋史・藝文志》的醫書籍目中復收錄有《龍樹眼論》[12]一種。但是，這些佛教醫藥書籍，因為種種因素，未被列入後期編集的藏經中，加上屢遭戰火劫掠，遷徙毀損，後世多已散失不存了。

的藏經之中，而後述的龍樹菩薩多本醫藥書因只有「方」名，故連「論」藏也不能羅列？這一點尚待進一步研究。

[11] 《隋書》卷三十四，志第二十九〈經籍志・醫方〉。

[12] 《宋史》卷二百七，志第一百六十〈藝文六・醫書類〉；是書還同被蒐羅於《宋以前醫籍考》、《崇文總目輯釋》、《群齋讀書後志》、《汲古閣毛氏藏書目錄》、《文獻通考》等書目中，今似已佚。

這種情形，使得今日學者要瞭解早期中國佛教之醫方明史，只能用殘缺不全的材料來揣想。往往會影響到我們對史事的解讀和判斷，甚至會造成過於簡化的論述 (discourse)。據筆者所見，當代治「中國醫學史」的學者談到中古醫學發展，率多避談印度醫方明的引進和影響，即便談及，多半放在「與外國醫學的交流」一章中「中印醫學交流」的一小節中處理，篇幅亦極為有限。這些醫學史的寫作，多半連現藏於《大正藏》中僅存的幾十部屬於醫方明和療病禁咒的典籍⓭都未一一尋出，遑論加以耙梳，解讀、析論，也因此，論點率多點到為止，難逃過簡之嫌，值得後輩學者致力補強這個疏漏。

筆者構想：在相關課題研究不足的條件下，我們不妨從現存的基本材料：「藏經」出發，耙梳早期一些論及「醫方明」的經卷，試圖趨近瞭解佛教作為一個以「到彼岸」為般若智慧究竟的宗教，對於料理「此岸肉身病痛」的醫學，有何特殊的認識？

二、即大醫王：藏經中對「醫」的相關指涉

佛教在教義中將「世事無常」視為人間永恆之苦的成因之一，且認為「反所有相，皆是虛妄」⓮，以此破世間的顛倒妄想。教義的弘法者：僧尼兩眾，必須穿上袈裟、僧鞋、剃髮、去俗姓、守戒律、住於寺院僧團中，定時懺悔、布薩 (posatha)，以各種規約和儀式表示與俗世不再有重重瓜葛，而修行是要達到永脫生死輪迴的「涅槃」⓯，才為究竟。即是說，佛教中的「僧」與「俗」之間是

⓭ 請參照⓾。

⓮ 姚秦：鳩摩羅什譯，《金剛般若波羅蜜經》(T08, No.235)，頁 237。

⓯ 至少顯宗是如此，密宗的高僧通常會被視為菩薩般地輪迴轉世，成為

有出離的[16]，中間再以「布施」[17]等法門作為聯繫。那麼，在佛經中，對治療世間眾人疾病的「醫」有何描述？

事實上，佛經中對「大醫」、「良醫」的描述頗多，且對醫者的工作：治療瘡疾，減輕人身的病苦，多持正面態度。在經典多處，佛陀將「大醫王」和「如來應供正等正覺」（佛）的成就類比。[18]因為「醫王」善知眾人之病，識得藥性，能解眾人肉身之苦，令其安樂（身）；正如同「如來」的覺智令人長斷生老病死的世間諸執著，使超脫於痛苦的根源：輪迴，了斷苦因（心）。

再者，「醫王」的大成就法有四：

㈠、善知病；

㈡、善知病源；

㈢、善知對治疾病之法；

㈣、善治病已，令未來更不復發；能分別病相，曉了藥性，視眾生之病而授與藥方，使之樂服。[19]

可對比於「如來」為世間宣說的四諦：

㈠、苦諦（梵 du vii kha-satya），指身心受逼迫的苦惱狀態。審視世間事物，不論有情、無情，悉皆為苦；又對人生及其條件作價值判斷，認為世俗之一切，本質皆苦。苦諦即關於生死實是苦之真諦。

㈡、集諦（梵 samudaya-satya），招聚之義。審視一切煩惱惑業，

「活佛」。

[16] 所以佛教僧侶皆稱作「出家人」，表示不執著於世俗習俗。

[17] 包括財布施、法布施、無為布施等。

[18] 見《佛說醫喻經》；《雜阿含經》卷十五；以及《維摩詰所說經》等佛經。

[19] 見《維摩詰經》卷中；《人智度論》卷二十二。

實能招集三界生死苦果，使層層相因。集諦即關於世間人生諸苦之生起、環扣及根源之真諦。

㈢、滅諦（梵 nirodha-satya），即寂滅之義：審視斷除苦之根本—欲愛，則得苦滅，可趨近般若之境界。滅諦即關於滅盡苦、集之真諦。

㈣、道諦（梵 marga-satya），表能通之義。審視滅苦之道，乃正見、正思惟、正語、正業、正命、正精進、正念、正定等八正道，若依此而修行，則可超脫苦、集二諦，達到寂靜涅槃之境。道諦即關於八正道之真諦。[20]

如是四諦，佛菩薩以如實所知，為眾生講說，令斷除苦集之因。由於「苦本」斷滅之故，十二因緣悉斷，生、老、病、死、憂、悲、苦、惱等世間諸苦也隨之永滅。[21]故「醫」與「佛」，實在來說，都是先對世人的「病」有如實的認識，再使用一套系統次第的方法，解進世人在身、心的病苦，使之安樂。以故，佛經中多處將「醫王」和「佛菩薩」對比起來，如言佛陀降生事蹟的「本緣部」經典《大乘本生心地觀經》即言：

> 大醫王應病與藥，菩薩隨宜演化。[22]

《大品般若經》的註釋書《大智度論》亦云：

> 行者能如佛所說，次第修行，無不得報；如病人隨良醫救，將和治法，病無不差。[23]

---

[20] 見《中阿含》卷七〈分別聖諦經〉；《大毘婆沙論》卷七十七；《大乘阿毘達磨雜集論》卷七等經。

[21] 宋・施護譯，《佛說醫喻經》（T.04；No.219），頁 802

[22] 唐・般若譯，《大乘本生心地觀經》卷 8（T.3；No.159），頁 330b。

佛如醫王，法如良藥，僧如瞻病人，戒如服藥禁忌。㉔

此種撰述經典的方式，其實有其「方便」的意涵。因為世人對於「色身」的苦痛較易感知，也較急切的去解決它，患病時，多懂得找醫者來為他去病拔苦，按服湯藥，以期治癒；但對「心識」上的執著和深陷，卻缺乏察覺的能識，功名利祿的盲目追求，往往成為社會普遍流行的價值，眾人不知為病，反爾得之為喜，失之為哀。佛陀講經，就是要用醫病的象徵來比喻佛菩薩和眾生的關係，為令世人瞭解：「心識」上的執持和妄想，其結果是生生之苦，此為解脫的障礙，亦如同是一種病，需要佛菩薩如大醫王般隨機演化，方便說法，令眾人瞭知病因和去病之法，始能治癒。

佛教在分裂為上座部 (sthavira-nikaya, theraveda) 和大眾部 (Mahasabhaghika) 後，於北傳經典中，有以醫術療法的高低、深淺、執實和變通來比喻兩部法教的融滯。例如《大般泥洹經》中，以用乳藥來治百病，不知變通，顯得拘泥的「舊醫」，和先前聲稱乳藥為毒物（用以解消舊醫藥留下的滯見），改用甘酢鹹苦辛等五味，應病給藥，隨機取捨，後來，為國王延病時，衡量病情，仍使用最恰當的乳藥，讓眾人譁然，再來解說用藥原理之「後醫」，來形容用藥當分別時節、病情和對象，因應變通，才會有所療效；這個比諭，其實旨在說明上座部的愚癡執著，與佛說一切法「其性無我」的善巧方便。然而在同段經文中，除了評量教法外，也介紹了醫學知識。㉕

㉓ 龍樹造；後秦・鳩摩羅什譯，《大智度論》卷 22（T.25；No.1509），頁 221c。

㉔ 同上，頁 225c。

㉕ 東晉・法顯譯，《大般泥洹經》卷二（T.12；No.376），頁 862b–863a。原文為：「譬如有王，闇鈍少智。時有藥師，亦不明了。欺誑天下，受

再者，在《大智度論》中，將「小醫」與「大醫」兩詞分別比喻「聲聞」和「菩薩」，聲聞如同「但知病、知病因、知差病、知差病藥，而不知一切病、不知一切病因、不知一切病差、不知一切差病藥」的小醫，「但知治人病，不知治畜生病；或能治一國土，不能治餘國土；有能治數十種病，不悉知四百四種病」，醫術範圍有限；相比而言，菩薩則「於四種中悉皆遍知。遍知藥、遍知病」，能因時、因地、因對象，隨機治病，是為大醫。以故，眾人當學的是菩薩之法；普遍、融通而無礙。㉖這段經文用醫術療效的不同來解釋修習

王奉祿。唯知乳藥，復不善解。而常以此療治。國人又復不知風痰啞唖病之所宜。而闇鈍王，謂為上醫。時有明醫，曉八種術。從遠方來，語舊醫言。汝為我師，我為弟子，當從汝學。舊醫言。善哉，常教汝不死藥法。汝當勤學四十八年。令汝盡知無上醫術。便將後醫出入王宮。是闇鈍王，亦相愛樂。彼後醫便白王言。大王。應當學諸技藝。王大歡喜，便從受學。智慧漸增，乃知舊醫，無智欺誑。驅令出國，加敬後醫。彼後醫知時已至，復白王言。欲有所請，當隨我意。王答言：爾。醫言。大王。先醫乳藥，毒害危險。不復可服，應捨此法。王即從教，普下國內。自今已後服乳藥者，當重罰之。爾時後醫，以五種藥，甘酢鹹苦辛等五味，用療一切。時王得病，請醫治之。醫觀王病，應用乳藥，便白王言。唯有乳藥，能令不死。王語醫言。汝今狂耶？先言是毒，令我驅彼。而今復言，應服乳藥。後醫答言。不也。大王。此言有意。譬如板木有蟲、食跡似王名字。不善書者謂是真字。其善書者乃知非真。先醫如是。雖合乳藥。不知分別時節所應。當知乳藥有能殺人，亦不殺人。不殺人者，養乳牛時，放在曠野無毒草處，擇水而飲，不加扙捶，出入以時。搆彼乳時泡沫不起。當知見乳救一切病。為不死藥。王言大善。便服乳藥。時國人民聞王服乳皆悉驚怖。來詣王所鹹言。此師將非鬼耶。先言殺人，今令大王還服乳藥。時王即為人民廣說乳之昇降。王及人民增加恭敬供養後醫。奉用其法，常服乳藥。」

佛法的高低。菩薩和聲聞雖互不衝突，聲聞亦非絕對不善法，但彼此的適用深淺和用世廣袤卻是有區別的。

三、佛經中的「人體」、「病相」與「病因」說

以上所提的經文多半是拿「佛菩薩」與「大醫王」來類比的，當中即使提到「醫」，最多不過算得上是醫術方法論而爾。但還有一些佛經中提到人體的構成和致病的原因，即所謂「四大」和「得病十因說」，底下我們先就印度醫學發展狀況做一淺說，再就是早期佛經內容來說明佛教的病相和病因論。

㈠印度醫學的淵源

古代希臘和印度皆相信世上的一切物質是由某些根本的原素構成，因根本原素與外界調和不良，或彼此衝突，因而導致疾病。在西元第六世紀，繼《四吠陀》[27]後，印度出現了四種《續吠陀》，

[26] 鳩摩羅什譯，《大智度論》卷 24（T.25；No.1509），頁 235c。

[27] 梵語 catur-veda。古印度之正統思想，亦為婆羅門教之根本聖典。吠陀，意釋作智論、明論、無對，被古印度人視為天啟文學，相傳係太古諸大仙依神之啟示所誦出，為毘耶娑仙人（意譯廣博）所整理編成。「吠陀」本身即意味「天啟之神智」，故與梵書同稱為天啟，以此區別於經（梵 sutra）等由人類知識、智慧所作之傳承。與古印度祭祀儀式具有密切不可分之關係。以職掌之不同，分吠陀為四種，即：㈠招請諸神降臨祭場並讚唱諸神之威德者，屬作燒施祭官之「梨俱吠陀」（梵 Rig-veda）。㈡祭祀時配合一定旋律而歌唱者，屬詠唱祭官之「沙摩吠陀」（梵 sama-veda）。㈢唱誦祭詞，擔當祭儀、齋供等祭式實務者，屬供犧祭官之「夜柔吠陀」（梵 Yajur-veda）。㈣於祭儀之始，具足息災、增益本領，並總兼全盤祭式者，屬總監祭式祭官之「阿闥婆吠陀」（梵

其中《壽吠陀》㉘的內容言養生延命道，當中有不少對人體的論述，如下：

人體三大要素：氣；痰；膽汁

人體七種物質基礎：飲食精微；血；肉；脂肪；骨；骨髓；精

三種外濁物：糞；尿；汗液

《壽吠陀》中對於疾病分八科論述，簡稱為「八支」，即 1. 內；2. 外；3. 婦；4. 兒；5. 五官；6. 解毒；7. 長壽；8. 巫祝。這一點，在唐代中期僧侶義淨的著作或可作為映證，義淨搭乘波斯商船到達印度，回國後著書《南海寄歸內法傳》中曾提到印度的「八醫」，義淨如此寫道：

> 西方五明論中，其醫明曰：先當察聲色，然後行八醫，如不解斯妙，求順反成違。言八醫者，一論所有諸瘡；二論針刺

Atharva-vcda）。四部吠陀大致可區別為讚誦與實際儀式作法兩大部份，前者多用以供養或歌頌火焰、太陽、大氣、虛空、風等神格化之自然現象，內容係有關祈求健康、財富、長壽、家畜、子孫、勝利、滅罪等之祈禱文。以此類讚誦多屬對神德之讚歎，且多由感念沐浴神之恩寵而息然湧現的祈願之詞，故又稱讚歌，故又稱讚歌。作法方面則揭示祭典典例、供犧之由來，讚歌之用法等有關儀式作法之解說。四部吠陀向來皆被視為天啟文學，婆羅門教徒以之為神之啟示，而非出自於人類之思惟創作，編纂者僅為神意傳述至人間之媒介而已，故吠陀於婆羅門教傳統中，一向具有絕對之權威性與恆久性。由於，四吠陀自古僅可田婆羅門以口誦代代相傳，而嚴禁形之於筆墨紙張；且於印度社會四種姓之中，僅准許前三階級諷誦，而絕對禁止最下種姓（奴隸階級）之首陀羅學習。

㉘ 《四續吠陀》與《四吠陀》年代大約相差一千四百年，被視為吠陀的延續（梵 upa-vcda），如梨俱吠陀之副吠陀為阿輪論（梵 hyar-vcda），意譯壽命論，即醫書。

首疾；三論身患；四論魔瘴；五論惡揭佗藥（抗毒藥劑）；六論童子病；七論長年方，八論足身力。[29]

很明顯地，義淨的時代與《四續吠陀》出現的年代相差超過千年，以故雖同有「八」名，但內容或因發展而稍有不同，譬如壽吠陀中的「婦支」顯然在「八醫」中消失了，而「外支」與「諸瘡」；「內支」與「身患」之間，似乎存在些許似是而非的摹似關係，要說兩者是同一也顯得牽強。無論如何，「壽吠陀」與「八醫」是流行於印度社會一千多年的醫學分類，但還必須考慮到印度社會自古以來的多元性和隔離性。印度的醫學分類是如此，但反映在藏經中「醫方明」的部分卻顯得稍有零星，有待整理。底下我們還是同歸基本身體構成說，以於三國吳時，由竺律炎和支越漢譯的《佛說佛醫經》為內容，藉元素、身體、外界這三重關係來說明早期佛教的身體觀和病因說。

㈡人體、四大、季節與飲食：以《佛說佛醫經》為主

由於唐宋時期的佛教僧侶在編集類書[30]時，相關病療部分多會引用《佛說佛醫經》（下簡稱佛醫經），可見這部經典的傳播較廣，而影響較大，故以下行文也以此經為主，來探索佛教「醫方明」的內容。

在《佛醫經》的首句開宗明義[31]的寫道：

---

[29] 唐・義淨，《南海寄歸內法傳》，第二十七節「先體病源」。

[30] 如唐・道世編，《法苑珠林》（T.53；No.2122）卷九十五《病苦篇》中的「引證部第二」。

[31] 大眾部佛經的開頭有一個慣例，即會寫上「如是我聞，一時佛在……」等字，在《佛說佛醫經》中則完全未列。可見此經源來當較為原始。

> 人身本有四病：一者地：二者水：三者火：四者風。風增氣起。火增熱起。水增寒起。土增力盛。本從是四病。起四百四病。[32]

這段話以人體由「四大」：地、水、火、風所組成，明顯看出印度人的「基本元素」觀和中國古人視人體為水、火、木、金、土「五行」構成說的差別。初分析之，佛教的「四大說」較偏向於「原素組成」的看法，任何人體都由地水火風四原素構成，而古代中國古人的「五行說」，主要像是「象徵生剋論」，元素間有相生相剋的關係。依照經文，四大之中地主力，水主寒，火主熱，風主氣。健康的人體原本是四大均衡，若平衡的關係一旦打破，就會產生病變狀態，如是由生四大類疾病，每類疾病又可細分百一種小疾，故總共有四百四病。[33]

至於四大內外不調，會有怎樣的病狀？我們可用其他佛典加以補充。《佛說五王經》云：

> 地大不調，舉身沈重；水大不調，舉身蔓腫；火大不調，舉身蒸熱；風大不調，舉身掘強，百節苦痛，猶被杖楚。[34]

義淨的《南海寄歸內法傳》中也提到「四大病相」：即㈠身體苦重，堅結疼痛枯痺痿瘠，屬地大之病相。㈡全身膨腫，膚肉浮滿，屬水大之病相。㈢全身烘熱，骨節酸楚，呼吸乏力，屬火大之病相。㈣心神恍惚，懊悉忘失，屬風大之病相。[35]把四大不調的病狀講得

[32] 吳・竺律炎與支越譯，《佛說佛醫經》(T.17；No.0793)，頁737。
[33] 東漢・安世高曾譯有《人身四百四病經》，今失傳。
[34] 東晉・失譯，《佛說五王經》(T.14；No.523)，頁796b。
[35] 見《南海寄歸內法傳》卷三；《法苑珠林》卷九十五。

更清楚了。

最嚴重的是不只是一大不協，而是四百四病同時俱作，其人必極寒，極熱、極饑、極飽、極飲、極渴，時節失所，臥起無常。㊱

> 手足不任，氣力虛竭，坐起須人，口燥脣燋，筋斷鼻坼，目不見色，耳不聞聲，不淨流出，身臥其上，心懷苦惱，言輒悲哀。㊲

人到此時，也可說是壽命將盡了。

四大與「人體五官」、「季節性變化」與「飲食調節」有所呼應。茲條列於下：

四大 v.s 五官：

> 土屬身。水屬口。火屬眼。風屬耳。火少寒多瞑。㊳

四大 v.s 季節：

> 春正月二月三月寒多。夏四月五月六月風多。秋七月八月九月熱多。冬十月十一月十二月有風有寒。……三月四月五月六月七月得臥。何以故。風多故身放。八月九月十月十一月十二月正月二月不得臥。何以故。寒多故身縮。

四大 v.s 飲食：

> 春三月有寒。不得食麥豆。宜食粳米、醍醐諸熱物。夏三月有風。不得食芋豆、麥。宜食粳米、乳酪。秋三月有熱。不

㊱ 後漢・竺大力共康孟詳譯，《修行本起經》(T.3；No.184)，頁 466c。

㊲ 東晉・失譯，《佛說五王經》(T.14；No.523)，頁 796b。

㊳ 《佛說佛醫經》，頁 737。

得食粳米、醍醐。宜食細米、麨、蜜、稻、黍。冬三月有風寒。陽與陰合。宜食粳米、胡豆、羹、醍醐。[39]

即然經文中已經交代了四大與「五官」、「季節」與「飲食」的對應關係，接下來《佛醫經》續言得病的病因說－「十因緣」：

人得病有十因緣。一者久坐不飯。二者食無貸。三者憂愁。四者疲極。五者婬泆。六者瞋恚。七者忍大便。八者忍小便。九者制上風。十者制下風。從是十因緣生病。[40]

由於過去佛教醫方明並未受到學院式地系統研究，而產生「規範性」和「典範性」的知識，故當今看來，種種說法都僅是因地制宜的方便善巧，故在其他佛教著作中，「病因說」還有其他說法，如天臺宗智顗大師在其《摩訶止觀》中即歸納為六點，即：㈠四大不順，㈡飲食不節，㈢坐禪不調，㈣鬼神得便，㈤魔神相擾，㈥惡業所起。[41]

我們可以明顯看出，《佛醫經》中的十患病因緣還充滿了質樸的色彩，細節囊括生活中的各個細目，完全看不到宗教神秘的外衣。但是到《摩訶止觀》的病因說中已經可以看出對疾病的重視角度已有所轉移，六條病因，有一半皆與屬於宗教範圍的「鬼」、「魔」、「業」有關。

《佛醫經》另提到有九個惡因緣，會致使生命流程受到「非命定」的妨礙，也就是說因後天習慣不當，將造成當事人在天年之前的「橫死」。對這段經文的理解較為複雜，我們詳細將經文羅列於下：

---

[39] 《佛說佛醫經》，頁 737。

[40] 同上。

[41] 隋・智顗，《摩訶止觀》(T46；No.1911)，頁 135。

佛言：有九因緣，命未當盡為橫盡。一不應飯為飯；二為不量飯；三為不習飯；四為不出生；五為止熟；六為不持戒；七為近惡知識；八為入裏不時，不如法行；九為可避不避；如是九因緣，人命為橫盡。[42]

由於對於經文中多處用語會讓一般讀者閱讀起來有理解上的困難，接下來的經文對此九因素緣再作進一步的解釋，將製成表格說明：

不應飯為飯	謂不可意飯，亦謂不隨四時食，亦為以飯復飯，是為不應飯為飯
不量飯	謂不知節度，多食過足，是為不量飯
不習飯	謂不時食，若至他郡國，不知俗宜飯食未習，不稍稍飯，是為不習飯
不出生	謂飯物未消復上飯；若服藥，吐下不盡便食來，是為不出生
止熟	謂小便小便，來時不即時行；噫吐、下風來時制，是為止熟
不持戒	謂犯五戒，現世間盜，犯他人婦女者，便入縣官，或刻或死，或得棓榜壓死。若餓死，或得脫外從怨家得首死，或驚怖憂愁死，是為不持戒
近惡知識	謂他人作惡，便來及人。何以故？不離惡知識故，惡人不計當坐之，是為惡知識
入裏不知時不如法行	謂晨暮行，亦有魍魎諍鬥者，若有長吏追捕而不避。若入他家舍，妄視不可視，妄聽不可聽，妄犯不可犯，妄念不可念，是為入不知時不如法行
可避不避	謂弊牛馬猘狗蚖蛇蟲，水火坑阱，犇車馳馬，拔刀醉人惡人亦若干，是為可避不避[43]

[42] 《佛說佛醫經》，頁737。

這段經文的後半段，從不持戒條開始，很明顯的已經脫離所謂「醫藥養生」的範疇，而進入到兩個外在層次：一者為宗教果報觀；二者為在社會上小心謹慎，明哲保身的領域。佛教醫學與漢地世間醫家最大的不同，就是假說以「四大」為人體構成的基本元素，而「四大失衡」為致病之因，及因應於此的諸種救治。除此之外，還在於佛教把「超世間」的因素：包括「因果」(非「即時因，即時果」的因果)、業報、不淨因緣等業力，皆視為醫家不能不明白的致病原因，或者為一個可能導致生病解釋方式。在《佛醫經》得病的十個因緣中，尚解釋肉身內在在何種條件下，會因某些不當的習慣和處境，造成「四大不調」，產生疾病。然而，在造成人命橫死可能性的「九因緣」後段，《佛醫經》開始分析：何種社會行為和社交習慣，也會讓人在陽壽未終之前，遭遇不測，而致橫死致傷。所以，在該段本文中的「避得兩福」後，於第一者「得長壽」外，第二者為「為聞道好語，亦得久行道」，這應當已是宗教社會教化的範圍了。

到隋唐之交時，天臺智顗大師更將致病六因的後三因歸納為：鬼神得便、魔神相擾、惡業所起。將「超世間」的因素放在致病因緣佔一半的位置。由此可見，在佛教醫學中，是將「人體生理調和」、「社會行為和交際」與「超世間因素」(鬼、神、業力) 三者，皆當作保健延命的因素來考慮，而與當代專注在「生理學」研究的生物醫學、細菌傳染病學有所不同，這是研究佛教醫學的學者應注意之處。

㊸ 同上。

四、餘 論

以上是從現存藏經中存留下來的少數「醫方明」經典，就人體構成的假說，以及人體和季節、飲食的關係所牽涉到生理上、心理上等致病因素，來討論佛教醫方明的醫學特色；特別是佛教作為一門宗教，其對致病原因的理解，與現在使用「科學實驗」方法治病的西方醫學有什麼不同。初步的研究得知，佛教醫方明除了將人體視為一個由內（四大）、外（季候、飲食）互相平衡，方為健康的角度，來看待因內外失衡而造成的疾病原因，而且也留意到病者的社會交際情況，以及由「業力」導致患病等因素，照顧到病者在生理、心理、外傷、超世間力量的致病可能。對於當今普遍以西方生物醫學為主軸，醫師為療病者，醫院為場所，單向重視「頭痛醫頭，腳痛醫腳」的療病思考，醫方明或可給予一些很實際的補充式建議。

倘若我們進而要結合本土史料，看看印度醫學擅長的「眼科醫學」和「衛生沐浴」的習慣，透過佛教在中古的傳播，有沒有對中國人的醫療方術和衛生觀念產生一些影響？這就是另一種有趣的論題了。在此先談眼科。中古中國讀書人好讀詩書，但經書之註譯文字普遍又印得特別小，再加上閱讀場合夜間採光的不足，秉燭夜讀的結果，使得許多讀書人到了中午，許多皆因「視芒芒」為苦，在詩書中埋怨自已「病目」、「赤目」的情況非常普遍。以唐代為例，著名的文人如杜甫、李商隱、劉禹錫、白居易等人，皆因中晚年受目病之苦，在屢次醫療無效後，轉而期待用傳說為龍樹菩薩所傳下來的「金篦刮膜」術來重得雙眼清明，如杜詩中就有：「金篦刮眼膜，價重百車渠。」等句，可見時人對此術看重的程度。這種特殊的醫術很顯然是傳自於印度，如唐・王燾《外臺秘要》中，轉引「天竺」

經論眼」中道：

> 唯正當眼中央小珠子，乃有其障，作青白色，雖不辨物，猶知明暗三光，知晝知夜。如此之音，名作腦青盲眼，未患時。忽覺眼前時見飛蠅黑子，逐眼上下來去。此宜用金篦決，一針之後，豁若開雲而見白日。針訖，宜服大黃丸。不宜不泄。此疾皆由熱兼所作也。㊹

看起來此種眼疾的症狀頗似今日所稱的青光眼，因眼壓過高，造成視障，需要在眼膜上決一小洞，讓液體自眼內流出，以抒解壓力。這種印度醫學很顯然透過佛教的經典和信仰，而廣為流傳入中國中古社會。如在《涅槃經》卷八內也有提到有良醫用金篦來為目盲者治眼，結果真有療效。㊺《類說》中也有類似的療法，與佛教信仰更是結合在一起：

> 後周張元，其祖喪明，元燃七層燈七晝夜，讀藥師經，每日行道，曰：今以燈光普施法界，乞祖目明，元求代。暗夜夢一翁以金篦療其祖目，三日後其目果差。㊻

最後，茲再引白居易〈眼病兩首〉之二，來看中古文人對這種佛教神奇治眼術的期待心理：

㊹ 唐・王燾，《外臺秘要》卷二十一，〈出眼疾候一首〉，頁 562b–563a。

㊺ 見北涼曇無讖譯《大般涅槃經》（T12；No.0374）卷八，頁 652。原文為：「佛言：善男子，如百盲人為治目故，造詣良醫。是時良醫即以金錍決其眼膜，以一指示問言見不。盲人答言：我猶未見。復以二指三指示之，乃言少見。」

㊻ 《類說》卷四十三。同條資料還可見《佛祖統紀》占相篇第七十，感應緣略引六驗，周居士張元條（T50；No.2035），頁 761。

眼藏損傷來已久，病根牢固去應難；
醫師盡勸先停酒，道侶多教早罷官。
案上謾鋪龍樹論，盒中虛燃決明丸；
人間方藥應無益，爭得金篦刮刮看。[47]

這種與佛教有關的治眼術，一直風靡中國文人界，至宋明兩朝亦不例外。只是愈到後期，「金篦刮膜」四字就愈另有所指，變成開俗人眼界的代名詞，反爾醫學的成份降低了。個人已蒐集相當資料，望日後能往佛教醫術和寺院藥方等方面繼續研究，以為至盼。

[47] 白居易，《白氏長慶集》卷 24。

參考書目

1. 後漢・竺大力共康孟詳譯，《修行本起經》（T.3；No.184）。

2. 東晉・失譯，《佛說五王經》（T.14；No.523 ）。

3. 東晉・法顯譯，《大般泥洹經》（T.12；No.376）。

4. 姚秦：鳩摩羅什譯，《金剛般若波羅蜜經》(T08, No.235)

5. 龍樹造：後秦・鳩摩羅什譯，《大智度論》卷 22（T.25；No.1509）。

6. 北涼曇無讖譯《大般涅槃經》（T12；No.0374）。

7. 宋：釋寶雲譯，《佛本行經》(T04, No.193)。

8. 宋・施護譯，《佛說醫喻經》（T.04；No.219）。

9. 隋・智顗，《摩訶止觀》（T46；No.1911）。

10. 唐：玄奘譯，《般若波羅蜜多心經》(T08, No.251)。

11. 唐・義淨，《南海寄歸內法傳》（T54；No.2125）。

12. 唐：智昇，《開元釋教錄》(T55, No.2154)。

13. 唐・般若譯，《大乘本生心地觀經》卷 8（T.3；NO.159）。

14. 唐・道世編，《法苑珠林》（T.53；No.2122）。

15. 《舊唐書》卷十八，本紀第十八〈武宗紀〉。

16. 《隋書》卷三十四，志第二十九，〈經籍志・醫方〉。

17. 《宋史》卷二百七，志第一百六十〈藝文六・醫書類〉。

18. 唐・王燾，《外臺秘要》。

19. 唐・白居易，《白氏長慶集》。

20. 黃敏枝，《宋代佛教社會經濟史論集》，臺北學生，1989。

五台山的聖山化與文殊菩薩道場的確立

一、前 言

佛教傳入中國之後，歷代虔誠的僧侶為真切瞭解眾多經論的本意，往往不辭辛苦，四處遊方行腳，他們或親身前往印度求經，或留跡國內，轉益多師。如劉宋僧人慧基為求解經，「遊歷講肆，備訪眾師」❶，華嚴宗四祖澄觀在早年，自越州（浙江）出家，赴南山學律，復往金陵受關河三論，後至杭州聽《華嚴經》，於蘇州從湛然習天台，謁牛頭山慧忠學南宗禪法，見慧雲禪師習北宗禪法，中年遍遊五台山、峨嵋山，最後返居五台山大華嚴寺專修大乘懺法。❷澄觀大師行腳的歷程，尤其他最終以五台山作為息腳之處，顯見當時的佛教徒除了向各地的耆尊大德參訪、問法之外，對於諸佛菩薩化跡的「靈山聖地」，也表現出相當程度地崇仰和嚮往。佛滅度後，諸佛弟子雖以法為師，但佛經中的諸菩薩，卻是具體實現佛法中悲、慈、行、捨、願、力、智、理等德行，而仍留跡人間的代表，其顯化行跡之處，也就自然而然地成為眾家朝訪巡禮的行腳地。唐代時佛教徒朝拜的地點已有集中化的傾向❸，但一直到明代崇祀金地藏，

❶ 慧皎，《（梁）高僧傳》卷八，《大正藏》五〇，史傳部二，頁379。

❷ 贊寧，《宋高僧傳》卷五，《大正藏》五〇，史傳部二，頁737。

使九華山成為地藏菩薩的道場，中國佛教才完整地有以菩薩為主，所謂「四大名山」的成立。明清兩代，四大名山香火鼎盛，每逢佛教節日，四方進香的信眾更相前來朝拜，絡繹不絕於途。

「四大名山」是指山西五台山、浙江普陀山、四川峨嵋山、安徽九華山，分屬文殊、觀音、普賢、地藏四位菩薩的道場。此四座中國本土的山系是如何和四位佛教的菩薩結合起來，而廣泛受到信徒的接受？這當然是歷經一段長時期歷史條件的醞釀而成。早在公元五世紀的東晉，佛馱跋陀羅始翻譯六十卷本《華嚴經》(AD.418–421)，經品中就列舉出八個方向的聖山名稱❹，這段記載為諸菩薩在人間化現的地點畫出地理上的座標，也為此提供了經典的依據。此後，由於種種佛教傳說，加上菩薩應驗的事蹟自虔誠教徒的口中不斷流傳，崇偉巍峨的寺院在十方布施下在四山漸次修築，使得「經典・傳說・塔像・靈跡・信徒」五者之間的互動構築成四山各自殊界而充滿神聖性的宗教氛圍。在四山之中，尤以山西五台山發跡最早，最具國際性，也是唯一兼為漢、藏佛教聖地的名山，山上雕塑、碑刻、古蹟之多，實為三山所不及，明代即有「金五台、銀普陀、銅峨嵋、鐵九華」的俗諺，❺此外，相對於普陀和峨嵋兩山的道場為禪宗獨盛，五台山上卻諸宗兼弘，從早期的華嚴宗、天台宗、律宗、到後傳入的禪宗、津土宗、密宗、幾乎所有中

---

❸ 其時著名的聖地有四：即五台山—文殊菩薩道場、泗州普光王寺一僧伽大聖聖地、終南山—三階教聖地、鳳翔法門寺—佛骨聖地。見方立天，《中國佛教與傳統文化》，上海人民出版社，1988.4，頁195。

❹ 據法國漢學家載密微的考證，這種聖山的說法是很符合印度文獻記載中的世界觀，參見氏著，《吐蕃僧諍記》，耿昇譯本，商鼎出版社，1994.3，頁449。

❺ 方立天，上引書，頁196。

國教的重要宗派的僧侶都曾至五台朝禮❻，如此恢闊兼容的宗教內涵是五台山佛教的特色，也是對五台山有興趣的學者應當留意之處。

基於上述，五台山佛教兼具了「四大名山」中淵源最早、規模最宏、最具跨地域的國際性格，及融攝各宗等特殊地位，而這樣地位的獲得是與它作為文殊菩薩道場密不可分的。那麼，文殊菩薩在佛教經典中是如何被記載的？祂是如何傳播到中國，而被認識和接受？以下的行文就先從這二點來論述。

二、佛經中的文殊菩薩

在佛經中，深奧而微妙的教理往往是透過諸佛菩薩間反覆思辯問難的方式來呈現的，文殊菩薩在經論裏就經常是一位辯才無礙的說法者。

文殊，即梵語 Manjusri 的簡譯，其意為妙德，妙吉祥。❼通常又稱為孺童文殊，是取這位菩薩如童子般無我無執，了無所礙。又有法王子之稱，表文殊以大智慧演說釋迦法王的教法，一如子繼父業，法嗣不絕。在諸多大乘經系中，多以文殊為諸菩薩之上首。❽

佛教提到文殊菩薩的經典數量之多，不勝枚舉，其中呈現出文

❻ 在佛教中文殊菩薩和《般若經》的淵源甚深，依《大智度論》，諸大乘經亦多是文殊師利所結集，在《法華經》、《華嚴經》中，文殊也佔特殊地位，加上文殊是密教崇禮的重要菩薩之一，使得各宗的的僧侶對五台山都帶有特殊的感情，詳見下文。

❼ 或譯作妙音、妙樂、敬首、德首等名。

❽ 見《阿闍世王經》、《文殊師利問菩薩署經》、《正法華經》、《首楞嚴三昧經》、《維摩詰經》、《華嚴經》等。

殊的面貌也不盡相同。如《文殊般涅槃經》中將文殊視為在歷史上實存的人物，說他生於舍衛國多羅聚落，梵德婆羅門家，甫出生即能語，出家後「諸婆羅門九十五種（法），諸論譯師無能酬對」，住首楞嚴三昧，後在生地涅槃。❾有的經典指出文殊菩薩早在過去即已成佛，如《和楞嚴三昧經》佛告伽葉在過去無量無邊阿僧祇劫「爾時有佛，號龍種上如來」，這位佛尊「即文殊師利法王子是也」。❿不但是佛，而且教化無數，轉法輪成就「七十億菩薩眾，八十億人成阿羅漢，九萬六千人住辟支佛因緣法中」⓫如此廣大的度化成就，乃是因無始以來，文殊菩薩成佛之前就發下弘願之故，《大寶積經》中，文殊菩薩白佛言：

> 我從往昔百千億那由他阿僧祇劫已來，起如是願：我以無礙天眼，所見十方無量無邊諸佛剎中一切如來，若非是我勸發決定菩提之心，……乃至令得阿耨多羅三藐三菩提。我於菩提終不應證，而我要當滿此所願，然後乃證無上菩提。⓬

於是，文殊雖身為菩薩，但是其地位實等於「佛母」。《心地觀經》中釋迦佛即向文殊菩薩讚曰：

> 汝今真是三世佛母，一切如來在修行地，皆曾引道初發信心，以是因緣，十方國土成正覺者，皆以文殊而為其母。⓭

---

❾ 《大正藏》十四，頁481。

❿ 《大正藏》十五，頁644。

⓫ 同上。

⓬ 《大正藏》十一，頁347。

⓭ 《大正藏》三，頁326。另《心地觀經》偈曰：文殊師利大聖尊，三世諸佛以為母，十方如來初發心，皆是文殊教化力。

《阿闍世王經》亦曰：

> 今佛十種力四事無所畏，其智慧不可議，悉文殊師利之所發動。⑭

佛教中向來有「般若波羅蜜是諸佛母，諸佛以法為師」的說法⑮。言文殊菩薩為佛母，實際上等於將祂提昇到與般若佛法同格的地位來看待。如此功德廣大的佛母文殊，雖已成佛，未來亦當成佛⑯，但文殊在釋迦佛住世時寧現菩薩之身，以般若佛智輔翼世尊的法教。更重要的是，在世尊滅度，舉世處在「無佛」的狀態的末法時代，文殊師利將不出離大千世界，繼續作佛事，為諸眾生說法。

在晚出的密教經典中，佛滅之後將是一個極為怖惡的世界：

> 末世佛法滅時，惡法增長，諸災興起，如此之時，於當來世贍部洲中，福薄少智諸眾生輩惡業增長，五行失序，陰陽交錯，風雨不調，惡星變怪，天人修羅戰鬥竟起，天人減少修羅增長，種種諸災，如此之時流行於世。⑰

於此濁惡之世中，文殊菩薩將不棄眾生，而現實濟度主之相，以「無量威德，神通變化自在莊嚴，廣能饒益一切有情，成就圓滿福德之力廣能利益無量眾生。」⑱

---

⑭ 《大正藏》二十，頁 394。另《法華經・序品》中，提到釋迦牟尼之師燃燈佛曾師妙光菩薩，這位妙光菩薩即是文殊，《大正藏》九，頁 4。

⑮ 見《大智度論》卷一百。

⑯ 《文殊師利佛土嚴淨經》與《大寶積經・文殊受記會》中言文殊未來當成佛，名普現如來，國土名「離塵垢心世界」，聞名者可得解脫。

⑰ 見《佛說文殊師利法寶藏陀羅尼經》，《大正藏》二十，頁 791。

⑱ 同上。

顯教經典中亦言文殊菩薩有為眾生消罪的悲願：

> 佛滅度後一切眾生，其有得聞文殊師利名者，見形像者，百千劫中不墮惡道。若有受持讀頌文殊師利名者，設有重障，不墮阿鼻極惡猛火，常生他方清淨國土，值佛聞法，得無生忍。[19]

因文殊師利威神，有「有量神通無量變現」，故在佛滅之世，能留住人間，濟度眾生，佛經中即有多處提到文殊在娑婆世界有一方住處，《文殊般涅槃經》：

> 佛涅槃後四百五十歲，（文殊）當至雪山，為五百仙人宣暢敷演十二部經……令得不退轉。[20]

關於「雪山」之名，《華嚴經・菩薩住處品》所提略有不同：

> 東北方有處名清涼山，從昔以來諸菩薩眾於中止住。現有菩薩名文殊師利，與其眷屬諸菩薩眾一萬人俱常在其中而演說法。[21]

雖然經典所載具在，然而這座文殊化跡的「雪山」或「清涼山」到底位於什麼地方？對身處「末法之世」而欲親聆佛菩薩演說法教的中國佛教徒而言，這無疑是重要的。另外，指明文殊住處的二部重要經典《文殊般涅槃經》和六十卷本《華嚴經》雖分別在西晉、東晉年間便被翻譯出來，但或許由於尚未受到足夠的攝受、理解[22]，

---

[19] 《文殊般涅槃經》，《大正藏》十四，頁 181。

[20] 同[19]，頁 480。

[21] 《大正藏》十，頁 241。

[22] 據唐・道宣《釋迦方志》卷下，魏晉南北朝最流行的佛菩薩信仰是觀

或者是當時的信徒對於「聖山」的位置仍有所躊躇，一直到北魏中後期，才見有僧侶頂載《華嚴經》往朝文殊菩薩聖地㉓的例子，這個聖地就是位於長安東北一千六百餘里，轄於代州州域的五台山。

三、五台山作為聖山的地理條件

在澄觀大師的筆下，五台山「歲積堅冰，夏仍飛雪，曾無炎暑，故曰清涼」，㉔是一處終年如秋冬的地方。時人對於此一座中國域中的山岳，在方位、氣候上的條件，與《華嚴經》中的文殊寓所一清涼山如此雷同，曾表示殊勝和讚嘆。㉕五台山位居晉北代州，南屬五台，北至繁時兩縣，環基約五百華里。主脈東連北嶽恒山，走東北一西南之，北高南低，北魏酈道元《水經注》載：「五巒巍然，迴出群山之上」，其中北台葉斗峰拔高三〇五八米，是華北最高峰，足足較東嶽泰山高出一倍。然山頂不生林木，遠遠望去，似如壘土之台，故曰五台。以地勢高聳，煙霧常積，台頂常隱於霧幕之後，不甚分明，時至天清雲散，才有時而現。天竺僧人佛陀波利自台縣向北遠眺，只見壑谷飛泉，觸石吐雲，茂松蓋者，數以千計㉖，另有

世音、地藏、彌勒、阿彌陀佛，並沒有提及文殊。但文殊信仰在南北朝末期已有相當信徒。見楊曾文，〈唐宋文殊菩薩信仰和五台山〉，《五台山研究》，1990.1。

㉓ 見《古清涼傳》卷上，沙門靈辯的事蹟。《大正藏》五一，頁 1094。

㉔ 唐・澄觀，《華嚴經疏》，《大正藏》三十五，頁 859。

㉕ 唐・慧祥，《古清涼傳》卷上：「余每覽此土名由，雖嵩岱作鎮，蓬瀛仙窟，皆編俗典，事止域中，未有出於金口，傳之寶藏，宅萬聖而敷化，自五印而飛聲，方將此跡，美曜靈山，歷周賢劫，豈常篇之所紀，同年而語哉？」《大正藏》五一，頁 1093。

甚多殊異之象,「雖積雪夏凝,而奇花萬品……丹障横開,翠屏疊起,排空度險,時逢物外之流,捫蘿履危,每造非常之境,白雪凝布,疑淨練於長江;昊日熾昇,認扶桑於火海……或萬聖羅空,或五雲凝岫,圓光映乎山翠,瑞鳥翥於煙霄。」如此一處絕塵之境,故《括地志》云:「其山……靈嶽神巘,非薄俗可棲。止者,悉是棲禪之士,思玄之流。及夫法雷震音,芳煙四合,慈覺之心,邈然自遠。」[27]在佛教傳入之前,道教就傳此山有仙人居止,名為紫府之地。[28]

但由於氣候寒冷,使得五台山攀登起來較之他山,卻異常艱難。華嚴三祖法藏曾撰書曰:「然(是山)地居邊壤,特甚寒烈,故四月已(以)前,七月以後,堅冰積雪,蒿皓彌布,自非盛夏之日,無由登踐。」[29]即是說,一年四季,只有四個月適宜上山遊止。尤以北台,其勢最高,卻最甚凜冽,「其北台之山夏常冰雪,不可居。」[30]以氣候易變難測,時人盛傳當地有毒龍潛居之說,日僧圓仁言:「五台山乃萬峰之中心也,五百毒龍潛山而吐納風雲,四時八節輟雷雹頻降矣。」[31]氣候如此幻變,實非常人所能久居。又南台有處孤絕幽寂,境勢生殺,時人甚至流行該處有地獄的傳說。[32]以故五台山雖

[26] 見翟旺:〈五台山沿革及森林變遷史略〉,《山西文獻》(44),1994.7,頁 30。

[27] 唐·澄觀,《華嚴經疏》語,引自宋·延一,《廣清涼傳》卷上,《大正藏》五一,頁 1104。

[28] 引自唐·慧祥,《古清涼傳》卷上,《大正藏》五一,頁 1093。

[29] 唐·法藏,《華嚴經傳記》卷一,《大正藏》五山,頁 157。

[30] 《水經注》語。見,杜斗城《敦煌五台山文獻校錄研究》,由西人民出版社,1991.5,頁 6。

[31] 《大唐求法巡禮行記》卷三,另見 30。

[32] 有詩曰:「到南台,北澤里,化出地獄草皆無」。杜斗城,前引書。頁 13。另《廣清涼傳》卷上有「生地獄」在北台東之說,與前說有所不

處處有壯麗的佳景，但亦有多處，因酷寒地險，「人獸之不可窺陟者，往往而在焉」。[33]

但即使攀陟艱難，時至南北朝末期，由於經典中的記載，親近文殊菩薩的功德被廣泛地誦揚開來[34]，五台山被視為是天竺、西域之外，位於中國一方重要聖地[35]，於是，朝禮台山，以消除宿業，修福植慧，就成為當時中國佛徒的一條「覺路之津」。

四、經教、聖顯與靈瑞——神聖化的朝山之行

根據較可靠的記載，五台山最早傳入佛教是在北魏孝文帝(471–499)時建立的清涼寺和大孚靈鷲寺[36]，但當時建寺的原因，僅是由於山上清幽解煩，景緻宜人，似尚未與文殊信仰發生關連。將五台山神聖化為文殊菩薩道場的過程，當是與《華嚴經》的傳講和流行有關。

最早傳入中國的華嚴本子，是佛馱跋陀羅譯於東晉年間(418–421)的六十卷本《華嚴經》，但譯出後近百年，一直到南朝梁

同，《大正藏》五一，頁1107。

[33] 慧祥語。《古清涼傳》卷上，《大正藏》五一，頁1093。

[34] 《佛說文殊師利般涅槃經》：「若有眾生，但聞文殊師利名，除卻十二億劫生死之罪，若禮拜供養者，生生之處恒生諸佛家，為文殊師利威神所護。」此經在其時佛徒著作中時而徵引。

[35] 慧祥：「博望張騫，尋河源於天苑，沙門法顯，求正覺於竺乾，況乃咫尺神洲，揄揚視聽……豈可不暫策昏心，聊揮懈足?」如此地積極鼓勵信徒朝山。《大正藏》五一，頁1093。

[36] 《清涼山志》有謂，周穆王及東漢明帝時，佛陀聲教已至五台山，然考之應屬附會之說。見思雪峰，〈五台山佛教的淵源〉，《五台山研究》，創刊號，1985.12，頁9。

時，在南方研究的狀況並不普遍，北方的華嚴學者則更形罕見。華嚴學研究在北方的轉機，在於北魏末年 (508–512) 菩提流支等譯出世親的《十地經論》，此論是針對《華嚴經・十地品》而作的論釋，探討菩薩修行的十個階位。譯出之後，受到學者所重，北魏宣武帝命僧侶開講華嚴，乃形成一股華嚴學的熱潮，此熱潮一直到唐初之時都不曾衰減。[37]

在《華嚴經》中，文殊菩薩與毘盧遮那佛、普賢菩薩同列為華嚴三聖，地位隆崇，則華嚴學的流行是否引起人們注意到五台山，這一點應不無可能。著名的例子是北齊 (550–577) 初年，第三王子至五台山求見文殊菩薩，未果，乃燒身供養之。值得留意的是，閹豎劉謙之受到此事激勵，奏請入五台山，晝夜精勤讀誦華嚴，並心向文殊祈祐。在連續多天絕粒飲水後，劉「忽感髮鬢盡生，復丈夫相」(由閹豎恢復常人)，並「神彩超悟，洞斯幽指」，於是造華嚴論六百卷。據云，這個神異的事件上聞到了宮廷，使《華嚴經》的流布於斯轉盛。[38]

朝禮五台的信眾上山多持願能如傳說中見到文殊菩薩的真容，由於經典中的文殊經常是佛法的指導者，為迷惑之人指點迷津，因此虔誠的僧侶前來五台山，有些即是專誠請求菩薩的教示。如此魏僧侶靈辨，讀《華嚴經》時有所疑惑，「乃頂戴此經，入清涼山清涼寺，求文殊師利菩薩哀護攝受，冀於此經義解開發」，結果頂戴行道一年，「足破血流，肉骨盡現……遂聞一人謂之曰:『汝止行道，思惟此經』，於是披卷，豁然大悟」[39]。另北朝末年僧侶曇韻，聽說古

---

[37] 參見方立天，〈略談華嚴學與五台山〉，《五台山研究》，1988.1，頁 23。

[38] 唐・法藏，《華嚴經傳記》卷一，《大正藏》五一，頁 156。慧祥，《古清涼傳》卷上，《大正藏》五一，頁 1094。

來五台山者「多入祈禱（文殊菩薩），有感見者具蒙示教」，遂入山，結果果然「備見異相」。㊵

但真正來山上問法的例子並不多見，多數的朝山者僅僅希冀能睹見文殊的真容，而在文殊菩薩聖顯的傳聞不斷如雪球般擴大傳播後，聞名來訪的僧侶，亦不乏在教學上著有聲名，後來開宗列祖的大師，如淨土宗的曇鸞、律宗的道宣、華嚴宗的澄觀、法相宗的窺基、天台宗的湛然、密宗的不空、禪宗的趙州從稔等。㊶作為文殊化跡道場，五台山的聲名不但流傳中國南北，也因當時的中外交通而傳播到國外，來自日本、韓國、印度、獅子國的僧侶都不遠千里來到五台山，恭敬禮謁。其中最帶神異色彩的當屬佛陀波利的例子。佛陀波利，北印度罽賓人，唐高宗年間，遠涉流沙，來朝五台，見景物殊勝，不禁讚嘆，向山頂禮曰：「如來滅後，眾聖潛靈，唯有大聖文殊師利，於此山中，汲引群生，教諸菩薩，波利所恨，生逢八難，不睹聖容……伏乞慈悲菩薩，令睹尊儀。」正當彼流淚頂禮時，忽見一老人出，作婆羅門語曰：

> 師情存慕道，追訪聖跡，不憚劬勞……然漢地眾生，多造惡業，出家之士，亦多犯戒律，西土有《佛頂尊勝陀羅尼經》，能滅眾生惡業，未知師將得此經來否？

㊴ 唐・法藏，《華嚴經傳記》卷一，《大正藏》五一，頁157。早期教徒解讀佛經，疑於所解是否適理，往往欲直見佛，以為叩問。如晉・道安「常注諸經，恐不合理，乃誓曰：「若所說不堪遠理，願見瑞相」見《(梁)高僧傳》卷五。

㊵ 《續高僧傳》卷二十，引自楊曾文，〈唐宋文殊菩薩信仰和五台山〉，《五台山研究》，1990.1，頁15。

㊶ 事蹟分別見道宣，《續高僧傳》卷六；贊寧，《宋高僧傳》卷一、四、五、六、十四、二七；《五燈會元》卷四。

佛陀波利言否，老人復言：

> 既不將經，徒來何益，縱見文殊亦不識。師當卻迴取此經至，流傳斯土，即是遍奉眾聖，廣利群生……如取得經本來，第即示師文殊所在。

佛陀波利聞言喜躍，正當禮拜，舉首時，老人已不知去向。[42]

《佛頂尊勝陀羅尼經》是一部記載密教修行法門的經典，唐代中葉流行密教，這條資料應反映著密教也甚重視五台山作為文殊道場這樣的事實。另外，在眾多記載中，文殊文化身為老人的情形其實相當普遍，[43]事實上，在時人觀念中，菩薩以無量神通，變現的對象可以無窮：從梵僧、童子到老人，最特殊的是，文殊有時會以乞兒身向人行乞[44]，佛經中對此有一段解釋，說這是為了幫人作功德。《文殊師利般涅槃經》：

> 若有人念，若欲供養，修福業者，（菩薩）即自化身，作貧窮孤獨苦惱眾生，至行者前。[45]

換一個角度而言，既然是在菩薩國土，則眾生都應受到平等對

---

[42] 宋・延一，《廣清涼傳》卷中，《大正藏》五一，頁 1111；亦見贊寧，《宋高僧傳》卷二，《大正藏》五〇，頁 718。

[43] 如《廣清涼傳》卷中的牛雲、無著：《宋高僧傳》卷四的窺基、卷二一的法照等皆是。

[44] 澄觀，《華嚴經隨疏演義鈔》卷七六引「偈曰：文殊大菩薩，不捨不悲願，變身為異道，或冠或露體；或處小兒叢，遊戲邑聚落；或作貧窮人，衰容為老狀，以現饑寒苦，巡行坊市廛，求乞衣財寶，令人發一施……」《廣清涼傳》卷上，頁 1103。

[45] 《大正藏》十四，頁 481。

待，貴賤等觀，貧富無二，「行慈心者即是得見文殊師利」。

但多半的時候朝聖者並不能看見文殊化現，他們會在五台山上見到許多殊異的奇景，這些異象同樣使他們有如置在神聖的光環中，為之頂禮瞻拜。例如，在五座台頂上常能見「五色雲」，《廣清涼傳》卷中：「大孚靈鷲寺……五色雲氣，靄然遍空」㊻；同書卷上載，僧俗千人，「同見五色雲中，現佛手相」㊼；宋朝宰相張商英遊東台時，亦見「五色祥雲現，有白光從地涌起，如車輪百旋。」㊽在傳說中，文殊菩薩會騎著一頭金色獅子，乘五色雲騰空飛去。㊾

有些五台山上偏遠的地點也會給予朝禮者神祕的聯想，如三台中央有處名「金剛窟」，原本是「徑路深阻，人莫能至」的地方，但卻因神祕難至，乃有諸多傳言，有曰此地多藏有「三世諸佛供養之具」；有曰佛滅後此即文殊菩薩住處；㊿日僧圓仁更言，上述的佛陀波利自印度取回經典後，文殊接引入窟，「波利才入，窟門自合，於今不開。」(51)以故，時人所見的金剛窟，是一處堅閉而色黃的窟岩。另由於在《維摩詰經》中，有一段文殊師利向維摩詰問疾，引來一場對「菩薩入不二法門」的辯論，南朝學風祖尚玄學，《維摩詰經》廣泛在士子間流傳。在西台下坡行五六里，有二座高起的大岩，南北相對，岩上廣平，時人即宣稱這裡是「文殊師利與維摩詰相見對談之處」(52)。自從有了種種傳說，朝聖者便能將經典中的記載與五

㊻ 《大正藏》五一，頁1109。

㊼ 同上，頁1107。

㊽ 《續清涼傳》卷上，《大正藏》五一，頁1128。

㊾ 圓仁語。見《入唐求法巡禮行記》卷三。

㊿ 《古清涼傳》卷上，《大正藏》五，頁1094–1095。

(51) 同㊾。

(52) 見圓仁，《入唐求法巡禮行記》卷三。

台山上實際的景色對照起來，而增添遊山時神祕的遐想。

誦讀過佛經的僧侶們懷著求見文殊的心情來到此地，望見殊異的天然景緻，古老但宏偉的菩薩塑像，耳畔傳聞著長久來朝聖老所留下關於文殊菩薩顯化的故事，心中當深刻地沈浸在一種身處菩薩淨土的宗教感受當中。即使是尋常事物，因存在於五台山，在朝聖者的眼下耳裡也會顯得帶著不尋常的特殊性，以故，在天空徘徊的飛鳥會聯想成為佛經中的「吉祥聖鳥」[53]；耳邊傳來的鐘磬之聲，也會被敏感地認為是「不擊自鳴」，流露香氣的聖鐘。[54]造成五台山成為中國最早的佛教聖山，早期在背後推動的力量，當是緣於彼時社會普遍有禮敬諸佛菩薩，與盛行研究佛經的風氣，也就是來自宗教界與底層民間的力量。但是歷史上將五台山—文殊菩薩信仰真正推廣和普及，還是有賴一個更大的政治實體—國家的力量來推動，才能達成。以下我們將就此點無一論述。

五、聖地與國家——五台山與文殊信仰普及的因由

從南北朝以迄隋唐，五台山作為文殊化跡的聖山地位因往反僧侶的大力頌揚而漸趨穩固。但這段時期，山上佛教的發展卻歷經多次興衰起落，個中因緣與外在的政治環境有不可分割的關係。

自北魏孝文帝在五台山上建大孚靈鷲寺以來，北齊時代(550–557)是五台山佛教第一個黃金時期，據《古清涼傳》卷上，其時山上寺院超過二百，政府並「劃八州之稅，以供山眾衣藥之資」[55]

---

[53] 見《廣清涼傳》卷中的無著；卷下的靈察條。

[54] 見《古清涼傳》卷下的曇韻、釋迦密多羅條。

[55] 《大正藏》五一，頁1094。

可說是傾國之力來發展佛教。但好景不長，當北周武帝滅北齊後，執行大規模的廢佛政策，五台山佛教亦受波及，「芳徽盛軌，煙淪殆盡」。四年之後，北周復亡於隋，自幼生長於尼寺的隋文帝在就位第一年即下令在五台座台頂各置寺院一所，五台山重新面臨一個佛教復興的開始。

唐朝興起於晉陽，與台山有同地之誼，唐太宗在貞觀九年曾下詔曰：

> 五台山者，文殊宓宅，萬聖幽棲，境繫太原，實我祖宗植德之所，切宜祇畏。[56]

於是在台山造寺十所，度僧百名。

而唐代首次遣使到五台山禮文殊菩薩，要到唐高宗時期。顯慶六年 (661)，敕沙門會勣同內侍、畫師多人赴清涼山檢行聖跡。此次的巡禮的過程，據載曾見到真容佛像，聞異香之氣，下及時雨等[57]，這些靈異事蹟在會勣等回到京師後被奏報給朝廷，而宣騰一時。經歷過這此次宣傳，「清涼聖跡，益聽京畿；文殊寶化，昭揚道路」，慧祥於日後記載此事時，猶認為這次宣化五台山文殊信仰，是「國君之力也」。[58]

慧祥在同條記載之末，還多記了一筆：「千載之後，知聖后之所志焉」，乍見之下，似有些畫蛇添足，但根據學者研究，唐高宗晚年因痛風而不能視事，顯慶五年之後，則天武后實際上已掌握大權。[59]

---

[56] 《山西通志》卷 171，又見《清涼山志》卷五。

[57] 《古清涼傳》卷下，《大正藏》五一，頁 1098。

[58] 同上。

[59] 參見陳揚炯，〈唐代五台山佛教史〉，《五台山研究》1986:1，頁 7–8。

則派遣會勣朝五台者，可能正是出於武后之意。在改元稱帝之時，武則天曾思圖利用佛教經典的權威，來為「女子為帝」的行為辯護，於是接受偽撰的《大雲經》中所謂「即以女身，當王國土，得轉論王」的觀念，大大弘揚佛教。又為了晉譯《華嚴經》「處會未備」，自于闐廷實叉難陀到洛陽與菩提流支等合譯出八十華嚴，去世前二年，還曾在夢中「神遊五頂」，可見她對於五台山實有一份特別的關注。[60]在高宗、武后時期，華嚴學的研究獲得新的發展，文殊信仰和朝禮五台的風氣，也得到進一步的傳播。

唐代五台山佛教的另一個高峰是在唐代宗時。可對於武后時期得力於華嚴宗僧侶們的弘傳，代宗時期推動文殊信仰及五台山建寺的主要密教的和尚。師承金剛智的不空的唐玄宗天寶年間二度自北印度來到中國，經他的致力，共有一百四十三部密教的經典被譯成中文。[61]為了宣揚密宗信仰，不空一直與唐朝皇室關係密切，尤其在唐代宗時，受朝廷尊封「大廣智三藏和上」，獲得皇帝的全盤信賴。由於當時五台山已獲得海內外共同的聲名，而密宗重要典籍《文殊師利法寶藏陀羅尼經》又直接承認五台山為文殊菩薩的住地。[62]於是不空選擇了五台山作為密宗發展的根據地，他透過三個步驟：建寺立壇；舉行功德法會；向天下宣揚文殊菩薩信仰，積極在五台山活動。[63]

---

[60] 肖雨：〈武則天與五台山〉，《五台山研究》，1986:5，頁 7–10。

[61] 故不空與鳩摩羅什、真諦、玄奘合稱中國佛教的四大釋師。

[62] 《佛說文殊師利法寶藏陀羅尼經》：「爾時，世尊復告金剛密跡主菩薩言：「我滅度後，於此贍部洲東北方有國名大振那，其國中有山號曰五頂，文殊師利童子遊行居止，為諸眾生於中說法。」《大正藏》二十，頁 791。

[63] 見陳揚炯，上引文；呂建福，〈五台山文殊信仰與密宗〉，《五台山研究》

為了在五台山建造密宗寺院，不空施捨自已的財產，並動員唐代宗及諸大臣解囊贊助，數十名五台山僧侶在宰相王縉（詩人王維之兄）的支持下分赴天下各地化緣，不空還從印度那爛陀寺請來僧人純陀為督工，如此浩浩蕩蕩在全國的資助下，依那爛陀寺為範本，積極在五台山上建造著名的金閣寺。

在《資治通鑒》的記載中，金閣寺「鑄銅塗金為瓦，所費巨億」[64]日僧圓仁所見的是，其主體建築為高百餘尺，九間三層的金閣，各層多有銅製佛像、法器，另有持曼荼羅的道場，當清風吹起，空氣中洋溢著白壇木的氣味，香氣遠聞。[65]不空建造金閣寺，和日後建立的玉華寺，皆有意成為國家道場，他奏請在這些寺院各置定額僧侶，經常為國家念誦《仁王護國經》、《法華經》、《密嚴經》等。[66]更值得注意的是，他運用自已在朝廷備受尊崇的身份，奏請天子在天下廣設文殊閣，以推廣文殊菩薩信仰。此一事件因有代表性意義，值得細加探討。

大曆四年 (769)，不空向代宗皇帝上疏：

> 大聖文殊師利菩薩，大乘、密教皆悉流演，今鎮在台山，福滋兆庶。伏惟寶應元聖文武皇帝陛下，德合乾坤，明並日月，無疆之福，康我生人，伏惟自今以後，令天下食堂中，於賓頭盧上，特置文殊師利形象，以為上座。詢諸聖典，具有明文，僧祇如來尚承訓旨，凡出家者固合樞衣，普賢、觀音猶執佛而為侍，緣覺擁篲而居後，斯仍天竺國皆然……仍請永

1989:2，頁 30。

[64] 《資治通鑒・唐紀》，代宗二年，引自見陳揚炯，上引文。

[65] 《大唐求法巡禮行記》卷三。

[66] 同[59]，頁 9。

為恆式。[67]

中國佛寺在唐代宗之前，於食堂設賓頭盧像，此制是因晉僧道安於注經時，夢賓頭盧現白頭長眉，告訴道安今住西域，「當相助弘通，可時時設食」[68]，其徒慧遠因而普為設座為則，但到唐代已有提出異議。法藏《幻網經疏》即言：「西域諸小乘寺以賓頭盧為上座，諸大乘以文殊師利為上座。」中國佛教自判教後既標舉以大乘為宗，各寺院卻廣供小乘的聖像，就有所不宜了。[69]不空所奏，就是冀朝廷之力，以文殊菩薩聖像替代小乘的賓頭盧。

三年之後，大曆七年，不空又奏請天下寺院設文殊師利菩薩院，之後代宗頒下敕令：

> 敕京城及天下僧尼寺內，各簡一勝處，置大聖文殊師利菩薩院，仍各委本州長官即句修葺，並素文殊相裝飾彩畫。[70]

文殊閣建成之日，代宗親賜八分金，書「大聖文殊建國之閣」額，自此唐代建寺必設文殊閣院，宋代亦多依例設之。[71]

代宗與不空大師的相契，可為教史中政教合作的佳例，但對於文殊信仰而言，卻不得不說是在性格上一大轉變，最明顯的是，新建的閣寺，全賜與一個國家有關的名稱，如不空在長安大興善寺建

---

[67] 《代宗朝贈司空大辯正廣智三藏和上表制集》卷二，《大正藏》五二，頁 837。

[68] 《(梁) 高僧傳》卷五，釋道安條。

[69] 相關論述見崔正森，〈峨嵋山與五台山佛教〉，《五台山研究》，1993:1，頁 33；呂建福，上引文，頁 32；楊曾文，上引文，頁 16。

[70] 《代宗朝贈司空大辯正廣智三藏和上表制集》卷二，《大正藏》五二，頁 841–842。

[71] 見[69]。

閣名「大聖文殊鎮國閣」，和前述的「大聖文殊建國之閣」等，「鎮國」和「建國」都與國家有密切關係，卻與顯教經典中以般若智慧第一，常為眾生說法的文殊形象不太倫類。但若查閱密教的典籍，將會對此點有所發見。密教是佛教在印度晚出（七世紀）的教派，以灌頂、持咒、修本尊法等較不公開的修行法門度眾，文殊在密教典籍中，除了維持顯教中「主智」的形象，另多一些具體救贖性的色彩。以《佛說文殊師利法寶藏陀羅尼經》為例，當中就提到供養文殊畫像的修行法：

> 若男子女人身有災厄，當於宅內安置舍利塔並佛形象，畫文殊師利童子像，燒種種香沈水香……書寫受持頌讀此經，依法修行。[72]

重要的是，若君主行文殊法，亦會得到不可思議的功德：

> 此文殊師利法藏中有真實法……能令所在國土十善勤化。若國王作十善者，國王所作悉皆圓滿。此八字大威德陀羅尼者……為擁護一切行十善國王，令得如意，壽命長遠，福德果報無此逾勝，諸方兵甲悉皆休息，國土安寧，王之所有常得增長……[73]

這是一段文殊菩薩與「護國」相當有關的一段經文。若我們對代宗時代稍有認識，再來讀這一段經文，相信會對當時的宗教感受有更進一步的領會。唐代國勢至唐玄宗（代宗的前二任皇帝）天寶年間 (742–755) 由盛而衰，長達八年的安史之亂，更是將大唐帝國

---

[72] 《大正藏》二十，頁 793。
[73] 同上。

捲入長期的兵連禍結，內憂外患之慘境。代宗即位時，安史的餘黨尚未完全靖平，而吐蕃軍隊連年進犯長安，時攻時和。大曆二年，吐蕃擾靈州；三年，吐蕃擾靈武，攻邠州；大曆四年，吐蕃攻鳴沙；五年，復擾永壽，六年四月，吐蕃請和；八年，再擾靈武。[74]年年皆有兵災，幾可說是國事蜩螗，了無寧日。

某度吐蕃入寇，兵至京畿，代宗應對的方式卻是潛身在寺廟中，念經祈禱。[75]對於時代性的災禍，當人事已盡，所足倚恃的就只有神佛的庇佑了。可以想見，上面這段經文中「諸方兵甲悉皆休息，國土安寧」,「國王作十善者，國王所作悉皆圓滿」等字句，對於代宗朝的君臣、僧侶、百姓來說，多麼富有吸引力，也因此，代宗大曆四年和七年二度為文殊信仰的推廣，所頒布的論旨，就可獲得其時代背景的理解了。在大曆七年之間，中國寺院並無專設文殊院，也未必供祀文殊菩薩；不空奏請之後，整個唐帝國的寺院都供奉起文殊師利，如此一來，前來五台山文殊勝跡的全天下僧侶，更是絡驛於途了。

在唐武宗滅佛，佛教遭受第二次浩劫之前，五台山佛教曾盛極一時，四方僧侶相繼來朝，各宗派在此皆得到相當地弘揚。日僧圓仁來華時，將五台山和天台山視為中國佛教的二大中心，而列為必要參訪的目標[76]，晚唐文人姚碁在所寫的《寺記》中，也曾言道：

> 今天下學佛道者，多宗旨於五台，靈聖蹤跡，往往而在。如吾黨之依於丘門也。[77]

---

[74] 《中國歷史大事年表》，華世出版社，頁 226–227。

[75] 陳揚炯，前引文，頁 9。

[76] 《大唐求法巡禮行記》卷三。

[77] 同[75]，頁 7。

若依這段史料，則五台山被時人視為佛教中的曲阜，而得到獨尊的地位。

五台山之所以成為馨滿中外的國際性聖山，除了有賴《華嚴經》中記載為文殊菩薩道場之外，五台山本身的山靈郁秀，景緻脫俗；文殊菩薩在佛滅之世，猶領導眾生學法的特殊地位；以及不斷累積的靈瑞故事和傳說，無不加深了古人對五台山作為聖地的印象。另外，由於在顯密經典，尤其是密教宣傳中文殊菩薩所兼具的救世性角色，密教大師不空希冀藉弘揚文殊和五台山來傳播本教，以及唐代中晚期內憂外患，皇室力量不振，有意將文殊信仰導向「護國佛教」，此世救贖的方向，基於這些原因，文殊菩薩上首的地位才在政治力量的拱抬下到達其最高峰。關於文殊信仰和時代政軍背景的關涉，研究五台山和文殊菩薩的學者似甚少提及，但實質上，這些因素在這段發展史上卻有不可忽視的影響，故記於此，庶幾供作進一步研究者留意。

附錄：台大歷史系周伯勘教授的讀後簡評

俊中：收到您的論文。幾個問題需要澄清。㈠文殊菩薩是十住菩薩，請分辨十住菩薩和佛的不同，不能依字面說他是「佛母」。㈡請加入乘佛教「道場」的觀念，單憑華嚴經，仍不足證明文殊菩薩和五台山的關係。㈢注意佛教經典的用字常是類比，例如「法王子」，說他是「子繼父業」得有經文支持，理論上，所有的十住菩薩都是「法王子」。㈣ p.7 有關燒身供養一事，出於法華經，此處和華嚴經無關。若要建立兩者之間的關係，得探討第六世紀法華和華嚴得互攝。㈤我讀的印象是五台山和文殊必然的關係是由密教所建立的，您提的都是以歷史事件來證明，教義的證明太薄弱了。這點需得加強。㈥從教義來推斷歷史的現象，當寫作者提供某一經典為根據時，必須說明為何是此經典，而不是另一部經典。

周伯戡，10/16

有關五台山成為佛教聖山的研究二則
——以與華嚴學興起的關係和元代藏傳佛教勢力的進入為主

一、前 言

在中國佛教發展的過程中，逐漸產生了所謂「四大名山」的道場，分別代表四位大菩薩的住處。❶歷代前往朝禮的僧俗人士絡繹於途，而靈異傳說歷來不斷。其中發跡最早的五台山，之所以會被認為是文殊菩薩的金色世界，其實與在《華嚴經》中的一段關於文殊菩薩住處的記載有密切相關。到了唐代中期，數代華嚴宗的祖師們或著書立說，或親往行履修行，使得五台山因華嚴學而聞名，華嚴學亦因五台山的聖山化而更為流傳。

但四山之中，五台山特殊的地方是，自一開始認同此山是文殊菩薩道場的就不只是中國人，前來朝禮的人士相當國際化，有罽賓、尼泊爾、獅子國、天竺、日本、朝鮮。❷在唐長慶四年（西元八二四年）吐蕃王遣使者來朝，還特別要索取「五台山圖」，❸可見這個

---

❶ 「四大名山」是指山西五台山、浙江普陀山、四川峨嵋山，安徽九華山，分屬文殊、觀音、普賢、地藏四位菩薩的道場。其中以五台山在北魏時代就受到朝禮，發跡最早。

❷ 事見《梁高僧傳》、《唐高僧傳》、《宋高僧傳》諸相關僧侶傳記；法藏，《華嚴經傳記》、慧祥，《古清涼傳》、（日）圓仁，《大唐求法巡禮行記》等資料。

新興的佛教王國亦對位在中土的文殊道場感到嚮往。如此的歷史經驗，使得在元代以後，大量藏傳佛教的寺院興建於五台山，而形成山上出現「青廟」（漢地佛教寺院）和「黃廟」（藏傳佛教寺院）分別林立，安然共處的情景。一直到明清，皆將五台山視為一個融洽外族關係、招待蒙藏僧侶的重要場地。清代諸帝，多次到五台山上遊賞祈福。形成五台山與政治和民族關係之間的獨特關係。

以下的本文就從：1.五台山的聖地化與華嚴學的關係；2.五台山在元代以後成為多種族聖地的轉變。這兩點來論述。

二、《華嚴經》與五台山

五台山位於華北代州雁門郡，五座山峰高拔於黃土高原之北，山頂上光無林木，有如壘土之台，故因此得名。這五座山的高度，可算是居於華北之最，❹且一年之內，有一半以上的時間皆是路為雪封，不為人行。《華嚴疏文》言：

> 此山磅礴州，綿五百里，左鄰恒岳，隱嶙參天；右控洪河，縈迴帶地；北鄰朔野，限雄鎮之關防；南擁汾陽，作神州之勝勢。迴環日月，畜泄雲龍。雖積雪夏凝，而奇花萬品，寒風久冽，而珍卉千名，丹障橫開，翠屏疊起，排空度險，時逢物外之流，捫蘿履危，每造非常之境，白雪凝布，疑淨練於長江；昊日熾昇，認扶桑於火海。❺

❸ 《舊唐書．敬宗紀四》卷十七。

❹ 五峰高度皆在三千公尺上下，其中北台高三〇五八公尺，為華北最高峰，足為東嶽泰山之倍。

❺ 同上。

如此而言，五台山在地理上可稱得上是界於山脈與河川、平原與朔漠之間的邊際地帶，且氣候雖然冷洌，但時有自然脫俗之美境，令前往者為之明賞讚嘆，故自古就有「神仙之宅」之稱。《大唐神州感通錄》云：「古來求道之士，多遊此山，雲蹤遺窟，奄然在目，不徒設也。」❻這樣一座古代的「仙山」，如何會成為佛教文殊菩薩的道場，而成「四大名山」之首，這皆要得功於佛教經典中的記載，和教內大師們的詮釋。

最早提到和五台山相關的經文，當推及於東音和劉宋之際（西元四一八—四二一年）由佛馱跋陀羅所翻譯約六十卷《華嚴經》，在其〈菩薩住處品〉中言及文殊菩薩的住處：

> 東北方有菩薩住處，名清涼山，過去諸菩薩常於中住。彼現有菩薩，名文殊師利，有一萬菩薩眷屬，常為說法。❼

此處清楚地言及文殊菩薩的住處稱「清涼山」，坐落在東北方，而五台山的寒冷氣候和方位，正與之相符，故自北魏孝文帝（西元四七一—四九九年）建立清涼寺和大孚靈鷲寺❽以後，遂逐漸有僧侶以朝禮文殊菩薩為名，前來朝山。❾但是，為何《華嚴經》中會提到在中國的山系為文殊菩薩的道場呢？早期對這段經文有所注意的古人多表示驚異。在相關五台山的史料中，甚至記有「五台山本

---

❻ 同上。

❼ 《大正藏》一〇，頁201。

❽ 見思雪峰，〈五台山佛教的淵源〉，《五台山研究》，創刊號，頁9，1985年。

❾ 法藏在《華嚴經傳記》中提到北魏熙平元年（西元五一六年）沙門釋靈辯曾頂戴《華嚴經》赴五台山求文殊菩薩開發此經之義解，後於《清涼寺》作《華嚴論》一百卷。《大正藏》五一，頁157。

名清涼山」,「南號清涼山，山下有清涼府」❿的說法，然而，我們無法證實這個「本名」的存在是否早於六十卷《華嚴經》傳譯之前，此說就顯得值得商議了。撇開附會之說不論，有學者研究指出，《華嚴經》這部體制龐大的體系與《般若》、《寶積》等經典不同，後兩者是由許多思想相近的典籍所構成，《華嚴經》則是依七處八會所累積貫串而成為整體，故當不是一時一地的產物⓫。如在《六十華嚴》譯出之前，已有許多分散的《華嚴經》品翻釋出來，今將前後譯出的《華嚴經》散品與《六十華嚴》作一對照，如下表所示：⓬

原譯經品	後譯六十華嚴經品
東漢・支婁迦讖譯： 《兜沙經》	《如來名號品》
吳・支謙譯： 《菩薩本業經》	《淨行品》和《十住品》
吳・失譯： 《普賢菩薩答難兩千經》	《離世間品》
西晉・聶道真譯： 《諸菩薩求佛本業經》 《菩薩求業行品經》 《十住經》	兩經皆是《淨行品》 《十地品》
西晉・不現譯人： 《大方廣如來性起微密藏經》	《性起品》
西晉・竺法護譯：	

❿ 見《古今圖書集成》方輿彙編山川典，卷三十一，頁322。

⓫ 見呂澂，《中國佛學思想概論》，頁400，台北，天華出版公司，一九九一年。

⓬ 在法藏，《華嚴經傳記》中，有《流文第四》一節，即專言在六十華嚴譯出前的散品譯本，今表刪除法藏言「似」是某品的部分。依其言前後經品相當之處而編成。

《菩薩十住經》 《漸備一切智德經》 《等目菩薩所問三昧經》 《如來興顯經》 《度世品經》	《十住品》 《十地》 《十定品》 《如來性起品》和《十忍品》 《離世間品》
東晉・訶支譯: 《菩薩十住住經》	《十住品》
西秦・聖堅譯: 《羅摩伽經》	《入法界品》
後秦・竺佛念譯: 《十地斷經》	《十地品》
姚秦・鳩摩羅什譯: 《十住經》	《十住品》(採羅什譯文)
唐・玄奘譯: 《顯無邊佛土功德經》	《壽命品》
譯者不詳: 《大方廣如來性起經》	《性起品》

自此表中可以見到，有關記載菩薩住世處所的《菩薩住處品》並未見於散品當中，只見於《華嚴經》的全本中。然而，這些散佚的經品，是在那裡集結而成完整的《華嚴經》呢？據呂澂的研究，中國初傳的經典大多皆通過西域得來的，當時流行大乘經典特別多的地區，首推于闐，他並因此推論，《華嚴經》中出現的清涼山，即是指五台山，是經典在西域流行時所加上去的[13]。又學者研究，至今所見關於《華嚴經》的梵文文獻，只存在《入法界品》、《十地經》、《兜沙經》、《普賢行願品》等零星的經品，印度自龍樹（西元二世紀）作《大智度論》到寂天（西元七世紀）著《集菩薩學論》中，所提及的華嚴系經典，也未超過這幾品[14]。故方立天推斷，由於佛教徒一向喜尋山林幽靜之處修行，于闐僧侶於漢地往來頻繁，對於

內地的山川地理當有所瞭解，故以五台山作為文殊菩薩的住處，以使漢地對佛教增信⓯。

由於今存相關西域的資料相當殘缺，故我們無法得知這些推論是否屬實，甚至也有學者提出反駁⓰。但是對於中國早期的佛教徒來說，「經典唯真」的觀點使得他們寧可信賴和驚嘆經典上所言及的記載，且因求識經典真義若渴，使得號稱「三世佛母」⓱、「智慧第一」的文殊菩薩道場令信徒們趨之若鶩，各種相關的奇蹟、聖顯事蹟不斷被世人傳述，許多事蹟與《華嚴經》有關，被編輯成冊，最早的編輯者即是華嚴宗的第三代祖師法藏⓲。

三、華嚴宗的祖師與五台山：法藏與澄觀

六十卷《華嚴經》譯出於建業（西元四二一年）之後，在南北兩地並未得到普遍的研究。在北方，《華嚴經》真正受到重視的轉機。乃是因地論師弘揚之助。北魏永平年間（西元五〇八～五一二年）若提流支和佛陀扇多等合譯出《十地經論》，此論為印度著名的有宗

⓭ 見呂澂，《中國佛學思想概論》，頁 45–47。

⓮ 見方立天，〈略談華嚴學與五台山〉，《五台山研究》，頁 22，一九八八年。

⓯ 同上，頁 22–23。

⓰ 陳揚炯認為此說不可信，因在史料中佛教傳入五台山絕不可能早於東晉。〈澄觀評傳〉，《五台山研究》，頁 9，一九八七年。

⓱ 《大正藏》三，頁 326。另《心地觀經》偈曰：
文殊師利大聖尊，三世諸佛以為母，
十方如來初發心，皆是文殊教化力。

⓲ 即《華嚴經傳記》卷五，《大正藏》五一，頁 152–178。

僧侶世親所作，是對《華嚴經》中《十地品》的注論，所論述的是菩薩修行的十個階段過程。由於受到當世帝王公卿的重視，地論師中如勒那摩提及其弟子慧光先後奉命宣講《華嚴經》，於是促成《華嚴經》研究的風氣，既然《十地品》是言菩薩修行的位階，則被視為是文殊菩薩住處的五台山亦因此受到更多的注視，山志中已有僧侶到五台山去朝見文殊，求解華嚴的記載⓳。後至北周武帝滅佛，位於原北齊境內的五台山多數佛寺亦受波及，而受到相當的破壞。滅佛期間，長期以來在長安宣教的佛教僧侶紛紛逃到終南山去避難，其中，慧光的再傳弟子靖淵在終南山立至相寺，聚集徒眾宣揚《華嚴》，華嚴宗的幾位祖師，如杜順、智儼、法藏，都曾在終南山上遊學，使得終南山和長安成為研究華嚴學的兩大中心。到了法藏大師時，因諸多因素的成熟，如於長安得到則天武后的支持、《華嚴經》已受到佛教徒普遍的重視、及以華嚴觀點的「五教判釋」思想的發揮，而在長安開創了華嚴宗。之後，則天武后又以晉譯六十華嚴「處會未備」遣人至于闐迎實叉難陀到東都大遍空寺，與菩提流支新譯出八十卷本的《華嚴經》⓴。法藏亦有參與譯事。

在則天武后時代，以后性好以佛教靈異造立權勢，五台山上每有「五色雲」、「文殊顯聖」的傳說。后並遣人到五台山大孚靈鷲寺前，采花萬朵，移植在宮廷庭園。命專司栽植供養㉑。第一本五台山志《古清涼傳》亦是在唐高宗調露元年（西元六七九年）由僧人慧祥所編撰完成的㉒。也就是在此時，法藏編撰了《華嚴經傳記》，

⓳ 見慧祥，《古清涼傳》卷上，及法藏，《華嚴經傳記》，《大正藏》五一。

⓴ 見肖雨，〈武則天與五台山〉，《五台山研究》，頁 10，一九八六年。

㉑ 見陳揚炯，〈唐代五台山佛教史〉，《五台山研究》，頁 7–8，一九八六年。

㉒ 《古清涼傳》卷二，《大正藏》五一，頁 1092–1100。全書分為〈立名

介紹《華嚴經》的部類、傳譯、支流、論釋，宣揚講解、諷誦、書寫《華嚴經》的功德，當然，也特別在《傳記》中論及了文殊菩薩和五台山。

在《華嚴經傳記》中法藏相當推崇文殊菩薩，言「依《文殊涅槃經》，佛去世後，四百五十年，文殊師利猶在世間；依《智度論》，諸大乘經，多是文殊師利之所結集。此經（華嚴經）則是文殊所結。」㉓他並重提《華嚴經》中指清涼山為文殊菩薩道場的故事，言「案別傳云：文殊師利菩薩，常於彼講華嚴經故，自古以來迄乎唐運，西域梵僧，時有不遠數萬里，而就茲頂謁者，及此土道俗，亦塵軌相接。……然地居邊壤，特甚寒烈，故四月以前，七月以後，堅冰積雪，嵩皓彌布，自非盛夏之日，無由登踐。勗哉懷道之士，可不庶幾一往乎?」㉔

此處有三點值得留意：1.般若等大乘經典為文殊師利所結集，可以有《大智度論》為之佐證，但《華嚴經》亦為文殊所結集，法藏卻未指出其說的根據。2.法藏大師在文中引《別傳》言文殊菩薩在五台山上為眾宣講《華嚴經》，此《別傳》為何，今似無可考，但是就一名華嚴宗大師而言，如此言之自有其巧妙的效果：當時既然朝廷已尊崇五台山為一大佛教聖地，前往朝禮者來自國內國外、絡繹於途，可說是尊奉各宗各派，各部經典者皆有㉕，如果可以掌握這個風潮，將文殊師利菩薩和《華嚴經》的淵源拉近，進而言文殊

標化〉、〈封域里數〉、〈古今勝跡〉、〈遊禮感通〉、〈支流雜述〉五部分。

㉓ 見法藏，《華嚴經傳記》卷一，〈隱顯第二〉，《大正藏》五一，頁153。

㉔ 見法藏，《華嚴經傳記》卷一，〈論釋第五〉，《大正藏》五一，頁157。

㉕ 唐代佛教盛時五台山上的佛僧曾有屬於華嚴宗、天台宗、禪宗、淨土宗、律宗、密宗，並不為專宗所獨尊。

菩薩在五台山上講的正是《華嚴經》，對於華嚴宗的傳法弘揚，亦當有莫大的便利。3.法藏大師在文末鼓勵懷道之士，要儘可能前往五台山朝禮，配合上《傳記》中所引述的有關五台山和《華嚴經》相關的靈異事蹟，也就同時為華嚴宗和五台山作出了最好的宣傳。

法藏之後，被稱為華嚴宗四祖的澄觀大師與五台山更有淵源，此點我們可以從澄觀被封為「清涼國師」中見出端倪。據聞，澄親在講述《華嚴經》〈菩薩住處品〉時，對文殊的住所五台山十分嚮往，於是他於大曆十一年（西元七七六年）至五台山巡禮，見到不少文殊的「瑞相」後，對文殊的信仰起了信心。隨後他又赴峨嵋山朝見普賢菩薩，結束後又回到五台山，住錫於大華嚴寺，專行方等懺法㉖。自此後約十五、六年時間，澄觀以五台山為中心，振興華嚴宗，提倡諸宗一致，禪教融會。

在澄觀的時代，五台山即等於《華嚴經》中的清涼山，幾成為佛教界內部的共識，澄觀則在他的《大方廣佛華嚴經疏》中，注疏〈諸菩薩住處品〉時，又加以強調：

> 清涼山，即代州雁門郡五台山也，於中現有清涼寺。以歲積堅冰，夏仍飛雪，曾無炎暑，故曰清涼，五峰聳出，頂無林木。有如壘土之台，故曰五台。表我大聖五智已圓，五眼已淨，總五部之真祕，洞五陰之真源，故首戴五佛之冠，頂分五方之髻，運五乘之要，清五濁之災矣。㉗

㉖ 據陳揚炯在〈澄觀評傳〉中指出，此種懺法是天台宗智顗大師依《大方等陀羅尼經》所制定的一套懺悔儀式，頁 10。澄觀大師所學極博，對華嚴、禪、天台、三論、律等皆有研習。

㉗ 《大正藏》三五，頁 859。

對於文殊菩薩何以留住五台山，澄觀亦有所解釋，在《大華嚴經略策》中第二十品〈文殊祖師〉中，澄觀云文殊菩薩：

> 依不動之真源，言自金色世界，震旦之人有感，偏居清涼之山矣……同萬類之變化，入帝網之剎塵，湛一寂之真源，無成無滅，口欲談而詞喪，心將緣而慮息，無相現相。
>
> 清涼應現於多端，即身無身，金容渙目而無睹，執相者迷其至趣，觀空者惑其見聞。惑見聞者，偏求有外之空；迷至趣者，執水月為珠寶。故中人悅象或滯於二途，下士忽虛相以為妖異，妖異乍生於月夕，豈千秋萬歲之常然？況宣公上稟於諸天，神僧顯彰於靈境，高齊八州以傾俸，有唐十帝以回光，清涼聖居，理無惑矣；真源普遍，復何疑焉？[28]

在此段文字中，澄觀認為：文殊菩薩本然無相，若現相，則可現於多處，但因中國這土地上的人對其金色世界有所感應，故偏居於清涼山。下士只以為文殊的聖顯乃妖異，中士裡雖然喜悅見及文殊顯容，但易於成為「執相者」和「觀空者」兩類之迷誤，而過去既已有僧侶王公崇奉的佳例，五台山作為文殊的道場當如「真源普遍」，是不會有誤的。

由於澄觀所著的《大方廣佛華嚴經隨疏演義鈔》後來成為《華嚴經》各注疏中最重要的作品，澄觀以此而得到「華嚴疏主」的名號，德宗年間，澄觀到長安宮廷講經，以風度典雅，佛學博識，被皇帝稱讚「朕之師，言簡而雅，辭典而富，扇真風於第一義天，能以聖法清涼朕心」，先後贈予澄觀「鎮國大師」、「清涼國師」兩號，封為天下大僧錄。是以澄觀在六十二歲那年同時身為全國最高僧官

---

[28] 摘引自陳揚炯，〈澄觀評傳〉，頁 10。

和獲頒帝王所賜僧侶的最高尊號，隆崇一時。另外，因德宗前任皇帝代宗與密宗僧侶不空，亦在利用文殊菩薩作為「護國佛教」，頒行天下寺院，以圖禦外侮㉙，文殊菩薩信仰和五台山的朝禮在唐代中末期到達高峰。

然而，世事無常，在唐代武宗發動的大規模滅佛行動後，中國存在於城市內的經院佛教勢力大受摧殘，法藏的著述，唐末即絕跡國內，要到南宋紹興年間時才自高麗請回入藏㉚。興盛一時的五台山佛教，也因為過於顯著，而遭嚴重破壞，寺院除台外的南禪寺外，幾被拆毀殆盡㉛，盛極一時的佛教活動於是大受打擊，沈寂了數十年。

四、元代藏傳佛教傳入五台山：多民族的宗教融合

如前所述，五台山的特殊在於它是國際佛教徒皆認可的文殊菩薩道場，但「四大名山」的其他山系則不盡然。舉例而言。在中國，普陀山被視為是觀音菩薩在世間的住所，但對於西藏佛教徒來說，觀音的住處當在拉薩，達賴喇嘛即是觀音的化身。位在拉薩建築給歷代達賴喇嘛辦公、居住的布達拉宮，方可以中文翻譯為「普陀洛迦」，故藏人很少會前往浙江普陀山向觀音菩薩朝聖。但是五台山不同，在僧傳和山志資料中經常有來自各國的僧侶前來虔誠地朝敬、禮拜，但真正有其他的佛教體系在五台山上建寺宣教，則還是在元

㉙ 見王俊中，〈五台山的「聖山化」與文殊菩薩道場的確立〉，華嚴蓮社八四年度獎學金論文

㉚ 見呂澂，《中國佛學思想概論》，頁 393。

㉛ 見方立天，註 13 引文，頁 26。

代以後的事。

原本言及文殊道場位置的佛教經典即不只《華嚴經》一處，在唐景龍四年（西元七一〇年）菩提流支譯的《佛說文殊師利法寶藏陀羅尼經》，就曾相當具體地描述文殊道場的位置和地理條件：

> 爾時，釋尊復告金剛密跡主菩薩言：「我滅度後，於贍部洲東北方有國名大震那，其國中有山號曰五頂，文殊師利童子遊行居住，為諸眾生於中說法。」㉜

「震那」是古代外族稱中國的名稱之一，而標指出「東北方」和「五頂」，更是讓人容易聯想起五台山上的五座無蔭的山頂。西藏的佛教不論各宗教義如何，皆重視密宗的修練，《佛說文殊師利寶藏陀羅尼經》本身即是密宗的經典，其內容如此具體的點明出文殊的住山有「五頂」，是否因此造成藏傳佛教亦宗仰五台山為文殊聖地？我們雖不得而知，但是在後世的西藏史書中有一些細微的佐證。西藏有一本專門討論王統的書，達倉宗巴．班兒囊布的《漢藏史集》，被學者認為寫於西元一四三四年（明宣德九年），書中曾立專章討論漢地的王統，在篇首的詩言中亦提到：

> 文殊道場聖地五台山，
> 它的周圍是漢唐帝國。㉝

這表示西藏的學者已清楚承認文殊的道場即五台山。《漢藏史集》又言：

> 印度之王由於先世所積的福業，具有佛法之根器，故佛陀釋

㉜ 《大正藏》二〇，頁 791。

㉝ 達倉宗巴・班覺囊布的《漢藏史集》，頁 61，西藏人民出版社。

> 迦牟尼作為其導師。漢地之王精於卜算，智慧之主文殊菩薩以其地為自己的教化之區，以三百六十卦圖作其導師。格薩爾軍王以勇武著稱，為教化其地，天女般扎年噶之五百兒子，化現為軍旅作其導師。大食財寶之王財寶著稱，為教化其地，毗沙門天神化身作其導師，因此，印度王能除無明黑暗，漢地之王明察善惡如寶鏡，格薩爾王能降伏敵軍，大食之王能除貧困之苦。㉞

則每一個國土都有一配合其「業」的佛菩薩或天神，在當地任教化的「導師」，漢地之王因精於卜算，相應於文殊師利「知慧」的特質，故漢地教化的菩薩正是文殊師利。

著名的西藏史言，亦成於明代的《青史》，也提到類似的說法：

> 傳說漢地是妙音（即文珠）菩薩所攝受的地方；而西藏疆土則是觀自在菩薩摩訶薩所教化的土地。㉟

上述的兩條資料，言及佛菩薩在一地「攝受」和「教化」，所指的是宗教還是政治方面？似乎是很模糊的。在《漢藏史集》中，還提到各地有政治上的「王」，而把政治和宗教教化分開來談。但是，運用在西藏歷史的解釋上，或因西藏實行長久的「政教合一」制度的影響，藏人有將政教兩者合而論之的傾向，在西藏近世，習慣將奉佛的統治者視為佛菩薩的化身，來解釋其作為和權力的合法性，如「前弘期」的「法王祖孫三代」的三位贊普——松贊干布(Sroag-bTsan-sgam-Po)，赤松德贊，慧巴瑾，代表了菩薩悲、智、

㉞ 同上，頁 10。

㉟ 廓諾・迅魯伯,《青史》(一), 第十四輯〈大悲觀音法門及金剛鬘等法類〉, 華宇出版社，一九八八年二月。

勇三種德性，分別是觀音菩薩、文殊菩薩、金剛手菩薩的化身㊱。於是，近世以來，西藏除了稱格魯派 (dGe-Lugs-Pa) 的創教者宗喀巴 (Tsong-Kha-Pa) 為文殊轉世外，亦多用文殊菩薩的化身來尊稱中國護佛的帝王，如元世祖忽必烈，明成祖永樂帝，和清朝的順治、康熙、乾隆諸帝，都有被稱為是文殊轉世的記載。此即是藏傳佛教的發展與五台山有關的原因。

元世祖忽必烈在還未稱帝時，就感受到蒙古的武力雖然強大，但是屬於精神文化上的資源不足，在以武力獲取土地之後缺乏治理安撫人民的傳統。故蒙古軍隊採開放式接受宗教的思想，每征服到一處，便吸收當地的宗教資源以為己用。早在窩闊台汗時，元將軍闊端就和西藏宗教界接觸，與薩迦派 (Sa-Kya-Pa) 的大師班智達相約，若臣服蒙古，便可免受兵伐流血之苦。忽必烈在蒙哥汗七年（西元一二五七年），亦曾使薩迦派僧侶八思巴 (hPhags-Pa) 到五台山朝禮，八思巴在遊歷之餘，還留下幾首讚誦的詩句，將五台山的五座山頂比喻作佛的五智，每座山頂上面各坐著一佛，供人頂禮㊲。

㊱ 見張福成，〈談藏傳佛教的「活佛轉世」〉，《法光雜誌》六六期，一九九五年三月。

㊲ 其中贊誦見於《薩迦五祖全集》，第十五函，頁 113–119。其一為：
為救護愚痴所苦的眾生，大圓鏡智之主大日如來，
在中台示現佛部部主身，向你救護色蘊之尊頂禮。
為救護嗔恚所苦之眾生，法界體性智之主阿閦佛。
在東台示現金剛部主身，向你救護識蘊之尊頂禮。
為救護慳吝所縛之眾生，平等性智之主尊寶生佛，
在南台示現寶生部主身，向你救護受蘊之尊頂禮。
為救護貪欲所苦之眾生，妙觀察智之主阿彌陀佛，
在西台示現蓮花部主身，向你救護想蘊之尊頂禮。
為救護嫉妒所苦之眾生，成所作智之主不空成就，

據大陸學者陳慶英的研究，忽必烈的信佛，一部分原因是為著其時行使政治之事受到蒙哥汗的猜疑，欲祈求佛教護佑，以解心中的不安[38]。且薩迦派所尊的菩薩，亦以文殊師利為主。故八思巴會以朝禮五台的方式，為忽必烈祈福。日後在忽必烈真正即帝位後，為興佛事亦是不遺餘力，其次世祖問帝師曰：「造寺建塔有何功德?」師曰：「福蔭大千。」[39]元史中記載著，為著永享帝祚，福蔭子孫，有元一代造寺建塔、度僧、作佛事，以至於皇室帝后受戒、聽法，向帝師請求灌頂，已為常例。而造寺建塔，又要選擇福地才能奏福蔭之效。某次，忽必烈曾問揀壇主：「何處為最上福田?」壇主回曰：「清涼。」於是帝曰：「真佛境界!」乃建五大寺為世福田[40]。此處的「清涼」，即是指五台山。

八思巴為忽必烈所作的法事，很多是密宗的儀軌，如憲宗七年(西元一二五七年)，他在忽必烈的帳前先後寫了《不動佛燒施儀軌》和《五天女贊頌》兩文，並行法事。燒施，漢譯又譯火祭或護摩，為密宗僧侶焚燒柏枝、酥油、食品、花果，以求福解災的一種宗教儀式，是西藏佛教諸派和民間皆很盛行的儀軌，被認為是去災難的最有效方法[41]。既然元代帝室崇仰五台山為「真佛境界」，但因其信仰佛教以祈福息災等較功利的目的為主，對於佛教較深奧的教義，較不感興趣，於是五台山上除了樹立起一座座藏傳佛教的寺院外，也多引進藏傳佛教各種求法息災的儀軌。

在北台示現羯磨部主身，向你救護行蘊之尊頂禮。

[38] 見陳慶英，《元朝帝師八思巴》，頁 74，中國藏學出版社，一九九二年。

[39] 《佛祖統紀》卷四十八。

[40] 《佛祖歷代通載》卷二十二。

[41] 見陳慶英，《元朝帝師八思巴》，頁 74。

五、結 論

若將元代與唐代的五台山佛教簡單地做個比較，則可以言：在中唐中宗武后的時代，澄觀發奮於五台山為《華嚴經》作疏。弘揚華嚴宗教法，建立華嚴宗在義學上的體系；另，在日本天台宗僧侶圓仁等來華求法時，將天台山和五台山視為求法必訪之地[42]，可見其時天台宗在五台山上亦相當發達。當世五台山上的佛教應為解行均重，除了華嚴宗、天台宗的僧侶前來弘法外，亦有史料記載律宗、禪宗、密宗、淨土宗的大師到山上遊跡，可說是諸宗並弘的佛教盛期。然而中國到唐武帝滅佛後，佛教自身義學已衰落不振，唯興禪宗。而蒙古皇帝以待其傳統的薩滿教 (Shamanism) 信仰的方式一般，對佛教崇信有加，但在一般史料記載而言，僧侶在元朝有如官員貴族，受到太多的賞賜和禮遇，「正衙朝會，百官班列，而帝師亦或專席於坐隅。」「雖帝后妃主，皆因受戒而為之膜拜。」[43]而佛教僧侶之所以受重視，其原因不外是：1. 為大元帝國國祚祈福；2. 為元朝帝室的壽命延長而祈壽；3. 以密宗房中秘術教導元代蒙古帝室高官，以為享樂之用。故元順帝在元朝兵敗北遁後，要責怪國家耗資甚重來供養佛教寺院和僧侶，但卻對國祚無甚助益。乃在北元朝廷不再奉佛，其原因就是為著其信仰的目的原本就是功利取向之故[44]。既然信仰者為追求功利傾向的宗教，五台山上的風氣亦多半為國家

---

[42] 見圓仁，《大唐求法巡禮行記》等。

[43] 相關資料見《元史》卷二〇二，〈釋老傳〉、陶耕儀，《輟耕錄》卷三十二等處。

[44] 相關資料，見杰英、文山，〈元代五台山佛教史〉，《五台山研究》頁13–48，一九八七年。

皇室祈福為主，而成為「行門」重於「解門」的發展。

八思巴的弟子，有一位曾於西元一二八六至一二九五年為第四任元朝帝師的意希仁欽（正史《元史．釋老傳》稱之攝思連真）圓寂於五台山，是為第一個圓寂於五台山的喇嘛僧侶。即是在八思巴師徒和元代帝室的支持下，五台山亦成為藏傳佛教的朝聖聖地，在日後明清兩代，多以五台山作為聯洛蒙藏民族的重要地點，西藏有喇嘛為使來朝見中國皇帝，亦多途經五台山。在清朝，因「滿洲」與「文殊」發音相近，使得歷代達賴喇嘛致書清代皇帝皆以「文殊師利大皇帝」稱之，加上四大名山中，五台山距離北京最近，使得前期的清帝多曾巡幸五台山，計順治兩次，康熙四次，乾隆六次，嘉慶一次㊺，然這些史事背後有較濃厚的政教意味，需由專門論文來處理，本文即不再贅敘。

㊺ 見《清涼山新志》卷一，〈帝王巡幸〉。

文殊菩薩與滿洲源流及其與西藏政教關係

順治九年 (1652)，西藏格魯派 (dGe-Lugs-Pa) 領袖，五世達賴喇嘛阿旺羅桑嘉措在清朝多次邀請之後・終於啟程訪清・並於同年十一月到達清帝國的首都北京，與順治皇帝會見。次年四月，達賴在回程途中於塞北代噶獲得清朝賜贈「西天大善自在佛所領天下釋教普通瓦赤喇怛喇達賴喇嘛」的尊號，成為當時中原王朝賜封位階最高的西藏喇嘛。五世達賴在獲得清廷封號後，在（藏曆）順治十年 (1653) 三月二十八日向順治帝投了一份「請安奏書」(漢譯)，其中值得注意的是，在抬頭部分達賴寫道：

> 達賴喇嘛致金光四射、銀光普照、旋乾轉坤、人世之天、至上文殊大皇帝明鑒。❶

---

❶ 《一史館藏蒙文老檔》，順治十年三月二十八日，見《元以來西藏地方與中央政府關係檔案史料匯編》㈡，中國藏學出版社，頁 235。奏文如下：「今世積善，一塵不染之潔身輝體，耳聆梵音・北斗七星之首，百藥之神，帥領四大部洲。芸芸眾生沐浴在聖主光輝之下。從天而降之金身聖主・在與世振業眾神護佑之下，歡忭於上蒼賜福之宮闕中。聖主猶如蒼天・與日月同輝・與天地齊壽，小僧（漢譯）恭請聖安。」其中達賴喇嘛使用甚多宗教上神聖化的譬喻來讚美順治，這也是先前的書信中較少見的。

這是筆者所見達賴稱呼清朝皇帝為「文殊」的第一封奏書。從此而後,「文殊大皇帝」的名號成為西藏來書稱呼清朝皇帝的慣例。文殊是佛教中被尊為智慧第一的菩薩。在西藏,明代時所著的佛教史書《育史》中,作者迅魯伯即稱漢地為文殊菩薩教化之地,而西藏則是觀音菩薩的教化之地。❷可見在西藏,稱呼漢地君主為「文殊」當有其歷史淵源。由於日後滿清朝廷在解釋「滿洲」族號的由來時,喜好比附於西藏來書「文殊」的尊稱;藏人在書函中以宗教角度的敬稱又牽涉到西藏長久以來的宗教/政治傳統思想的發展,以下本文將就造成「文殊」與「滿洲」相關聯的史事,與其後所隱含的某些特殊意義作一討論;並追溯此一尊號在西藏政教史上的地位。最後,將就滿清朝廷接受尊號後的反應,與這個尊號在順治年間對於滿清統治西北邊疆之蒙古民族的效用,做一個初步的觀察。

一、滿洲族號的由來:研究回顧

五世達賴在(藏曆)順治十年三月會以「文殊大皇帝」來稱呼順治,除了西藏傳統上慣將文殊視為在漢地教化的菩薩之外,自然與清朝以「滿洲」為部族名號,兩者發音相近有關。由於滿洲這個名號在明末以前全不見於漢文史冊,在皇太極崇德年間之前的滿文資料中學者們又多只能找到一些讀音相近的稱名,那麼,清人什麼時候採用這個部族名號,又依據什麼採用這個名號?在研究清史的學者間,很長一段時間都在追索,未有確然的定論。若我們往前追溯,則這個學術課題的提出,與乾隆四十二年,內閣大學士阿桂等

❷ 見廓諾·迅魯伯著,郭和卿譯,《青史》(Deb-thersnon-po),第十四輯〈大悲觀音法門及金剛鬘等法類〉(西藏人民出版社,1985),頁 657。

奉帝諭而作的《滿洲源流考》有密切的關係。

乾隆四十二年八月，帝頒下諭旨，言近閱《金史》〈世〉、〈紀〉，提及金之先人出於古肅慎地，而我朝初興時舊稱滿珠，所屬曰珠申，後更名為滿洲，即與古肅慎同地，互為轉音。但為了「昭傳信而闢群惑」，特命大學士阿桂、于敏中等，就「建州之沿革，滿洲之始基，與夫古今地名同異，并當詳加稽考，勒為一書」，以「乘示天下萬世」。❸看來此書是滿清朝廷為了要替皇家族號正名所行的考證之作。自詔諭中的「闢群惑」可知，在清朝建國百年之後，已有時人對於「滿洲」之號的源流有所不解了。阿桂等人在卷一〈滿洲〉一節的考證如下：

> 按滿洲本部族名……以國書考之，滿洲本作「滿珠」，二字皆平讀。我朝光啟東土，每歲西藏獻丹書，皆稱「曼殊師利大皇帝」，翻譯名義曰「曼珠」，華言妙吉祥也。又作「曼殊師利」。《大教王經》❹云「釋迦牟尼師毘盧遮那如來。而大聖

❸ 阿桂等，《欽定滿洲源流考》，〈上諭〉，《景印文淵閣四庫全書》，第 499 冊（臺北：台灣商務印書館，民國 72 年），頁 451b-453a。關於這本書的研究，請參考（美）P. K. Crossley, "Manzhou yuanliu kao and the Formalization of the Manchu Heritage," The Journal of AsianStudies, Vol. 46:4 (1987. 11)。該文主要自氏族史的角度來研究《滿洲源流考》中的幾個觀念來源，文中強調乾隆是因為當代滿洲人遺忘祖先故有語言和騎射技術甚為嚴重，為了統合滿族意識而命編是書。王汎森在論及此書時亦指出，《滿洲源流考》是乾隆於修《四庫全書》之前就準備要諭撰的，其目的旨在追溯滿族從姓氏到種族之源流如何地與漢族不同。見氏著，〈從曾靜案看十八世紀前期的社會心態〉，《大陸雜誌》，85:4(1992.10)。本文則自滿清與蒙藏宗教關係的角度來看這個問題。

❹ 在《大正藏》中經名中有「大教王經」四字的經典有十部，其中冠有文殊名號約有二經一品，分別是宋：慈賢譯，《妙吉祥平等祕密最上觀

曼殊師利為毘盧遮那本師。」殊、珠音同，師、室一音也。當時鴻號肇稱，實本諸此。今漢字作滿洲，蓋因洲字義近地名，假借用之，遂相沿耳。實則部族而非地名，固章章可考也。❺

按「曼殊師利」為「文殊師利」的漢文異譯。依這段考證，則「滿洲」名號實本諸西藏來書所稱的「曼殊師利大皇帝」，與「文殊師利」佛號有關。但該書卷五又提供一項新的考證：「《北史》：『靺鞨，即古肅慎氏也。……渠帥曰大莫弗瞞咄。』」在案語中言「瞞咄二字與滿珠音相近。」若再加上乾隆皇帝所作「為古肅慎氏名」的推論，則《滿洲源流考》中至少提供了三個「滿洲」可能的來源：即古部族名，文殊佛號，以及部落領袖稱號。在較乾隆時期更早的史料，如成書於皇太極崇德元年的《清太祖武皇帝實錄》中，把滿洲名號托附於神話中的祖先，即仙女佛古倫食下神鵲所啣朱果，受孕而生的布庫里雍順所收定的。❻個此類開國神話本即子孫們發達之後，高抬祖先偉業的「獻諛之作」，並無確定的可信度，在《滿洲源流考》中也只記載下來，聊備一說耳。❼

在學術界最早提出這個論題的當是一些日本學者。明治 37 年 (1905) 市村瓚次郎至奉天崇謨閣，發現其中在清太宗天聰朝時朝鮮來書皆稱皇太極為「金國汗」，而無滿洲的稱謂。市村氏於五年後發

門大教王經》(大正 20)：唐：不空譯，《大乘瑜咖金剛性海曼殊師利千臂千眼大教王經》(大正 20)，以及《文殊師利菩薩根本大教王經金翅鳥王品》(大正 21)，皆屬密教的經典。

❺ 阿桂等，《欽定滿洲源流考》，頁 469b-470b。

❻ 見稻葉君山，《清朝全史》，(台灣中華書局，民國 49 年台一版)，頁 69–71。

❼ 阿桂等，《欽定滿洲源流考》，頁 469b-470a。

表了一篇名為〈清朝國號考〉的論文，將取材範圍擴大到滿清前期史料，指出後金朝在國際上的稱謂皆為「後金」及「金」，連金廷自己置立的碑銘亦不例外，再經過進一步研究，市村氏指出，清朝始有滿洲名號非如《滿洲源流考》中所說的西藏來書之稱，而是在崇德七年西藏來使之前的崇德年間，並疑《論語》中九夷之一的「滿飾」即為滿洲名稱之所源。❽市村氏的說法部分為日本清史學者稻葉君山所接受，並作了進一步的研究，在出版於大正 3 年 (1914) 的《清朝全史》中，稻葉氏特立一小節討論「滿洲國號之偽作」，認為清人造「本號滿洲，南朝誤為建州」的說詞，當是乾隆朝時諱言祖先臣服於明的說法。太祖曾自立為「大（後）金之汗」，直到皇太極崇德年間，始纂滿洲之名，以前遺錄中，均無此名號。稻葉氏認為滿洲名號肇於太祖被尊稱為「滿住」。而「滿住」兩字，乃佛名「文殊」之對音。❾他指出皇太極當時既棄大金名義，又撤女真舊稱，是為了選擇一最恰當的部族稱號，內能對女真舊部，外可應新附蒙古諸部，乃採取曾用來稱呼太祖，帶有文殊化身意味的尊稱為部族的新名號。

中國學者方面，與稻葉氏同時即有人在《時事新報》上發表文章，認為「滿洲即文殊之佛號」，以為建州女真尊長為佛名的慣俗。❿民國 12 年，年青的清代史家蕭一山發表他的成名之作《清代通史》，在新版的同名著作中，蕭氏對滿洲名號提出兩個可能的來源：一方面蕭氏認為文殊為佛教菩薩首座，蒙藏人極崇拜之，女真部落亦受影響，領袖中有尊稱「李滿住」、「滿答失利」等皆為著例；太宗以

❽ 市村瓚次郎，〈清朝國號考〉，《東洋協會調查部學術報告》1 (1909)。

❾ 稻葉君山，《清朝全史》，頁 68–69。

❿ 〈滿洲名稱考〉，轉載於《東方雜誌》10–12（民國 3 年 6 月），頁 29–31。

此尊號名其部落，相信是有其歷史因由的。另一方面，蕭氏又考察《北史・室韋傳》等史料，指出北方民族皆謂其酋長為「大莫弗瞞咄」；其中「大莫弗」似為後之巴圖魯，為勇敢之意，而「瞞咄」一詞既然源流如此之早，則應為東胡民族久來對酋長的稱呼，未必與佛名有關。⓫這兩說其實有所矛盾之處，顯示蕭氏在下筆著書時，面對紛紜的史證，尚無最後定論。另一位明清史家孟森對此一論題亦有看法。在《清朝前紀》中，他舉出滿洲與文殊・滿珠、滿住為同一詞，為對部落酋長的尊稱，自建州首領李滿住之後，稱用便非一世，後被誤認為是部族之名，此係太宗之前即有之稱，自非如日人稻葉君山所稱，為皇太極所捏造。⓬在〈滿洲名義考〉中，孟森又考證「大莫弗瞞咄」的稱謂，認為「莫弗」兩字，即女真人稱長老之「馬法」(此說與前蕭一山氏考證有異，竊以孟森氏之說法對音較佳)，「瞞咄」則為尊稱，在晴唐時，夷人已有篤信佛教，「文殊」之稱既為菩薩最尊，即以尊其酋長。此習到了清末，宮廷之內官宮妾猶稱至尊為「老佛爺」，即為此種習俗。⓭

以上的研究對「滿洲」名義有佛名、部族名、酋長名等解釋，

⓫ 蕭一山，《清代通史》，卷上（臺北：台灣商務印書館，1980 年版），頁 52。

⓬ 孟森，《清朝前紀》，引自黃彰健，〈滿洲國號考〉，《中央研究院歷史語言研究所集刊》(臺北：中央研究院歷史語言研究所)，37:2 (1967.6)，頁 463–464。黃彰健認為，孟森氏指「滿住」名稱為女真部落使用，非一時一世，但未找出歷史事實為根據。據筆者所知，努爾哈赤即為族人尊稱為「滿住」；努爾哈赤之前，滿洲又有族長稱「李滿住」，似可以為孟森氏之佐證。

⓭ 孟森，〈滿洲名義考〉，《明清史論著集刊續編》(臺北：南天書局，民國 76 年台一版)，頁 2–3。

多數學者都主張此名與佛號「文殊」有關，猶未脫《滿洲源流考》中考證範圍。另有一批學者嘗試自新的角度進行研究。民國 23 年，吳晗從《朝鮮實錄》中見李滿住的居地婆豬江在實錄中又作潑豬江、蒲州江或蒲州等名，疑滿洲之名乃得自於地名。⓮陳捷先的研究亦朝地名的方向探尋。在民國 49 年陳氏作《滿洲叢考》，書中有〈說滿洲〉一文，指出明末女真各部多得名於所居地附近的河川，如渾河部、蘇蘇河部、鴨綠江部等十數部族皆是如此，在《朝鮮實錄》中婆豬江有作「馬豬江」之處，故有可能音變為「滿珠」。⓯黃彰健於民國 56 年作〈滿洲國號考〉，文中對先前學者的研究提出回顧，再依《東國史略事大文軌》一書中提及努爾哈赤的住地為「萬朱」，而在婆珠江東岸有一片土地以「曼遮」為地名，且該地位於扶餘和高麗之間，正是李滿住的居地。從地名發音而言，此可能方係滿洲國號的由來。李滿住雖為女真領袖，但未創有偉業，後金當不致將其稱名來稱其住地。⓰莊吉發則引滿洲檔中的「荒字檔」，舉出在萬曆四十一年太祖時代就有「女直滿洲國」的字樣，早於崇德七年即

⓮ 吳晗，〈關於東北史上一位怪傑的新史料〉，轉引自黃彰健，〈滿洲國號考〉，頁 467。

⓯ 陳捷先，〈說滿洲〉，《滿洲叢考》，頁 16–24。陳氏引石峻的考證，指出《滿洲源流考》中「釋迦牟尼師毘盧遮那本師」出於密教經典，但「大聖曼殊師利為毘盧遮那本師」此語卻找不到經典來源。據筆者所知，在許多佛經中，確實給文殊師利很高的地位，甚至有「般若佛母」之稱，如《心地觀經》中釋迦佛向文殊讚嘆：「汝今真是三世佛母，一切如來在修行地，皆曾引導初發信心，以是因緣，十方國土成正覺者，皆以文殊而為其母。」（《大正藏》三，頁 326）此處的母字，取其「能啟覺」，與師字類。既然是「三世諸佛」之母，毘盧遮那佛亦應入列其中了。其他經典亦多將文殊當作般若智慧的化身，稱呼其為「法王子」。

⓰ 黃彰健，〈滿洲國號考〉，頁 468–472。

有「滿洲」國號。「金」字譯為滿文為「愛新」，但其滿語用法卻為「滿洲」，一者用於外，一者用於內。乃是因太宗時征服內蒙古、朝鮮、遼東漢人，降者日眾，以宋金前事為鑒，遂棄「大金」舊號，改易而稱「滿洲」。⑰

上述的學者們所應用的史料有滿文，漢文和朝鮮史料，蒙藏文的資料則較少被提及。箇中原因大概是因為早在日本明治年間，市村瓚次郎即指出：西藏遣使來清最早見諸史冊的是清太宗崇德七年，而滿洲國號早於此時便已見於清朝的記載，故《滿洲源流考》中推證此名號出自西藏文書為不可信，學者們僅靠這一證據即可反駁《源流考》中的說法。但是，是否在初期的蒙藏來書中，即有「文殊皇帝」之稱呢？據《一史館藏蒙文老檔》，清太宗時蒙藏領袖來書多稱皇太極為「聖主」或「大吉大祥寬溫仁汗」，⑱皇太極回書則自稱「大清國寬溫仁聖汗」。⑲並未見到有單獨的「文殊」名號。及順治朝，蒙藏初期來書多稱順治為「皇帝陛下」，或在之前附加一些表達尊敬的綴詞，⑳順治發書外地亦多以「大清皇帝」或「奉天承運皇帝」啟信，㉑亦未見有「文殊」稱號。可見清朝之族號「滿洲」，

---

⑰ 莊吉發，〈清太宗漢文實錄初纂本與重修本的比較〉，《清代史料論述》㈠（臺北：文史哲出版社，1979 年），頁 220–221。

⑱ 見《一史館藏蒙文檔》，崇德二年八月摩訶撒麻都汗致書皇太極，及同月土謝圖汗對皇太極的稱謂，《元以來西藏地方與中央政府關係檔案史料匯編》㈡，頁 213。亦有在汗字前添加「聖」字者。

⑲ 《一史館藏蒙文老檔》，崇德二年 11 月 15 日條：《一史館藏內閣國史院滿文檔》，崇德三年 8 月 12 日條。《元以來西藏地方與中央政府關係檔案史料匯編》㈡，頁 214–215。

⑳ 如顧實汗在順治三年 8 月 25 日上表向順治帝請安，即以「幸福武威顯赫人間高貴皇帝陛下」稱呼順治。《一史館藏蒙文老檔》，《元以來西藏地方與中央政府關係檔案史料匯編》㈡，頁 223。

與早期蒙藏來使的奏書稱呼根本無涉，《滿洲源流考》中的考證，我們在史料中找不到相符的證據。在所見的資料中，蒙藏人士第一次以「文殊」名號稱呼順治帝的是西藏的第巴 (sde-pa)，即噶丹頗章政權時期藏地的行政長官。㉒在五世達賴離開拉薩後，第巴向清朝皇帝奏明達賴赴北京的準備事宜，並獻上吉祥哈達等多件禮品。在奏書抬頭中，他寫道：

第巴謹奏至上文殊菩薩聖主陛下㉓

奏書日期值順治九年五月初一日。之後，五世達賴於同年八月及九月在赴清途中上書順治時，依舊僅稱「皇帝陛下」或「上」，㉔並未立即跟進，可見以「文殊」來稱呼清帝在順治九年時尚不是藏人來書的慣例。達賴喇嘛正式以「文殊大皇帝」稱呼清帝，就資料所見，還是在前面所述的（藏曆）順治十年三月底之「請安奏書」中對清帝的稱呼。自此以後，「文殊菩薩皇帝」就成了西藏致書清廷

㉑ 見《一史館藏蒙文老檔》，順治元年正月 15 日條；順治八年 4 月 2 日諭達賴喇嘛、班禪、諾門汗、第巴書；順治九年 2 月 5 日敕諭顧實汗。《元以來西藏地方與中央政府關係檔案史料匯編》㈡，頁 222–227。

㉒ 第巴譯自藏文 sde-pa，據陳慶英的研究，第巴在西藏古代是指統治一方地域的地方領袖，亦泛指部落首長、小邦邦主等。1642 年蒙古和碩特部顧實汗協同五世達賴在西藏建立噶丹頗章政權後，在蒙古汗王和達賴之下設置第巴一名，成為實際負責西藏地方行政的官員。見陳慶英，《五世達賴與第巴桑結嘉措關係探討》（臺北：蒙藏委員會，1996 年 2 月），頁 1。

㉓ 《一史館藏蒙文老檔》，順治九年 5 月 1 日。《元以來西藏地方與中央政府關係檔案史料匯編》㈡，頁 228。

㉔ 見《一史館藏蒙文老檔》，順治九年 8 月 1 日；順治九年 9 月 27 日條。《元以來西藏地方與中央政府關係檔案史料匯編》㈡，頁 229–231。

時常用的啟頭語。[25]顯然地，稱呼上的改變就清藏關係而言亦帶有新的意味，用此稱名表示達賴以宗教領袖的身份承認清主的政治權力，並將清朝整合入西方蒙藏民族的宗教⇧政治世界，在此世界中的權力賦予方式除了軍事和政治力量的強大外，還多了層屬於宗教，跨越民族珍域的神祕面紗。如此的整合對於清朝困擾多時的與喀爾喀蒙古之緊張關係當會有所助益。這可算是五世達賴對於清帝承認他身居蒙藏宗教中至高無上地位的一種報答。

二、對《滿洲源流考》中的考證之追論和檢討

然而，百年之後，乾隆時期朝廷作正名之用的《滿洲源流考》，在宮廷資料如此充沛，皇帝、大學士們又共同投注的條件下，居然會考證出一個年代明顯不符的錯誤，其間的緣由頗值得細加追索。事實上，當今做為論證依據的《實錄》、《藏蒙文檔案》等資料，當時修《源流考》的清臣若要查看參見，當不是困難之事；若已參考這些資料，猶作出錯誤的考證，那麼得出這樣的論證很有可能即是出於「密探上意」的動機，假借此種名稱的認同來助益清廷羈縻蒙藏。這種說法有無可資參考的證據呢？我們可概要性地以乾隆時期

---

[25] 「文殊菩薩皇帝」在藏語中對音為「嘉木樣貢瑪」，在康熙、雍正、乾隆・乃至光緒等朝西藏來書多如此稱呼清帝。到了乾隆時，乃至留下數幅乾隆扮作文殊的唐卡畫像，至今猶可見。見(美)H. Kahn, Monarchy in the Emperor's Eyes: Image and Reality in the Ch'ien-lung Reign (Harvard University Press, 1971);《清宮藏傳佛教文物》，紫禁城出版社、兩木出版社，1992 年初版；葛婉章，〈藏傳佛教美術圖像的有關問題〉，《西藏研究論文集，第二輯（西藏研究委員會編，1989）。皆收有不同的乾隆／文殊唐卡畫。

佛教政策的發展作為說明。

在乾隆即位之初，雖盡逐宮廷內的沙門，防止佛教團體干預政事，但由於乃父雍正帝的調教，乾隆少年時代曾玩習禪宗，對佛學是有根底的。㉖中年之後，政教事務接觸日廣，衡顧國內各民族信仰佛教的狀況，乾隆察覺滿洲人雖有開創皇朝之功，但竟然沒有滿人專屬寺院，亦無有國語大藏經，頗有及時彌補之想法。㉗首先是建造滿族寺院。在關外時期，因於兵源和傜役種種因素，清太宗皇太極對於滿人私自出家、私建寺廟，都有嚴格的限制。到了順治八年二月，為迎接五世達賴的來訪，假「天下一家，法律怎可有異」

㉖ 雍正晚年好在宮廷講論佛法，曾召開「當今法會」，集皇族、大臣齊來參禪，乾隆在當時亦以「長春居士」的法號參與其會・並被雍正評價頗高。乾隆即位後，對這段過去的經歷猶頗為洋洋得意。見《清高宗實錄》卷三。

㉗ 如乾隆四十年作《殊像寺落成瞻禮即事成什（有序）》，中有詩句：「金經蒙古猶常有，寶帙皇朝可獨無？譯以國書宣白業，習之修士翊浮圖。」又在《御制清文翻譯大藏經序》中，乾隆指出譯佛經為滿文是因為：「蓋梵經一譯而為番，再譯而為漢，三譯而為蒙古。我皇清至中原百餘年，彼三方久屬臣僕，而獨闕國語之大藏經，可乎？」按乾隆居然將藏譯經典不符歷史地排列在漢譯之前・足見其佛教概念是得自藏傳僧侶。於文後又言，譯經之目的在「以漢譯國語，俾中外胥習國語，即不解佛之第一義諦，而皆知尊君親上，去惡從善・不亦可乎！」似乎以滿文譯《大藏經》在使人民「習國語」和「尊君親上」，而不在解第一義諦。不過這要對照滿、藏、蒙文的版本才能充分瞭解乾隆之意。上引的兩條資料即解釋了翻譯漢文藏經的理由：關於建立滿洲寺院，見土觀・洛桑卻吉尼瑪著，陳慶英譯，《章嘉國師若必多吉傳》（民族出版社，1988 年 4 月），頁 205 中乾隆與章嘉的對話。佛教的信仰，強調信佛要皈依佛、法、僧三寶，缺乏法（經）和僧兩寶，總是一社信仰上的不完滿。

的理由，曾頒下諭旨：「現滿、蒙、漢軍，諸官民等，若欲興建寺廟，往寺廟上香、送孩童入教、隨喇嘛齋戒受戒等，無論男女，皆可隨意。」㉘雖然日後的施政並未如此諭令般寬鬆，但滿洲人在順治年間以後，已有出家為喇嘛的記載。㉙然而由於沒有滿文藏經譯出，早期並未有滿人專屬寺院出現。時至乾隆十五年 (1750)，其次乾隆向當時清朝的國師三世章嘉若必多吉詢問對純粹為滿洲人建寺，有何意見？章嘉以「功德無量，皇恩浩蕩」回答，使得龍心大悅。於是在香山建造了第一座滿人專屬的寺院－寶諦寺。㉚寺中自地位最高的達喇嘛到最低的德木齊，格斯貴等皆是滿洲人。㉛三世章嘉親任這座滿洲喇嘛寺院的堪布，㉜並為之翻譯各種儀軌和修行的經典，修改各個不適於滿語誦讀佛典的西藏音調，儀軌則嚴格遵照藏傳佛教的模式辦理。

㉘ 見中國第一歷史檔案館編，《清初內國史院滿文檔案譯編》，順治八年閏二月二十一日條（北京：光明日報出版社，1988)。轉引自王家鵬，〈乾隆與滿族喇嘛寺院〉，《故宮博物院院刊》(北京)，1995:1，頁 64。

㉙ 如特別為五世達賴駐錫而建的北京西黃寺，就有出家的滿洲喇嘛。

㉚ 此段記載見土觀・洛桑卻吉尼瑪著，陳慶英譯，《章嘉國師若必多吉傳》，頁 205。但書中並未標明年代和寺名。經王家鵬在〈乾隆與滿族喇嘛寺院〉中與檔案資料作一比對，證明時間當在乾隆十五年，地點是位在香山的寶諦寺。值得留意的是，該寺是仿自專門供奉文殊菩薩的五台山菩薩頂寺，主祀文殊菩薩。然而在寶諦寺的漢文碑文中並未見有專為滿洲人出家而建寺廟的文字，可見清人實有嚴格的民族之防。

㉛ 清代喇嘛寺中的喇嘛職銜有札薩克達喇嘛、副札薩克達喇嘛、札薩克喇嘛，達喇嘛、副達喇嘛、蘇拉喇嘛、德木齊、格斯貴等八等，早期滿洲喇嘛最高僅得四等，達喇嘛即可任寺院住持，且出身多為包衣或兵丁子嗣，可見滿洲人出家發展之晚，與出家階層之低。

㉜ 藏語稱寺院中的學院為「札倉」，札倉以札倉會議管理之，堪布即札倉會議中地位最高的僧官，在寺院中主持授戒等事務。

除了為滿人建立專寺外，要編譯一部本民族語言的大藏經，乾隆可說是按部就班的安排其準備工作。先是於乾隆二十二年 (1757) 出版了《蕃藏目錄》，查考藏譯全部的佛典；兩年後又敕令編纂了一套滿蒙漢蕃四譯對照的《大藏全咒》，以供滿族寺院誦經所用；乾隆三十七年 (1772)，以「清文較漢文句意明暢，以譯佛教咒偈，較可得其三昧」為由，設清字經館於西華門內，[33]自乾隆三十八年 (1773) 起，才著手進行《國語譯大藏經》的工作，譯事持續了十八年之久，共譯出一百零八函，計六百九十九部，二十四百六十六卷。乾隆親撰〈清文繙譯全藏經序〉以滿、蒙、漢、藏四體文字刊於卷首，並以朱色印刷，精緻地處理全經的貝葉、夾裝、寫刻、刷印和裝幀。譯文句意，據懂得滿文的學者言，亦相當清晰明確。[34]事前有周詳的計劃，譯經時間又如此漫長，可見乾隆帝對滿譯佛經之事絕非僅是突發奇想，而當有縝密的考量。乾隆三十九年 (1774) 始，在熱河建成的殊像寺中，寺僧誦習佛經即全部使用滿語。計乾隆總共在北

---

[33] 見昭槤，《嘯亭續錄》卷一，九思堂藏本（臺北：文海出版社影印）。是書為昭槤任嘉慶朝禮親王時所編，原文為：「乾隆壬辰，以上大藏佛經有天竺番字，漢文、蒙古續繙譯，然其禪悟深邃，故漢經中咒偈，惟代以翻切，並未譯得其秘指，清文句意明暢，反可得其三昧，故設清字經館於西華門內，命章嘉國師經理其事，達天、蓮筏諸僧人助之，考取滿謄錄、纂修若干員繙譯經卷。先後凡十餘年，大藏告蕆·然後四體經字始備焉。初貯經板於館中，後改為實錄館，乃移其板於五鳳樓中存貯焉。」

[34] 此譯事的取材是藏文《甘珠爾》(bKah-hGyur：經、律)，和一些藏文與漢文的論疏。皇帝和章嘉國師都參加校審工作，因工程浩大，直到乾隆五十五年始告完成。關於滿洲「國語大藏經」的譯文情形，請參見莊吉發，〈國立故宮博物院典藏《大藏經》滿文譯本研究〉，《東方宗教研究》，期 2 (1990. 10)，頁 256。

京內外建立滿洲寺院十二座，地點則散布於香山、圓明園、清漪園、清東陵（直隸遵化縣馬蘭峪西）和清西陵（直隸易縣城西永寧山）等處。[35]從清朝主動在祖先陵寢建造誦經祈福的寺廟，再對照皇太極對待僧人陳相子為努爾哈赤死後誦經的態度，可以明顯感到滿清朝廷對佛教接受程度的逐漸深化。

佛教信仰，首在敬信「三寶」。乾隆時期除了加強滿洲人在佛教「法」和「僧」兩方面的地位，早先亦在同為三寶之一的「佛」方面下過功夫，其方法是強調清初諸帝與佛教的因緣。在乾隆十七年所刻的《永佑寺碑文》中，行文先言昔如來以法王御世，宏濟天人，遍現十方，然後話鋒一轉，提及建造永佑寺的康熙，道：

> 我皇祖聖祖仁皇帝，以無量壽佛示現轉輪聖王，福慧威神，超軼無上……。[36]

康熙竟被乾隆稱作是無量壽佛的轉世，不能不讓清史學者感到驚異。八年之後，在《重修弘仁寺碑文》中，乾隆再度稱呼乃祖為「再世如來，現轉輪王相。」[37]研究康熙帝的學者大多會承認，康熙對於儒學和西洋科學的興趣，應會較對佛學來得濃厚。如黃進興曾舉康熙朝諸多文臣的文集中，記載著以康熙對儒學的精勤和躬行，稱之以儒家奉為至高的「聖君」亦不為過，時臣李光地甚至還曾上書盛讚康熙帝已將向分為二的「治統」和「道統」合而為一，已實現古代三代的理想。[38]可見康熙在儒臣心中的地位相當崇高。康熙從未表明自己信仰佛教，[39]乾隆少年時代與祖父親近，自不會不知

---

[35] 乾隆朝所建滿族寺院表如下：

曉康熙的喜好與品味，但是在佛寺的碑文中猶作此稱，這種情形不得不歸於乾隆有某些特殊的用意。[40]

寺名	建時	地點	建築原型與特點
梵香寺	乾隆十四年	香山	
實勝寺	乾隆十四年	香山	
長齡寺		香山	
寶諦寺	乾隆十五年	香山	仿五台山菩薩頂
大報恩延壽寺	乾隆十五年	清漪園	
寶相寺	乾隆二七年	香山	仿五台山殊像寺
方圓廟	乾隆二七年	香山	
正覺寺	乾隆三八年	圓明園	
功德寺		圓明園	
殊像寺	乾隆三九年	承德	仿香山寶相寺
隆福寺	乾隆四九年	承德	仿盛京實勝寺
永福寺	乾隆五二年	西凌	

[36] 《永佑寺碑文》，見張羽新輯注，〈清代喇嘛教碑刻錄〉，《清政府與喇嘛教》，頁 369。

[37] 《重修弘仁寺碑文》，張羽新，前引言，頁 405。

[38] 見黃進興，〈清初政權意識形態之探究：政治化的「道統觀」〉，《中央研究院史語所集刊》第 58 本（民國 76 年 3 月），頁 108-111。

[39] 在早期的康熙起居注中，多次與其儒師表示對佛教感到惡感（見康熙十一年 2 月 18 日，十二年 8 月 26 日、10 月 2 日等），詳見王俊中，《政教間的合作與糾結：明末清初西藏格魯派掌權過程中的藏、蒙、滿洲關係之研究》，第六章一：1（台大歷史學研究所碩士論文，1997 年 6 月）。康熙早年多把佛教視作異端。中年之後，態度稍寬，有主持建寺和賜匾結寺院之事，但極少涉及對佛教有信仰表示的活動。

[40] 乾隆為何要稱康熙是無量壽佛化身，資料中全無記載。可能原因有二：

被乾隆追加為佛的不只是康熙，還有他信佛的父親雍正。乾隆在即位九年後所刻的《雍和宮碑文》中這樣寫道：

> 我皇考向究宗乘，涅槃三昧，成無上正等正覺。施恰萬有，澤流塵劫，帝釋能仁，現真實相，群生托命，於是焉在……[41]

「能仁」就佛教來說，是釋迦牟尼的名字 Sakya 的漢文意譯，而「涅槃三昧」、「成無上正覺」一般而言，只有修行至成佛境界的行者才有用此語形容的資格。若比較乾隆形容乃祖和乃父的詞語，可以發現一有趣的現象，康熙的前世是佛，此世是轉輪聖王(Cakkavati)；雍正則是倚靠他致力地習佛修行（向究宗乘），所以在此世修成正果，達到佛業。這大約是乾隆對父祖兩人在世時對佛教態度殊異，所作的解釋吧。雍正確實對本身的禪學相當自負，聲稱早年開悟，在位最後數年曾利用對禪宗的瞭解打擊政敵，多次頒佈諭旨要出家人老實真修，甚有高抬佛教與強調「夷夏之防」的儒家互別苗頭的意味。在公開的史料中雍正曾有詩自比為一「野僧」，但從未自稱為佛。[42]乾隆自己的禪學就是得自雍正晚年在宮廷講法的「當今法會」，[43]與乃父可說是有即父即師的淵源。既然雍正曾自負

一、康熙五二年六十歲壽辰時，諸蒙古部落為其祝壽，在承德清朝夏宮避暑山莊的東南方建造溥仁寺，其中於後殿「寶相長新」中，雕有九尊大型的無量壽佛，為該寺的主祀，故稱康熙為無量壽佛對蒙古人有象徵意義：二、無量壽佛（阿彌陀佛）在西方世界為主尊，象徵達賴的觀音在西方為其陪侍，可以反映清朝利用佛教的宗教觀念打壓達賴在蒙藏世界「至高無上」的說法。

[41] 《雍和宮碑文》，張羽新。《清政府與喇嘛教》，頁 337。

[42] 參見王俊中，〈雍正帝崇佛史事試析〉，《大專學生佛學論文集》(四)（臺北：華嚴蓮社，1994 年 10 月）：或馮爾康，《雍正傳》（北京：人民出版社，1985）。

可以開壇說法，其私下的態度就非我們所能知了。

在乾隆多次為其父祖的「造佛活動」之餘，至於乾隆自己，最多的時候他願意扮成的是文殊菩薩，但相較於明白稱呼父祖為佛的情況，對他自己卻總顯得遮遮掩掩，似假還真的姿態，[44]在《滿洲源流考》撰成的前一年，即乾隆四十一年，乾隆在承德供奉文殊菩薩的殊像寺提了一首詩匾：

> 殊像亦非殊，堂堂如是乎?
> 雙峰恒並時，半里弗多紆，
> 法爾現童子，巍然具丈夫，
> 丹書過情頌，笑豈是真吾。[45]

全詩的前半在形容文殊的像貌堂堂正正，異常廣大，法體有如山河大地。但以化身到凡世間行菩薩道時，卻往往現各種變化身，有時是個孩童，也有時是個男子・沒有定數。最後一句則是說，稱呼我為文殊菩薩，皆是西藏的來書情意過重了，我聞名笑著想，事實上我那裡真的是文殊呢?在詩中婉轉否認他為文殊的化身。然而，在雍正帝親王時代舊居的府邸，即乾隆九年時改建為北京最大藏傳佛教寺廟的「雍和宮」中，至民初仍存放了一幅由清宮造像辦事處之如意館所繪的大型掛圖，名為「乾隆坐禪圖」，[46]在用藏文寫成的

---

[43] 雍正在位的最後三年曾經重新整理自僧肇以下十數名僧侶的著作及門人記述，編成《御選語錄》，其中最後一卷即《當今法會》，內有乾隆帝所作的禪詩。臺北：老古出版社有將之以四冊裝出版。

[44] 關於乾隆帝與文殊菩薩關係的建立，還可見（美）D. M. Farquar, "Emperor as Bodhisattva in the Governance of the Ch'ing Empire," Harvard Journal of Asiatic Studies, vol. 38 (1978), pp. 5–34.

[45] 《殊像寺詩匾》，張羽新，《清政府與喇嘛教》，頁 445。

像讚中，學者金梁的翻譯後是這樣寫著的：

睿哲文殊聖，應化為人主。
廣大難思議，善哉大法王。
安住金剛寨，堅固不退轉。
隨意大自在，殊勝世間尊。[47]

讀者一定會感到奇怪・明明是「乾隆」坐禪圖，為什麼讚語一開頭卻寫下睿哲「文殊」聖呢？而且讚中的「菩薩」和「人主」之間有應化的關係，這位「文殊聖」又是「世間尊」，擺明著乾隆就是文殊菩薩的化身。讚詩就算不是乾隆自己所題，但至少也是出於清宮之作，獲得他本人的首肯，才會明白地置於雍和宮中。另一方面，在西藏首府拉薩的布達拉宮，也發現在「當今皇帝萬歲萬萬歲」的滿蒙漢藏四體文字牌位背後，有一幅乾隆帝著佛裝的唐卡像赫然在佛殿上，其手式及持物等與文殊菩薩繪橡完全雷同。[48]和著上文與其他資料對照起來檢視，似乎在漢文資料中，乾隆從來沒有正面說明他與文殊菩薩的關係與否，然而在蒙藏文的文獻中，乾隆卻多次大大方方地將西藏的尊號具體化，以文字或圖像的方式表達他正是

---

[46] 在畫像中乾隆戴著黃色的桃形帽，身穿黃色法衣，披上紅色的哈達，做西藏格魯派喇嘛的打扮高坐於蓮花台座，在台座的左右和上下有「戍千戍百」的天竺菩薩和西藏喇嘛圍繞著他，有的在雲間，有的亦坐於蓮台，有站，有跪。據太監們的傳說，周圍圍繞的人除了少數是依傳統佛像的描繪方式外，其餘皆是取樣於當時蒙藏各呼圖克圖或札薩克達喇嘛。見金梁，《雍和宮志略》，頁 342。

[47] 金梁，《雍和宮志略》（中國藏學出版社，1994 年初版），頁 344。

[48] 此幅唐卡畫的照片請見蔡志純，《活佛轉世》本文前附的「圖 26」，中國社會科學出版社，1992。

文殊的化身。如此而來，《滿洲源流考》的宮廷修撰者考證出年代明顯不符的錯誤，認為「滿洲」族號是依西藏丹書所稱的「文殊大皇帝」，不為「揣測上意」，又為何者？依循各民族的風俗，因俗制宜地來統治大清多民族國家，本是清初諸帝相承的一貫政策，乾隆時期，由於與三世章嘉等西藏大呼土克圖們熟稔往來，時而請益；加上因祖父的經營與他本人的多次軍事功績，邊疆民族率多前來歸順，使得他更加瞭解「運用各民族的權力賦予方式來統治該民族領地」的妙處。

順治年間西藏第巴和五世達賴向清帝所獻的尊號，在乾隆帝的手中被拿來運用，巧玩得淋漓盡致。

西藏會以「文殊菩薩」的尊號稱呼清朝皇帝，必有其政教上相因的傳統。清朝到了乾隆朝對此一尊稱會逐漸由「名義」上的稱呼而轉向「落實化」於圖像和文字讚頌，一方面除了如美國學者H.Kahn 所指出，乾隆帝愛好各式的「異國奇珍」，擅長使用「宏偉」的政治美學去激發或驅使人們對他的敬畏和忠誠[49]之外，由於乾隆/文殊的唐卡畫或掛軸畫出現的地方是在拉薩的布達拉宮和北京的雍和宮等政教地位顯著之處，使得我們相信，如此意像之「清帝＝文殊」的具體化和實有化，證明清朝在逐步統治蒙藏民族的過程當中，其權力根基在乾隆中期曾在儀式和藝術中有西藏化、政教合

---

[49] (美)Harold Kahn(康無為), Excursions in Reading History: Three Studies (中譯：讀史偶得) (Taipei, Institute of Modern History, Academia Sinica, 1993), 頁 44–45. 乾隆在宮廷畫師的墨彩下，確實有道士、隱者、維摩詰居士、沙場健騎者等諸多形象，不單只有文殊菩薩而已，關於乾隆喜歡表現出多重特異的身份，見 Kahn 早年另一本著作，Monarchy in the Emperor's Eyes: Image and Reality in the Ch'ien-lung Reign (Harvard University Press, 1971).

一化的傾向，在當時清人的想法中，如此當有助於清朝在蒙藏社會建立威望，令蒙藏人士在敬佛的心態下易於歸心。為了更加瞭解這種獨特的政治統馭方式，我們勢必要回到此一歷史互動的反方：西藏，去做一番瞭解。那麼，西藏的歷史中是如何產生及運用其政教觀念呢？下一節我們就將從西藏政教思想中的佛菩薩與領袖觀來出發。

三、西藏政教觀念中的領袖與佛菩薩

㈠西藏獨特的神權政教觀

各民族古代的歷史中，賦予政治權力有兩種主要的方式：「神聖」任命的「神權」，與父子相繼，統轄官僚體系以治理人民的「君權」。然而就歷史的實際經驗，這兩種方式不能被斷然區分成截然無涉的兩種類型，許多時代，兩者相互交融；在必需的時刻宗教帶有的神聖性所造成之「不可抵抗」的權力來源，會受到知識界、宗教界與統治者所借用，以增加君主統治的理由和方便。[50]但隨著經濟

[50] 若神權時代是黑色，君權時代是白色，在科學時代的發展和傳播之前，其間有相當長時期應屬於灰色地帶。其間有君主假借神權來擴張實力，消除異己。如中國自漢代以後，施政逐漸以儒家的倫理來作為施政的依據，以熟讀經典的士人為官僚體系的來源。儒家雖然宗教色彩遠少於人文色彩，但卻保留了一個最後的權力神聖根源：「天」，歷代君主，皆以天子之名來行使權力；在中古時代佛教傳入後，北朝和唐代的君王亦有自稱為佛的轉世，然而其時代主要的施政團體仍然是官僚體系。君主之所以要稱名為佛，絕大多數是因權力擴張的需要，這種時代，就應屬於灰色時代。有關中古時代的政治如何利用宗教，見康樂，〈轉

與知識的發達，帶有迷信色彩的神權統治方式漸漸不為人們所接受，歷史的走向便逐漸有自「神權」朝「君權」過渡的傾向。在那些借用神權以行統治的時代，有時君王一身融合了兩種方式的權力特徵，而被視為是神的化身，其出身事蹟被附加以相當多的神話與傳說。西藏的歷史發展亦不例外。

西藏政教史中較特殊的現象是：近一千年以來，其政教之間的勢力差距並不像其鄰近地區：如漢地一般懸殊。在九世紀朗達瑪（達磨）(Glang-dar-ma）贊普 (838–842) 滅佛，造成吐蕃王朝分裂覆滅之後，基於西藏高原地形的高亢複雜，山谷交織，交通不便，各河谷地區經常保持相互對立的地方家族勢力。[51]長期陷入分裂分治的狀態，使得單一政治勢力在近世西藏一直無法成為控制社會最主要的力量，另一方面，佛教寺院勢力雖因遭受滅佛打擊而一度沈寂了一個多世紀，但自十世紀以後，佛教又從青海和阿里東西兩方朝西藏中部傳播，且逐漸在各地結合當地原有信仰，成為地方家族拉攏、聯合與信仰的對象，在當地的政治、經濟、文化上扮演要角；元代以後，外在強勢政權欲掌控藏地，多與藏傳佛教人士，如薩迦派、噶瑪噶舉派等教派接觸，各教派自蒙元之後亦積極向外傳播教義、展示密法，拉攏外在政權對其支持。

由於修行佛法，喇嘛多必須藉由經典參修解證，使得一名中階以上的喇嘛在養成過程中，藏文的學習與精熟成為必需；另外，為了維繫地方信徒的宗教熱忱和寺廟的日常支出，還需定期召開大型法會，以延攬信眾，擴大寺院的影響力。這些因素使得藏傳佛教各

輪王觀念與中國中古的佛教政治〉中所舉隋文帝和則天武后的例子，《史語所集刊》，67:1 (1996. 3)，頁 109–143。

[51] 如拉薩河谷、年楚河谷、尼洋河谷等，皆有各自的地方勢力。

個教派的寺院在青藏等地，獨一地掌握了文化、儀式與教育的資源，成為藏人所可能接受文字教育的獨家管道。近世政治力量的式微，與宗教勢力掌控文化資源，這些因素使得在周遭鄰國皆已朝向君權時代邁進的同時，藏地的政治非但保留較多的神權色彩，甚至到後來，教派最高階的喇嘛還成為當地執政的領袖，以宗教上師身份所獲得的權威，在藏地同時掌握有教權與政權。

但是，就研究史學而言，這種「宗教團體掌握全部的文字教育資源」的現象，加深了歷史學者欲瞭解近世西藏史事的困難性，原因是自佛教在西藏弘傳之後，相當部分的史書皆是「教史」，[52]即是以藏傳佛教的發展為主軸，涉及世俗史事，也多是以佛教史觀來排比解釋。書中神話、傳說與史實並不檢別的情形遠較他地為之濃厚，相當多後期的著作重複先前教法史中的體例、題材和傳說。且紀年概用藏曆 (rab-hbyun) 的方式，[53]有些先前的「伏藏」[54]著作甚至未

---

[52] 在十四、五世紀以後，西藏出現了一批由學者署名的史著，其中可分為三種：即教史、王統世系史，地方貴族家族史等，在《安多政教史》中列名的書目即有二百多種，這些史著，多由佛教喇嘛們所著。欲較詳細瞭解西藏佛教史料，請見王生台舜，〈關於西藏佛教史料〉，《印度學佛教學研究》，vol.4:1，頁 83–84。

[53] 此種曆法是採漢地的干支法和印度的 vrihaspoti-chakara 法混合而成，亦是以六十年為一週期，便於紀時代較近的事，時代一遠，以西藏史書資料不足，就很難知道史事發生到底是在那一個週期。自西方學者布謝爾發表《舊唐書・吐蕃傳》的譯註以來，西方和日本學者皆以漢地史料輔助吐蕃史的研究，但發現藏文資料和漢文資料之間有許多矛盾不可解之處，最明顯的問題就是王名和年代的不一致。見佐藤長，《西藏古代史研究》，《國外藏學研究譯文集》(一)（西藏人民出版社，1986），頁 2–3。

[54] 朗達瑪滅佛，同時也摧毀佛教典籍，佛教人士不忍教理失傳，多將經

見有著者署名，這些因素令學者在斷定史事或作品的年代上產生困擾。此類教史又多為「通史」性質，許多皆自劫初世界生成開始下筆，然後述及印度佛教的流傳，再來才涉及佛教入藏的發展，[55]更可見出這類教史的敘事方式許多皆侷限於佛教的史觀。到了近世，西藏史書又有一種以「王統」為主要內容的著作出現，以《西藏王統記》、《賢者喜宴》（洛扎教法史）與《西藏王臣記》等為代表，敘述藏人的王統觀，若欲考察西藏的政教思想，將這些「王統」主題的作品與吐蕃時代的資料相互對照參看，仍多少可以觀察出西藏在宗教影響下的王統觀，其發展的蛛絲馬跡。

㈡吐蕃時期的天降贊普到佛教後弘期的贊普為菩薩化身

西藏王權神化的演變，最早可追溯至吐蕃時期，藏人在佛教傳入之前，就把他們的王—贊普，視為是天神在人間的化現。美國學者 M.Walter 在研究吐蕃歷史時發現，贊普們在碑銘上的尊號是 “phrul-gyilha-btsan-po”，其意思即為「神之化身的贊普」。[56]在苯教(Bon-Po) 早期的典籍《修行分神》中，亦形容贊普是自上天下凡至

典移往他處，有的伏藏之於山間地下，日後被許多「掘藏師」發掘出來，甚多珍視，即為「伏藏」，如寧瑪派 (rNying-Ma-Pa) 就將伏藏視為立派所據。但今日學者發現亦有一些「伏藏」是後世偽托古人所作。

[55] 本段涉及西藏史料性質的部分，詳見林傳芳，〈西藏佛教史料的特質和種類〉，收入張曼濤編，《現代佛教學術叢刊》77，《西藏佛教教義論集》（臺北：大乘出版社，1979），頁 159–161。

[56] 見林冠群，《當前美國藏學界部分學者研究教學概況》（臺北：蒙藏委員會，1994 年 3 月），頁 12。事實上不只悉補野氏家族，日後統治西藏的薩迦昆（款）氏家族、帕木竹巴朗氏家族，皆有創造祖先為天神的神話。

世間的天神之子。[57]於著名的〈唐蕃會盟碑〉中，藏人猶稱他們第一個贊普一聶墀贊普（gNyah-Khri-bTshan-Po）為「以天神而為人主。」[58]但是，自這些稱名來看，此時期的吐蕃贊普權力是否已達獨尊呢？其實不然。據林冠群的研究，由於西藏高原的地形複雜阻絕，民風爭強好勝，使得於七世紀初吐蕃雖逐漸統一在雅隆部落的悉補野氏（sPu-rgyal）之下，但較早時期，仍是小邦林立，[59]傳統地方豪族，如所謂父王六臣與母后三臣的舊貴族勢力，有時猶桀驁不馴。[60]

---

[57] 見《敦煌本吐蕃歷史文書》，引自恰白・次旦平措等著，《西藏通史－松石寶串》，頁18。其中是這樣說的：「天神（墀頓祉）自天而降，在天空降神之處上面，有天父六君之子，三兄三弟，連同墀頓祉共為七人，墀頓祉之子即為聶墀贊普，來作雅隆大地之主，降臨雅隆地方。」文中贊普為天神之子，故有些贊普的名號為囊（天）日、囊（天）德，就是強調他們和「天」的關係。《王統世系明鑒》亦將藏王依與天的關係分為31代，分別是天墀七王、上丁二王、中累六王、地岱八王、下贊三王和人間五王。但實際上吐蕃首次出現「王」的稱呼是始於上丁二王中的布帶貢野，野字在藏文中即意為「王」。又Bon是一種薩滿教(Shamanism)，主張萬物有靈論，信仰自然神靈和精靈神怪，擅以薩滿行法祈福，以唸誦咒語，殺牲祭祀、與惡靈溝通以避凶趨吉等方式為特色。此字在漢文翻譯中有稱「本教」，有稱「蕃教」，頗不統一。此處以「苯教」代表Bon，下同。

[58] 引自王堯編，《吐蕃金石錄》〈唐蕃會盟碑〉（文物出版社，1982），頁43。原文為「神聖贊普鶻提悉補野自天地渾成，入主人間，為大蕃之首領。于雪山高聳之中央，大河奔流之源頭，高國潔地，以天神而為人主，偉烈豐功。建萬世不拔之基業焉。」在北京民族出版社的《吐蕃碑刻鐘銘選》中，亦有類似的史料。

[59] 包括古象雄、蘇毗、悉補野吐蕃等國，有「十二列國四十小邦」之說。

[60] 見林冠群，〈墀松德贊父子時期吐蕃政情之分析〉，《西藏研究論文集》，第四集（臺北：政大民族所），頁24–26，下同。當時的大家族有外戚上部沒盧氏、下部琳氏、中部那囊氏，大臣貝氏等。

原始宗教—苯教雖宣稱贊普為天神後裔，奉天神之命統治藏地，但亦認為吐蕃王室與貴族豪酋屬兄弟關係，二者同為天神之子，若臣相處，少有禮節章法，飲酒對歌，平坐一堂，相當符合早期吐蕃的氏族部落聯盟的體制。[61]這種情形，隨著吐蕃與外界交往日漸頻繁，國力逐漸強大後，逐漸面臨著改變。

氏族部落聯盟可說是地方家族與吐蕃贊普某種程度上在政治上聯合的體制，贊普的崇高地位顯示在部落間的會盟與會獵之盟誓中，[62]但實際施政上，各地猶有許多延續百年的列國小邦，各有自訂的法律，在吐蕃贊普的統治力之外各自為政，自理國事。於此情形下，吐蕃國勢擴張後・王室自然欲仿效鄰國，樹立中央集權的體制，除了頒佈「大法」，制定位階制度外，還要在思想上，將贊普與地方貴族平等的觀念一併剷除，由於所要破除的是苯教 (Bon) 中贊普與貴族為天上兄弟的神話，這勢必要運用新的宗教觀念才能淡化苯教的影響，故自慷概才雄的松贊干布 (Srong-bTsan-Sgam-Po) 即位後，征服山南，討平反叛部落，最後擊敗西方強敵羊同（象雄，Shan-Shun)，真正建立統一全藏的政權於贊普之下，吐蕃王室開始自中國、尼泊爾等國引進佛教。[63]到了墀松德贊 (Khri-Srong-lde-bTsan) 時，因年幼即位，在支持苯教的貴族攬權下吃足了苦頭，故掌權後裁抑苯教最力，利用佛教教義中「業」的觀念，闡明今生

---

[61] 這是林冠群在其論文中的用語，見林氏，註 60 引文，頁 25。

[62] 詳見王堯，《吐蕃文化》(吉林教育出版社，1989)，頁 21–25。

[63] 但是相對於西藏民間對松贊干布傳播佛教的堅信不移，西方學界多認為松贊干布時期的佛教最多推廣於宮廷，且只能算是初步的接觸，談不上有所信仰。法國學者戴密微認為吐蕃的佛教要到赤松德贊 (755–797) 及其繼承人之後，才算真正有所推廣。見氏著《吐蕃僧諍記》，頁 188–189，其他學者如（美）魏里、（法）石泰安，亦有相似之見。

為君為臣，皆經過累世積修得來，故君臣身份自有業定，不得逾越；在墀松德贊即位時，佛教雖已傳入西藏有百餘年，但是卻沒有專門從事傳法的藏僧，亦沒有喇嘛居住的寺院，與苯教相較，頗顯得勢單力薄。墀松德贊延請印度高僧蓮花生、堪布喜瓦措等將佛經自梵文、漢文翻譯為藏文，下令建造藏地第一座有出家僧侶的寺廟—桑耶寺 (Sam-yas)，選派七位貴族青年出家，稱之為「七試人」，[64]後由政府出資供應三百餘人的僧團，分發每名僧人以三戶屬民，以資物質供養；更透過尼泊爾僧人寂護 (zhi-ba-vtsho) 與苯教巫士辯論勝利的優勢，制訂了禁苯的政策。[65]並且召集臣下盟誓，要求臣子皈依佛法。按由於苯教受到藏族一般人民的信仰，各地方貴族甚至有自任薩滿，以神權來與贊普爭權的情形；墀松德贊的禁苯政策削弱了部分貴族的權力基礎，亦加深了支持外戚和大相的苯教教徒之怨隙；在吐蕃時代後期，佛苯兩教各擁支持勢力，在朝廷對立，相互詆毀，終於造成反對派拱立的贊普—朗達瑪（達磨）發起滅佛之舉，使得吐蕃王朝因而崩潰，佛教也面臨一個多世紀的無法時期。箇中詳情論者頗眾，在此不再贅述。

這段在西藏佛教史上被稱為「前弘期」(snga-dar) 的時代，某些吐蕃贊普雖然是佛教弘傳背後的主要支持者，但贊普與「佛」的關係為何，佛教在藏地的影響力又有多少？現今的研究仍有爭議之處。[66]又松贊干布據說有依佛教教義制定一套《十善正法》，但有學

[64] 據瞭解，「七試人」之名是因為吐蕃在接受佛教之初視佛教極為神聖，不知吐蕃是否有足夠的功德可讓子民出家，便以七人為試。

[65] 詳見林冠群，〈墀松德贊父子時期吐蕃政情之分析〉。頁 25–31。

[66] 主要是對松贊干布時期的情形，資料中的記載相差頗遠。傳說是松贊干布所著的《十萬寶詔》(Mani bka'–'bum) 中，言西藏是觀音菩薩所選擇的樂土，松贊干布贊普是觀音菩薩的化身。但此書是否為松贊干布

者認為是後人的附會，因在敦煌卷子中吐蕃法律《狩獵傷人賠償罪》、《竊盜追賠罪》等皆不見佛教的影響蹤跡；且松贊干布是七世紀中期的贊普，新羅僧人慧超於721年所著的《往五天竺國傳》中猶記道：「至於吐蕃，無寺無僧，總無佛法。」可見在松贊干布之後近百年來吐蕃佛教的發展其實相當緩慢。見王堯《吐蕃文化》，頁105–106。成於本期的史料，如《敦煌吐蕃文書》、《拔協》等中皆並未提及贊普世家與佛菩薩有何淵源。[67]但到了後弘期 (phyis-dar) 時代，即十世紀之後，[68]逐漸有著作借用之前「贊普為天神」的苯教思想而加以轉換，產生了如下的觀念轉變：

前弘期		後弘期
贊普＝天神	→	贊普＝佛菩薩

所著，猶有爭議（關於《十萬寶詔》的西方研究及其對觀音信仰在西藏的傳播，見（美）M. Kapstein, Remarks on the ManibKa'–'bum and the Cult of Avalokitesvara in tibet, Tibetan Buddhism: Reason and Revelation, State University of New YorkPress,1992, pp. 79–93.）。

[67] 《拔協》一書相傳是一名拔氏的智者所著，專門記載桑耶寺的建造與吐蕃早期王統歷史。又，英國學者桑木丹・噶爾美在其著作中曾引一段成於九世紀後半的古蒙文文獻，雖內容是弘讚揮松德讚的興佛，但其中有「赤松德贊天神子」一句，可見至九世紀時信仰佛教的藏人猶依苯教傳統將贊普視為天神之子。見噶爾美，〈贊普天神之子達磨及其後裔之王統世系述略〉，《國外藏學研究譯文集》（五）(1989)，頁 7。

[68] 布頓將 973 年視為後弘期的啟始年，仲頓巴則將這個年代考證在 978 年，兩者皆是以喇欽貢巴饒色傳授進圓戒給三名藏僧為藏傳佛教後弘期的開始，西藏從朗達瑪滅佛一直到佛教復興，共經過約一百四十年的時間。

前弘期被藏人尊稱為「法王祖孫三代」的三位贊普：松贊干布、墀松德贊、惹巴謹 (Ral-pa-can)，（赤祖德贊）因被認為致力佛法傳播，在後弘期的史著中各別被尊為觀音菩薩、文殊菩薩與金剛手菩薩的化身。在《娘氏宗教源流》中便有觀音菩薩化身為松贊干布的描述。這三位菩薩之所以搭配三位法王，在藏人的觀點，是因為他們之間有相近的氣質，如松贊干布推廣佛教，特具慈悲心，與觀音「悲」的特徵契合；墀松德贊雄材大略，東征西討，深具智慧，符合文殊的「智」德；而惹巴瑾特具有威嚴，深得金剛手菩薩「勇」的特徵。[69]雖如此，但因贊普們是否真為菩薩轉世，世間永遠無法證明，在張福成的論述裡，將此種稱法歸為藏地政教合一的「民俗形態」，而與「宗教形態」和「制度形態」有別。[70]

㈢菩薩化身論在政教上的擴大應用：國際上的王統觀

若察看藏人的著述，還可以發現他們尊稱為菩薩化身的不只是政治領袖，還有喇嘛上師，如薩迦派 (Sas-Kya-Pa) 認為其薩迦七祖為文殊菩薩化身。[71]格魯派 (dGe-Lugs-Pa) 的開創者宗喀巴

[69] 見張福成，〈談藏傳佛教的「活佛轉世」〉，《法光雜誌》Vol: 66 (1995)，頁 2。然而藏人史書中稱為菩薩的西藏領袖並不只這三位，在朗達瑪滅佛後上部阿里十世紀的古格王朝有位名益希沃的贊普日後出家為喇嘛，被藏人敬稱「神喇嘛」，也以「菩薩」稱頌之。自「神喇嘛」此名稱可以見出藏地政教關係自苯教到藏傳佛教轉型的蹤跡。

[70] 見張福成，〈談藏傳佛教的「活佛轉世」〉，頁 2。

[71] 西藏史書中言，當阿底峽 (Atisa) 入藏後見薩迦山上的景狀，曾預記薩迦派未來將有「二大黑天」以為護持，並有七文殊和一金剛手為祖師。後來薩迦諸祖中的昆寂，袞噶拔、吉准、欽畏、薩班、桑查、索南堅贊、八思巴等七人被視為文殊化身，卡那被視為祕密主（金剛手）化身，薩欽被視為觀音化身，故薩迦派的祖師有所謂「三護主之所變化」

(Tsong-Kha-Pa)、達賴喇嘛與班禪額爾德尼，亦各有菩薩化身的傳說。[72]這種將弘揚佛教的領袖或上師尊稱為菩薩化身的說法可以自兩個角度來解釋；在政治領袖為化身來說，顯示藏傳佛教在經過前弘期末年朗達瑪贊普滅佛的慘痛經驗後，欲藉由重塑歷史，來扭轉屈辱的記憶，由選擇性地讚揚弘佛的吐蕃贊普，來鼓吹當代執政者繼續弘佛的政策；至於宗教上師為佛菩薩轉世的說法，則反映著在元朝之後，由於教派之間傾軋日烈，為標榜本派教義的純正，塑造教派領袖的權威，各個教派逐漸利用密宗「即身成佛」的思想，發展出新的教派繼承方式，此點我們稍後再談。

此外，在藏地方面，後弘期的某些佛教史家基於信仰熱情，將遠古西藏神話以佛教的角度加以改寫，一些著作便將藏人為彌猴和羅剎女婚媾繁衍的神話增添上該彌猴為觀音授具足戒的弟子，為避免雪國化為魔城，在觀音應允下與羅剎女婚媾，產六猴雛，後由彌

之說。見土觀・羅桑卻季寧瑪著，劉立千譯，《土觀宗派源流》（西藏人民出版社，1985），頁100。關於「三護主」，見本文三：4之未。

[72] 在一般的論著中皆言宗喀巴被其弟子稱為文殊著薩化身，達賴喇嘛則被稱為觀音菩薩化身，班禪額爾德尼被稱為阿彌陀佛化身。但在格魯派的土觀・羅桑卻季寧瑪所著的《土觀宗派源流》中，所言較為複雜。土觀在書裡多次言宗喀巴處理教義深奧難解時，便虔誠祈禱文殊菩薩，見菩薩化現・文殊並多次囑咐他著述論典。到他六十三歲圓寂時，「往生兜率天彌勒座前，名佛子妙吉祥藏。」（文殊意譯為妙吉祥）。在言及四世班禪洛桑卻吉堅贊時，土觀提到班禪自己承認他和蓮花生、阿底峽，無等岡波瓦是「共一見地」，其前身曾是佛前問答第一的須菩提，又曾是文殊薩迦班智達等；五世達賴阿旺羅桑嘉措則被土觀歸納其應化史有觀音的化身松贊干布、噶當派的先祖仲敦杰衛炯乃等。可見藏人所謂的菩薩轉世，其實還要考慮其較複雜的應化史。見《土觀宗派源流》，頁151–155；176–177。

猴變人，即為藏人祖先。[73]故後世藏人以西藏為觀音化度的國土，尊稱松贊干布和達賴喇嘛為觀音化身，即有最尊之意。另一方面，此段期間因薩迦派的上師曾歷任蒙元朝廷的國師，視野較能跨出藏地，而能通及各國王統世系的源流，這期所產生的「王統」類的著述特色之一，即是增添了國際性色彩，除了討論印度、吐蕃的王統外，還兼論藏人所理解的漢地、木雅、大食、霍爾（蒙古）等地的王統。在成書於十五世紀中葉，為薩迦派人士所撰的王統著作《賢者喜樂贍部洲明鑒》中，很明顯地運用佛教的史觀來解釋各國的王統。書中〈贍部洲大部分王統之提要〉裡即以佛教觀念區分四大洲王族為純淨的「佛陀王」和不純的「有情王」兩種，其中佛陀王為有情王之導師，原文如下：

---

[73] 在成書於1322年的布頓《佛教史大寶藏論》（民族出版社，1986年，頁167）中，明白指出藏人的來歷為獼猴與羅剎女交配所生是「傳說故事」；但在義籍學者杜齊考證為1508年後寫成的薩迦・索南堅贊《西藏王統世系明鑒》（華宇出版社譯為《西藏王統記》，1988年，頁203–206）中，卻將傳說中的獼猴增加了觀音菩薩授俱足戒的身份，不再言此為一種傳說，且篇幅較布頓遠為加長。此外，成書於1564年的《賢者喜宴》中亦有相似的記載。於布達拉宮和達賴夏宮羅布林卡，至今猶可見「猿猴變人」的壁畫。王明珂研究史學界多認為與藏族有淵源的羌族，証實了西方和俄國的社會人類舉家所主張，「民族」為居住在某地域的人群之主觀認定，並非為文化傳播與生物繁衍所生成，而是人群對內外的互動關係所造成的。因此新的祖源被強調。常是因各種政治組成的方式來維護或爭取生存資源。王明珂，〈什麼是民族－以羌族為例探討一個民族誌與民族史研究上的關鍵問題〉《史語所集刊》，65:4 (1994.12)，頁1019–1025。我們思考這些藏族神話演變的過程，也可以用這個角度，來證明由民族神話的改寫，表現出佛教在藏族社會發展之深化。

印度之王由於先世所積的福業，具有佛法之根器，故佛陀釋迦牟尼作為其導師。漢地之王精於卜算，智慧之主文殊菩薩以其地為自己的教化之區，以三百六十卦圖作其導師。格薩爾軍王以勇武著稱，為教化其地，天女般扎年噶之五百兒子，化現為軍旅作其導師。大食財寶之王以財寶著稱，為教化其地，毗沙門天神化身作其導師，因此，印度王能除無明黑暗，漢地之王明察善惡如寶鏡，格薩爾王能降伏敵軍，大食之王能除貧困之苦。[74]

如此，由於各地業果的緣由不同，各有佛菩薩或天女天神為各國導師，其關係如下：

地區	業報	導師
印度	佛法根器	釋迦牟尼
漢地	卜算智慧	文殊菩薩 三百六十卦圖
蒙古	勇武	般札年噶五百兒子
大食	財寶	毗沙門天神

這種說法並非一家之言，同時代的藏族學者廓諾・迅魯伯(1392–1481)在其名著《青史》中亦如此寫道：

傳說漢地是妙音（文殊）菩薩所攝受的地方，而西藏疆土則是觀自在菩薩摩訶薩所教化的土地。[75]

[74] 達倉宗巴・班覺桑布著，陳慶英譯，《賢者喜樂贍部洲明鑒》（西藏人民出版社），頁10。

文中之所以用傳說兩字，應是代表廓諾・迅魯伯作為學者的謹慎態度。但反映出至少在十四世紀左右，各菩薩分工教化贍部洲各國的觀念已在西藏教界逐漸流行起來，而教化漢地的菩薩正是文殊。在《賢者喜樂贍部洲明鑒・漢地之王統》的篇首偈語中，還有這麼兩句偈：

文殊道場聖地五台山，它的周圍是漢唐帝國。[76]

認為文殊不但教化漢地，猶居止在山西代州的五台山。事實上，以五台山為文殊居處，在中國佛教史上早有經典、教派和歷史淵源，《華嚴經・菩薩住處品》中曾提及文殊菩薩與其眷屬諸菩薩眾一萬人的宣法地是東北方有處之「清涼山」，[77]在後譯的密宗經典《佛說文殊師利法寶藏陀羅尼經》裡又將文殊的居止處稱為「五頂山」，[78]加上後世靈驗傳說的流傳、歷朝帝王與華嚴宗和密宗僧侶的宣揚，「清涼山」和「五頂山」已被虔誠的信徒認定即是山西北方的五台山，自北朝開始，五台山就已經是風聞東亞的國際性佛教聖山，唐長慶四年 (824) 吐蕃贊普赤祖德贊（惹巴瑾，Ral-Pa-can）遣使者來唐，還特別索取「五台山圖」，[79]可見這個新興的佛教王國亦對位於

[75] 廓諾・迅魯伯著，郭和卿譯，《青史》第十四輯《大悲觀音法門及金剛鬘等法類》(西藏人民出版社，1985)，頁 637。

[76] 達倉宗巴・班覺曩布，《賢者喜樂贍部洲明鑒》，頁 61。

[77] 見《大正藏》十，頁 241，原文如下：「東北方有處名清涼山，從昔以來諸菩薩眾於中止住。現有菩薩名文殊師利，與其眷屬諸菩薩眾人一萬人俱常在其中而演說法。」

[78] 見《大正藏》二十，頁 791。原文如下：「爾時，世尊復告金剛密跡主菩薩言：『我滅度後，於此贍部洲東北方有國名大振那，其國中有山號曰五頂，文殊師利童子遊行居止，為諸眾生於中說法。』」「振那」疑即指中國。

漢地的菩薩聖地感到嚮往，故西藏著作中會因五台山而認定漢地為文殊教化之地，在藏地早有傳統可循。

但明顯地，在十五世紀，也就是中國明代中葉，在藏人的觀念中處理佛菩薩和政教領袖的關係還有一附加條件，就是宣揚佛教者才會被尊稱為佛菩薩。吐蕃三大法王因為弘佛，所以是菩薩化身，某些興佛的漢地領袖，在後世藏文的史書中也獲得了菩薩名號，[80]其他的領袖就只是依其業果，以菩薩為導師，遵循菩薩的教導來行事。這時「佛陀王」和「有情王」之間，仍是有間隔的。此種情況，在日後各教派逐漸直接掌握藏地政權，與國際上逐漸建立複雜的關係後，又面臨有所調整。

(四)「政教合一」與「活佛轉世」在西藏的出現與運用

在清朝建國以前，西藏各教派所撰的史書中稱呼各地區弘佛統治者的出身，考量的因素之一是佛教的「業」觀。如《賢者喜樂贍

[79] 《舊唐書・敬宗本紀四》，卷十七。對與五台山聖山化的經典依據和歷史過程，我有做過一段考察，王俊中，〈五台山的『聖山化』與文殊菩薩道場的確立〉(華嚴蓮社獎學金 84 年度得獎論文)。又，顧炎武在〈台山記〉中曾有段紹述藏人和五台山的淵源：至唐書王縉傳始言，五台山有金閣寺，鑄銅為瓦，塗金於上，照燿山谷，費錢巨億萬。縉為宰相，給中書符牒，令台山僧數十人分行郡縣，聚徒講說以求貸利，於是此山名聞外夷，至吐蕃遣使五台山圖，見於（唐）敬宗之紀；而五代史則書，有胡僧遊五台山，莊宗遣之使供頓，所至傾動城邑，見崔正森，《五台山遊記選注》(山西人民出版社，1989)，頁 26。

[80] 如元世祖忽必烈和明成祖永樂帝即在西藏史書中被稱為文殊苔薩化身，見（法 OwenLamott, “Manjusri,” T’oungPao, Vo1: 48. 1–3, 1960. 在五世達賴所著的《西藏王臣記》中，稱呼忽必烈的抬頭即是「天命之王，文殊皇帝薛禪汗」，頁 120。

部洲明鑒》即言:「因先世積聚之各種福德,加以具神變之種姓之緣,各種條件因緣會聚,而產生四大洲之眾轉輪王。」[81]在佛教徒的看法中,要擔任一位世間君主,本身即具相當福業,若真能於此世弘揚佛法,廣積福善因緣,則其所具有的無量福德,就只有佛菩薩能夠相比。但是,從佛教史的角度來看,稱呼政治上的君主為佛菩薩卻絕不是原始佛教的看法,因為在印度,宗教和政治是代表「出世」和「入世」的兩端,性質差異甚大,以故在原始佛教和早期大乘佛教的經典中,轉輪聖王和佛菩薩是分得很清楚的,孔雀王朝的阿育王(Asoka,約 B.C. 273–232),貴霜王朝的丘就卻王 (Kujula Kadphises, A. D. 50–78)、迦膩色迦王 (Kaniska, A. D. 187–212) 雖弘揚佛法,但印度的佛教徒只以轉輪聖王 (Cakkavati) 來稱呼他們,並不會稱他們為佛或菩薩。[82]倒是在中國中古時代的北朝以迄隋唐,某些君主假佛教信仰的權威,自稱為佛轉世以行統治,而產生「轉輪王即佛」的新政教觀念。[83]至於西藏著作在此是否是受到中國,而非印度的影響?這是另一個複雜的問題,在這裡暫不討論。

另一方面,不論是稱「吐蕃三代法王」為菩薩轉世,或是後世著作尊稱元世祖忽必烈和明成祖永樂帝為文殊菩薩化身,皆是在統治者已去世多年之後的說法,與達賴喇嘛於順治在位時,直接上書稱清帝為「至上文殊大皇帝」有所不同,與達賴喇嘛自稱「觀音轉世」,並使「轉世」成為格魯派累代的繼承制度亦有區別。那麼,是

[81] 達倉宗巴·班覺曩布,《賢者喜樂贍部洲明鑒》,頁 8。

[82] 見 A.K.Warder 著,王世安譯,《印度佛教史》(上)(臺北,1988),頁 334–371,460;康樂,《轉輪王觀念與中國中古的佛教政治》,頁 118–119。

[83] 見康樂,〈轉輪王觀念與中國中古的佛教政治〉中引《長阿含·轉輪聖王修行經》和《佛說彌勒下生經》所做的考察,頁 130。

怎樣的歷史發展，造成藏傳佛教開始以活生生的政教領導人為佛菩薩的化身，以下就是對此問題的探究。

在印度文化中，很早就有所謂「輪迴」的觀念，認為生命在死亡之後，並未真正的結束，還有依此生種種業報，不斷地在六道之中各種生命形態之間，永無止盡的生死交替。佛教接受了這個傳統，指出這種生死永恆的交替其本質原是一種無常之苦，只有覺察此種生命緣起的本質，累世修行，經過千百劫的積累，此種無常的生命輪迴終究會在成佛的涅槃之後劃下終點。因「佛」與「人」之間的位隔有相當之遙，在顯教，習佛者要修至菩薩，需經「十地」的過程，[84]要修行成佛，更需經歷累世修行才可達致果位。佛菩薩若要下世間，則可以依三身中「化身」和「報身」的色身形態度化眾生，[85]

---

[84] 南朝宋佛馱跋陀羅所譯的《大方廣佛華嚴經・十地品》中，提到菩薩十地，即菩薩修行的十個階段。其中吸收了佛教四等六度的內容，擴大為十度，即布施度、持戒度、忍辱度、精進度、禪定度、智度、權方便度、誓願度、勢力度、慧度，以此十度，次地修行，成十地果位，分別是：歡喜地、離垢地、明地、焰地、難勝地、現前地、遠行地、不動地、智慧地，法雲地。此品在漢傳佛教甚受重視，譯本眾多，西晉聶道真、西晉竺法護、後秦竺佛念等皆有不同名的譯本。佛教顯宗要修行到菩薩果位，已甚艱難，成佛亦然。即使是禪宗頓悟一派，也只言可頓間開悟・未言成佛。

[85] 根據佛教三身理論，佛有三身：法身、報身、化身。南傳佛教在《阿含經》中雖有「七佛」之說，但於釋迦牟尼滅度後，認為佛陀在世間已不存在，將佛說經典視為佛之法身，尤以「說一切有部」主張最力。於大乘佛教發展後，逐漸把佛視為三世十方皆有的覺者，《賢劫經》即指此娑婆世界有千佛出世，但以為般若不但是佛所說，也是佛之所以成佛的依據，「法」的重要性在此突顯。支謙譯《佛說維摩詰經・法供養品》即言：「法生佛道，法出諸佛。」簡要言之，「法身（自性身）是佛陀無垢的真實本性，是不可見的；報身（受用身）隨佛業而出現的

釋迦牟尼雖然以肉身成佛，但涅槃之後便不再輪迴轉世，在佛教的「三世說」中，此後的娑婆大地一直是處於「無佛世界」，千年以來一直等待未來佛：彌勒的降世，相較而言，西藏最初形成於十四世紀的「活佛轉世」體系，以佛菩薩化身為一教派領袖，亦經歷人世間生老病死的完整生命過程，且入滅之後，猶轉世再來，繼續領導著教派，此種宗教繼承方法，就成為整個佛教世界中獨一無二的現象。

要明白西藏的「活佛轉世」，首先要明白這個制度是一個歷史情境下的產物，它是西藏佛教教派在面臨發展轉機，卻又須守持不能婚娶的戒律，期望新的繼承者能夠承繼原先的上師全部的威望、地位、財產，以能使教派完整的發展，不致因上師的圓寂而致分裂或中斷，所成立的體制。由於有活佛轉世的教派，如噶瑪噶舉派、格魯派等，其教派的發展向與政治的關係皆相當緊密，因此有必要先瞭解西藏「政教合一」的近世傳統。

早在十世紀末，吐蕃後裔益希堅贊佔領前後藏的一部分地域，成為山南地方的政治領袖，同時他亦是吐蕃時代所建的第一座寺院：桑耶寺約寺主；同一時代，阿里地方古格王朝的領袖益希沃，甚至還出家當了喇嘛，這兩個例子都指出近世西藏的「政教合一」萌發於吐蕃分裂之後的十世紀後葉，由於在藏分裂的局勢中，人心無靠，連政治領袖都冀望在宗教中尋求慰藉和支持。另外，在宗教發展方面，約自十一世紀中葉開始，至十五世紀初為止，藏地衍生出十餘個佛教教派，[86]分別在地方大家族的支持下在藏各地建立主

現身；化身（應身）則是以佛陀菩提心，現為人形的一種暫時性的現身。

[86] 這些教派有：寧瑪派、噶當派、薩迦派、噶舉派（包含四大支八小支

寺和屬寺，以地方貴族力量支持教派傳教，亦以宗教力量維護地方家族的政治勢力。其中著名的有薩迦派以薩迦寺為中心與昆（款）氏家族結合，在後藏發展、傳教；蔡巴噶舉派在山南一帶與噶爾氏家族結合起來，一時成為拉薩地區最大的地方勢力；此外，還有帕竹噶舉派與朗氏家族結合；止貢噶舉派則在拉薩東北方與居熱氏家族結合等。[87]事實上，由地方勢力支持來發展宗教活動已是分裂時期各教派生存的必要方式，宗教為了發展寺院經濟，掌控傳教實力，實際上也無法關閉寺門，與世無涉；自十一世紀以後，分裂的西藏實質上是各別統治在政教結合的勢力團體之下，到了十三世紀中葉，由於外來強大蒙古人的勢力，使得藏地一度統合起來，蒙元朝廷設置一新的政治機構：總制院（後名宣政院），管理全國佛教及西藏行政事務，命西藏薩迦派領袖八思巴（vPhags-Pa）總領總制院院務，在藏文史籍《新紅史》中，則以宗教的角度言忽必烈將西藏三區當作灌頂的恩賞獻給了八思巴。[88]無論如何，薩迦派以一宗教教派在元朝支持下主持總制院達九十餘年，為西藏的「政教合一」立下一個制度化的範例。

研究這段歷史的學者王獻軍把西藏「政教合一」的歷史分成兩個階段，第一個階段是元明時期，實際的政教兩權掌握在家族教派手中；第二個階段是清代以至民國時期，政教的統治傾向由達賴喇嘛一人掌控。[89]衡諸史事，這樣的分段和歸類當然是不夠精確的，

派）、希解派、覺宇派、覺囊派、布頓派、格魯派等。

[87] 見丁漢儒等著，《藏傳佛教源流及社會影響》（北京：民族出版社，1991），頁 90–91。

[88] 見班欽索南查巴著，黃顥譯，《新紅史》（西藏人民出版社，1984），頁 55。

[89] 王獻軍，〈西藏早期的家族式政教合一制〉，《西北史地》，1996:2，頁 18。

例如達賴喇嘛真正在藏地掌權，也只是五世達賴建立「噶丹頗章」後期和十三世達賴時才有的現象，不能不考慮到早期的和碩特蒙古汗王與中期清朝在西藏的影響力。但王獻軍指出的一個現象值得留意：在元代，政教雖統合在昆氏家族手中，但政教兩權的職屬是分離的，在宗教上，有帝師和薩迦座主各一，帝師常駐大都，主持總制院（後更名為宣政院）和京師諸多佛事；薩迦座主居薩迦寺內，在西藏雖可以「負全權之責」，即掌握政教大權，但主要的行事猶是講經說法、授戒灌頂之類，實際上的行政事務則交由本欽(dpon-chen）和朗欽 (nang-chen) 負責，只是在位階上教權高於政權而已。明代的帕木竹巴政權的政教兩權亦是分開的，政權由第悉(sde-srid) 掌控，教權則交給帕竹噶舉派丹薩替寺 (gdansa-mthil) 的京俄 (spyan-snga) 來控制。[90]在絳曲堅贊時，規定第悉需具有僧人身份，且需嚴守戒律，行為高尚。[91]自他開始，西藏政教兩權皆牢牢控制在朗氏家族之手，較之元代的昆氏家族，權力集中的程度有過之而無不及。但京俄與第悉，通常的情況皆是由兩人來擔任，如後期達賴喇嘛集政教大權於一身的情況，此時尚未明顯出現。

西藏「政教合一」的情況是如此，那麼其「活佛轉世」制度是如何出現的呢？據美國學者魏里的研究，最早的活佛轉世出現在十四世紀，首先出現的教派是噶瑪噶舉派的黑帽系。[92]其發展的背景

---

[90] 王獻軍，〈西藏早期的家族式政教合一制〉，頁 19–21。「京俄」藏語意為「面前」，即前所謂的「座主」之意。

[91] 絳曲堅贊著，《朗氏家族》（西藏人民出版社，1986 年），頁 263–264。原文為藏文，轉引自王獻軍，前引文，頁 21–22。

[92] 見（美）魏里，〈活佛轉世制度：西藏佛教的一次政治改革〉，《國外藏學研究譯文集》㈢（西藏人民出版社，1987），頁 275–276。亦可見《土觀宗派源流》（西藏人民出版社，1985），頁 64–65。但魏里所提及噶瑪

在於：西藏雖十一世紀陸續產生新的教派，但教派之間屬於宗教觀點的差異其實相當有限，教派之間的傾軋，並非教義之爭，而主要是對寺屬莊園和屬民的爭奪，因此與各地方家族掛鉤，甚至聯繫外在強勢的政權，就成為各教派生存的基調。魏里的研究發現，十三世紀後半，蒙元朝廷雖將西藏政權交給當地的薩迦派僧侶，統領在烏斯藏的十三萬戶，但是到忽必烈去世後，薩迦派的達欽藏卜班曾發生過騷亂，於 1332 年達欽藏卜班過世後，其子孫又因繼位問題而發生鬥爭，開始引起元廷對薩迦派的不滿。[93]

1333 年，噶瑪噶舉派黑帽系第三代住持讓迴多杰受朝廷邀請參加元順帝脫歡帖木耳的登基典禮，在這位喇嘛的傳記中提到他在大都受到當時薩迦派帝師功嘉堅藏的招待，並在席宴中賜以較帝師更高的座次，這個寓意顯得頗不尋常。[94]元順帝雖為亡國之君，但他在位的時間達三十五年之久，此時猶有為君振作的念頭，順帝是否有意要借由西藏的其他教派的力量，挽救藏地在薩迦派統治下的爭權與騷動，如果順帝正有此意，那麼所選擇的為何是噶瑪噶舉派？

魏里考察噶瑪噶舉派先前的歷史後發現，其第二代住持噶瑪八哈失 (1206–1283) 曾在 1255 年受到忽必烈的邀請到其駐地傳教，當忽必烈請求喇嘛住留時，被喇嘛婉拒，但次年噶瑪八哈失來到蒙古都城和林，卻成為蒙哥汗的宮廷喇嘛，受到蒙哥與阿里不哥的寵信。這個機緣，使得日後當忽必烈成為蒙古大汗後，不但將噶瑪八哈失以政敵之罪施以刑罰，噶瑪噶舉派亦失去了蒙古人的優禮，後來蒙

噶舉派黑帽系轉世的細節，與其他著作，如王輔仁、陳慶英，《蒙藏民族關係史略》中有一番出入。

[93] 魏里，前引文，頁 277–278。

[94] 魏里，前引文，頁 278。

古在西藏劃分的十三萬戶中噶瑪八哈失並未得到一萬戶，噶瑪噶舉派在蒙元初期的西藏政壇中亦沒沒無聞，[95]照此情況看來，噶瑪噶舉派應不會在蒙古大汗即位的場合受到禮遇才是。

但是魏里指出：當時西藏其他教派各遇著各自的難題，噶瑪噶舉派因過去極少參與西藏內部的政爭，在此時反爾佔有優勢。噶瑪八哈失冒犯忽必烈的往事至此相隔已七十五年，早被元廷所淡忘。現今西藏的情況不穩定，朝廷想要有解決之策，參考前例就成為重要的考量。噶瑪八哈失曾任蒙哥朝的宮廷喇嘛，就任時間尚在八思巴之前，若以同為噶瑪噶舉派住持的讓迴多杰來解決當前藏務，當是最合適的人選。[96]元廷在給讓迴多杰的邀請函中，附有一顆據聞為蒙哥汗賜給噶瑪八哈失的金印，即表達了朝廷對此考量的暗示。

讓迴多杰 1336 年之行是他第二次前來大都，1332 年他曾在元都為元寧宗帝后行密宗灌頂，應帶給元廷不錯的印象。此番第二次來京，亦頗受禮遇，但在藏文資料中記載著：來京次年，讓迴多杰為一名「妖怪」所傷，性命垂危，太師向讓迴多杰問將於何處再生以便追隨（此為魏里原文所寫，但如此似轉世為先前教派的繼承傳統，有違讓迴多杰為首次以轉世方式傳延教位的喇嘛)，答以將在工布附近的地方轉世・第四代噶瑪噶舉派的住持若貝多杰即於 1340 年於工布附近出生。[97]

魏里在文中舉出在十四世紀活佛轉世會為統治者接受的三個「基本原因」：(1)轉世是將一位有超凡魅力的住持權力坡上一個「人

[95] 魏里，前引文，頁 278–279。

[96] 魏里，前引文，頁 279–280。

[97] 見李冀誠，〈藏傳佛教與五台山〉，《五台山研究》1988:4，頁 18；魏里，前引文，頁 276–277。

形神」的外衣，但繼承方式是抽象地過渡給另一位新的住持，如此將可避免薩迦派家族陷入血緣系統的兄弟之爭。⑵轉世喇嘛原則上是一位受佛教戒律的僧侶，沒有家族紐帶，將不會涉入斂財而引起反叛。⑶轉世累代更迭，將會使所創造的人形神失去個性，但在此種繼承方式下的社會，促使具有神授能力的人朝向神授能力的機構過渡，使得一個具宗教形式的組織能長保神聖性質。[98]

這三個「基本原因」，以筆者之見，當然是活佛轉世制度能維持並為蒙藏人士接受的因素，但是解釋的範圍偏向於此制度發展後期的現象。讓迴多杰在當時之所以選擇「轉世」作為教派繼承方式，當是為著掌握一個讓其教派能重獲生機的「時機」。噶瑪噶舉派在元順帝時有時機可以一掃第二代住持噶瑪八哈失以來在政治參與上的低靡，但是這全倚仗噶瑪八哈失過去和蒙哥汗往來的前例，現今讓迴多杰或因敵手施暴，「遇襲」將死，又尚未有合適的繼承者，那麼讓「噶瑪八哈失」這個因素傳遞下去的除了同教派之緣外，還必須加上「轉世」，令噶瑪噶舉派歷代住持皆為「同一人」，才會更加有力。以故第四代住持若貝多杰在幼年回答母親問題時答道：「我將再次走向國王的宮殿。」的這個記載就反映出噶瑪噶舉派「轉世」說的用意。

達賴喇嘛所屬的格魯派選擇「活佛轉世」作為教派繼承方式亦是「時機」因素使然。十六世紀中葉，格魯派的寺院發展相當迅速，拉薩的哲蚌寺逐漸形成擁有千計僧侶的大寺，為適當解決教派領袖繼承可能引起的糾紛，哲蚌寺上層僧侶於 1546 年認定出生拉攏地方的四歲孩童索南嘉措為已去世的寺主根敦嘉措的「轉世靈童」，正式以「活佛」為教派繼承人。這個體制之所以維繫下去，猶得部分

---

[98] 魏里，前引文，頁 280–281。

歸因於 1578 年索南嘉措在青海仰華寺與蒙古土默特部阿勒坦汗（明史作俺答汗）及鄂爾多斯部徹辰洪台吉會面，雙方建立「供施關係」,互贈尊號(達賴喇嘛之名始稱於此時),化解多年的衝突後,[99] 索南嘉措復至內蒙古傳教,沿途弘法,獲致豐碩的成果。當他於 1586 年抵達土默特部，並在次年為於 1583 年去世的阿勒坦汗舉行葬禮後，因受到其他蒙古諸部邀請，猶滿懷宗教熱情地要到察哈爾部，甚至明朝佈教，但事與願違地，突然於 1588 年春以 46 歲的英年在卡歐吐密圓寂。[100]索南嘉措的去世，對於在西藏受迫的格魯派猶如一致命的打擊，倘若他在內蒙古傳教的成果因他的死而化為烏有，則日後在西藏政軍上居弱勢的格魯派在藏地的教爭中將得不到足夠的蒙古奧援。以故格魯派的僧侶和蒙古王公在選擇繼任人選時，把在 1589 年出生的阿勒坦汗曾孫奉為四世達賴喇嘛,[101]稱之為索南

---

[99] 詳見王俊中,〈近代黃教傳入蒙古之因由初探〉,《妙林雜誌》, 8:12 (高雄，1996 年 12 月)。

[100] 王輔仁、陳慶英,《蒙藏民族關係史略》，頁 97。

[101] 四世達賴雲丹嘉措是阿勒坦汗之孫：蘇密爾 (Shu-dMir) 的妾子所生。見薩囊徹辰,《蒙古源流》，頁 411。至於為何索南嘉措本是第一位接受「達賴喇嘛」名號的格魯派領袖，卻被稱為三世達賴，這就與格魯派僧侶們希望他們轉世的上師，能與創教的祖師：宗喀巴有所淵源所致。故一世達賴的頭銜，就加給宗喀巴的弟子，建設札什倫布寺的根敦珠巴 (l391–1474) 所有，二世達賴則理所當然加給前任哲蚌寺寺主根敦嘉措 (1475–1542)，兩人關係的選定蓋取其生卒年份相近之故。宗喀巴圓寂之前，受傳授衣帽的繼承人實際上是弟子甲曹節 (136I-1432)，他繼承宗喀巴甘丹寺池巴的職位，繼之為甘丹寺主的是克主杰。相較而言，根敦珠巴是宗喀巴最年輕的弟子，論及對早期格魯派的影響力並不十分突顯。關於達賴喇嘛轉世，西藏史書率自根敦珠巴言起，本文的說法是據蔡志純,《活佛轉世》(中國社會科學出版社，1992；與王輔仁、陳慶英,《蒙藏民族關係史略》，頁 91)。

嘉措的轉世，法號雲丹嘉措。自此之後，蒙古人所崇仰的喇嘛上師，同時亦為自己部族的王公貴族。這個精巧的安排，使得格魯派在蒙古部族間的勢力，乃堅深而不墜，而活佛轉世亦成為日後格魯派選定教派繼承人之制度化的方式。

雖然如此，但遲至五世達賴阿旺羅桑嘉措掌教的早期，猶未接受現任統治者可以為佛菩薩的觀念。在 1640 年蒙古和碩特部顧實汗入藏，協助格魯派擊敗支持噶瑪噶舉派的西藏政權，重新將藏地統合在政（蒙）教（藏）合作的政權之下，五世達賴為表心意，特別在 1643 年為顧實汗作了一部《天神王臣下降雪域陸地事蹟要記》，[102]書中雖然稱呼忽必烈為「天命之主，文殊皇帝薛禪汗」，[103]但提到索南嘉措傳教蒙古，惟一提到傳播到厄魯特蒙古的佛經是《金光明經》，[104]言及對格魯派有大恩的顧實汗，也僅以「能與運轉無邊政教金輪之大王相匹也」[105]的措詞來形容之。《金光明經》是一部相當鼓勵統治者禮敬佛教經典和法師的佛典，如在《功德天品》即言：

> 爾時功德天白佛言：世尊，是說法者，我當隨其所須之物，衣服飲食臥具醫藥及餘資產，供給是人無所乏少，令心安住，晝夜歡樂，正念思惟是經章句，分別深義。[106]

---

[102] 漢譯本譯名：《西藏王臣記》。

[103] 五世達賴著，劉立千譯，《西藏王臣記》（拉薩：西藏人民出版社），頁120。

[104] 五世達賴，《西藏王臣記》，頁 122–123。

[105] 五世達賴，《西藏王臣記》，頁 124。

[106] 《大正藏》十六，345。在〈四天王品〉中，亦有：「是金光明微妙經典，於未來世在所流布。若國土城邑郡縣村落隨所至處，若諸國王以天律治世，復能恭敬至心聽受是妙經典，并復尊重供養供給持是經典四部之眾……除其患難悉令安穩，他方怨賊亦使退散。」（《大正藏》十

經文中清楚的劃分出「說法者」和「布施者」兩種身份，頗符合印、藏傳統佛教中「供施關係」的類型。而在格魯派極需求助的時刻，即使顧實汗對格魯派有再造的恩惠，亦無法在政教關係中超越「布施者」的轉輪聖王，而可被稱菩薩。但是數年後，格魯派卻出現獨惠於滿清皇帝的舉措：五世達賴訪問北京在回程途中獲得清朝賜贈名號及金冊金印，表示承認達賴在蒙藏既有的宗教權力後，達賴在回書中，對清帝稱呼的抬頭改成「至上文殊大皇帝」，首次以在世的統治者冠以佛菩薩名號。這在西藏政教觀念的發展中可稱為一件創舉，如此作為對於清朝化解與西北蒙古部族的緊張關係當會有所助益。西藏這種宗教外交化的做法不只運用在清朝，據美國學者 J.Hevia 的研究，後來蒙古的大喇嘛哲布尊丹巴呼圖克圖亦被藏人稱呼為密跡金剛菩薩（金剛手），使得在西藏的著作中，清、藏、蒙形成如下的三人組合 (triumvirate)：

清朝皇帝：文殊著薩 (Manjusri) —智
達賴喇嘛：觀音菩薩 (Avalokitesvara) —慈
哲布尊丹巴：密跡金剛 (Vajrapani) —力[107]

六，頁 341）

[107] （美）James Hevia, “Lamas,Emperors, and Riturals: Political Implications in Qing Imperial Ceremonies,” JIABS 16:2, Winter, 1993, pp. 250–251. 另在札奇斯欽的著作中，則這麼寫道：「由西藏宗教政治家所製造的政治謠言：達賴喇嘛是觀音菩薩化身，滿洲皇帝是文殊菩薩化身，蒙古可汗是金剛手菩薩化身……更增加漢洲皇帝在這一個同盟中的領導力量。」《蒙古與西藏歷史關係之研究》，頁 740，將金剛手菩薩的化身由哲布尊丹巴轉為蒙古可汗，但札著並未指出此種說法是出自何出處，亦未描述此「同盟」的細節。

史料中並未言及這三位菩薩的組合在佛教的角度有何意義，但三位菩薩的選擇與本文第二節所提，吐蕃時代三大法王所由化身的三位菩薩皆同，顯示在西藏處理政教關係時，似乎有一脈絡可循。而若翻查藏傳佛教其他的資料，我們可以知道：在修行密宗事續部[108]時需禮敬三護主，這三護主就是：

佛部：文殊菩薩

金剛部：金剛手菩薩

蓮花部：觀世音菩薩[109]

另外，在元朝曾受封為「帝師」，在西藏政教合一發展上有帶頭作用的薩迦派，將本派寺院的外牆，以紅、藍、白三色排比，據學者們的研究，其中的三色即代表三位菩薩：

紅色：代表智慧文殊；

藍色：代表大力金剛；

白色：代表慈悲觀音。[110]

---

[108] 密宗修行，要經過四個次第，稱為「四續部」，即：事部，行部，瑜伽部，無上瑜伽部。事部（事續）是第一次第，以盥洗、清法、儀表行密乘為修行方式。

[109] 見《如意寶樹史》，共 547，註 1。原文為「按佛陀就自己的教法來弘揚於何地的授記般，藏區得到總的眾佛、菩薩，尤其是三護主等的加持・並持別屬於大悲觀音化身所教化的區域。」這裡所言的「觀音化身」，指的就是達賴喇嘛。《如意寶樹史》是乾隆年間的藏文作品，作者是青海佑寧寺第三世活佛松巴堪布・益希班覺。甘肅民族出版社於 1994 年出版漢譯本，譯者為蒲文成、才讓。

[110] 見王森，《西藏佛教發展史略》（北京：中國社會科學，1987）。另，於《薩迦世系史續編・總綱》（西藏人民出版社，1992，頁 1）前的祈禱

薩迦派的祖師們，亦被視為是「三護主」所化現。[111]三例所關涉的菩薩，與前面所提的兩種政教組合完全相同。由於我們就建築布達拉宮，熟諳寧瑪密教等史事來推論，五世達賴很有可能是第一位稱呼「達賴喇嘛世系」為觀音菩薩化身的西藏宗教領袖，如果此點屬實，那麼他是否亦利用所熟知的密宗「即身成佛觀」來作為處理政治外交的考量，而將外國領袖亦賜予佛菩薩的名號?事實如何，尚有賴進一步的研究。

四、餘 論

自上面的探討可知，西藏的政教觀念大體曾經過六階段的發展，今作一略表以示之：

前弘期	後弘期	
贊普為天神	過世贊普為佛菩薩	過世贊普為佛菩薩 圓寂上師為佛菩薩
	過世贊普為佛菩薩 圓寂上師為佛菩薩 外國過世領袖為佛菩薩	過世贊普為佛菩薩 圓寂上師為佛菩薩 外國過世領袖為佛菩薩 當今教派領袖為佛菩薩
	過世贊普為佛菩薩 圓寂上師為佛菩薩	2 3

文中・是如此寫的：願得吉祥！向十方三世一切佛之師－文殊菩薩和觀音菩薩來頂禮，向金剛手菩薩之化身－具德薩迦世系來致敬！亦是只提到這三位菩薩。

[111] 見土觀・羅桑卻李寧瑪著，劉立千譯，《土觀宗派源流》，頁 100，或見[68]。

外國過世領袖為佛菩薩 4
當今教派領袖為佛菩薩 5
當今外國弘佛領袖為佛菩薩 6

順治十年五世達賴在代噶的回書中以「文殊大皇帝」啟信，可算是一個新階段的獨創，給予清朝相當的面子。然而，清朝獲得此稱呼後有何反應呢？史料中並未記載在順治十年滿清朝廷在獲知達賴致予文殊稱號的態度，但我們自《清涼山新志》中可以知道，自順治十二年開始，順治帝開始遣大臣及喇嘛往五台山朝禮，且清室諸帝遣使，乃至親身前往五台山祈福的現象，較前代諸帝要高出許多。[112]現就順治、康熙兩朝清廷在五台山上的活動製成下列的簡表：

時間	帝齡	事項	附註
順治（1655）	順治 12 年 帝 18 歲	發帑遣大臣、喇嘛至五台建「祝國佑民道場」，歷四十餘日 [1]	
(1657)	順治 14 年 帝 20 歲	發帑遣大臣、喇嘛至五台建「百日道場」	
康熙（1673）	康熙 12 年 帝 20 歲	派一等侍衛往五台拈香禮佛，後至菩薩頂建「祝國佑民道場」	

[112] 元代有成宗、英宗曾親自上五台山朝禮，明代則沒有皇帝上五台山，清朝有很大的不同：康熙帝朝五台 5 次，雍正在皇子時代也有隨父前往的經驗，乾隆則朝五台 6 次，嘉慶 1 次。肖文在〈五台山佛教簡史〉中言清代康熙、雍正、乾隆、嘉慶共巡幸五台山 13 次（《五台山研究》，1992:4，頁 18），在三世章嘉若必多吉著的《聖地清涼山志》（原文藏文）中，亦言「雍正皇帝也對五台山進行過多次朝拜。」（王璐譯，《五台山研究》，1990:2，頁 45）三世章嘉是雍正刻意培養的喇嘛，少年時代即遊走宮廷，不知他是否掌握一些漢文資料所缺乏的證據。

(1683)	康熙 22 年 2 月 帝 30 歲	發帑修建「上祝太皇太后延壽無疆道場」	帝親幸
(1683)	康熙 22 年 9 月 帝 30 歲	至菩薩頂供奉布施，祝太皇太后萬壽無彊，沿途帝與隨從遵佛教戒律，皆勿殺生。	帝親幸
(1687)	康熙 26 年 帝 34 歲	遣臣在五台修建「上祝太皇太后道場」	
(1688)	康熙 27 年 帝 35 歲	遣裕親王到五台修建「報太皇太后慈恩道場」	
(1690)	康熙 29 年 帝 37 歲	皇太后差太監到五台作法事四十九日，祈康熙萬壽	
(1693)	康熙 32 年 5、6 月 帝 40 歲	清廷連續派遣三次大臣上五台，祈康熙萬壽	
(1698)	康熙 37 年 3 月 帝 45 歲	建「護國佑民道場」	帝親幸
(1702)	康熙 41 年 2 月 帝 49 歲	攜三皇子同往，胤禎（雍正）以貝勒身份隨行	帝親幸
(1710)	康熙 49 年 2 月 帝 57 歲	攜六皇子同往	帝親幸

[113]

清代確實在順治十年五世達賴自北京反藏後，才開始注意到五台山，順治十六年，帝還選出北京西山喇嘛阿王老藏等僧侶上五台山，總理番漢佛經舊譯之誤，[114]足見順治對佛教的接受逐漸脫離祈福禱禳之流。時人吳梅村因順治好親近僧人，崩逝時又正值英年，

---

[113] 參考：老藏丹巴，《清涼山新志》，康熙四十年刊版；張羽新，《清政府與喇嘛教》，頁 193–196；肖雨，〈清朝諸帝與五台山〉(二)《五台山研究》，1986:1，頁 12–15。

[114] 見〈清五台清涼山寺沙門釋老藏傳〉，《新續高僧傳》(上)，卷二（台灣印經處，1991），頁 141。

曾作一首〈清涼山讚佛詩〉，隱稱順治並非英年早逝，而是於五台山行遯空門。[115]康熙及太后後來多番巡幸五台，在漢地也被人疑作必有所為。到光緒庚子年間，兩宮西狩，道經晉北，地方當局無所措備御用器具，甚至得借用於五台山，時人見五台山的器用宛然內廷法物，乃愈堅信此中必曾為王者所居。[116]於是順治出家五台山就成為清初歷史的一大疑案。學者孟森曾作〈世祖出家事考實〉一文，多方徵引史料，證明在順治十八年正月確有「朕躬少安」的情事；正月七日，順治駕崩，二月初二，移殯景山，史料歷歷可考。[117]但孟森為文時也發現有疑點，因時官張辰在記載史事時，猶記有順治十八年正月初二，內璫吳良輔祝髮，順治尚赴憫忠寺觀禮一事；[118]顯示在帝崩前五日，龍體猶似康健。另外，亦有學者以官方史志和時臣回憶錄為皇太后所掌控，故記事不可信為由提出反駁，舉康熙帝的貼身侍衛納蘭成德在伴帝於康熙二十二年赴五台山時所做一詩，詩句中有言帝在五台山「既閑陵闕望，亦謝主賓答」一句，而疑其中「陵闕」兩字或有蹊蹺。[119]總而言之，因史料中諸多疑點，

[115] 全詩及注譯請見肖雨，〈清涼山贊佛詩注釋〉，《五台山研究》，1987:5，頁 29–31。因原持甚長，有四首 176 句，今不玆引。又《清宮遺聞》中特立專節探討「世祖入五台山之原因」，謂順治確實在董妃死後，入五台山出家為僧。可見清人對順治出家的傳聞已流傳民間・被編為野史。見《清朝野史大觀》，卷一。

[116] 見孟森，〈世祖出家事考實〉，《明清史論著集刊續緝》（臺北：南天書局，1987）頁 217。

[117] 孟森，(世祖出家事考實)，頁 218–225。

[118] 孟森，(世祖出家事考實)，頁 225。

[119] 馬乃騮，寇宗基，〈讀納蘭成德「代北、五台山詩」漫筆〉，〈讀吳梅村《清涼山贊佛詩》隨筆〉，兩文分載《五台山研究》，1986:1，頁 26–28；1987:2，頁 23–27。

順治帝是否出家五台山這個謎團，猶如在山坡上滾動的雪球，令人益發產生疑惑。

事實上，這些歷史上的事件，由於史料的不載，後人的隱諱，以詞意籠統的詩句或可提出有趣的問題，但很難作為史事研究之最終解答的。但另一方面，在此我們是否可以作另一角度的思考，為何清初諸帝較之前朝皇帝，皆有較高的毅力，能多次不辭勞遠的來到堅寒的五台山巡幸？[120]從時間上來觀察，我們發現這與順治九年五世達賴來訪，並於順治十年奉予「至上文殊大皇帝」的稱名這一事件，有時序上的先後關係。至於順治會被後人追想於五台山出家，康熙被視為上五台山祭父，當是由於順治本人確好親近僧侶，而清初諸帝又喜愛在五台山祝壽祈福，視五台山如家族道場這幾個條件有關，加上滿清朝廷將五台山做法事這種宗教？外交活動的運用範圍界定在攏絡蒙藏民族。漢人對此並不熟稔，故視清廷有逾於前朝的舉動，心中不解，乃至有此聯想。

最後，為了瞭解「文殊」尊號在當時外交場合上的成效，我們要用一些篇幅來關心一下蒙古的情況。清朝邀請五世達賴到北京，當是希望藉宗教的力量來安撫西北蒙古不安的勢力，五世達賴果真

[120] 五台山之難登，可自史載康熙二十二年9月帝為太皇太后祝壽一事為例。9月庚寅，帝親自從菩薩頂至龍泉關迎太皇太后，因帝知長城嶺地勢險絕。恐鑾輿登陟艱難，特赴當地親試，每至陡峭處，步履欹側，不能徑上，帝乃告太皇太后，太皇太后表示既積誠來五台瞻禮，行半而退，於心不安，願於明日一試再言。次日行隊經嶺路數盤，因山勢巉崿，嶮隘殊甚，太皇太后只得告帝曰：嶺路失險，五台諸寺，應虔禮者，皇上代我行之，猶我親詣諸佛前也。以皇室人力物力眾多，尚不能令太皇太后上五台山，可見斯山攀登之不易。事見《清聖祖實錄》卷一百七。

來訪，對於蒙古人有歸化之效嗎？從史書看來，順治末年清蒙之間確實沒有大規模的衝突，但是在康熙元年 (1662)，內蒙古鄂爾多斯部的貴族薩囊徹辰 (Sagan Sechen) 著了一本有名的史書：《蒙古源流》(Erdeni-yin tobchi)，[121]這是一本記載蒙古王統的著作，與《蒙古祕史》共被學者稱為蒙古古典文獻的「雙璧」，足見其在蒙古史著作中的份量。書中處理王統的方式，讓學者們多認為是蒙古政治思想的一個轉折的代表作。[122]

《蒙古源流》在於卷一追溯成吉思汗的祖源時，是從第二十二代祖孛兒帖赤開始的，處理汗權，是結合了靈魂轉世和天授汗權的兩種思想。書中認為：帖木真即汗位，得玉璽，是天授予的。天授汗權的原因，是由於帖木真是孛兒帖赤的後代，孛兒帖赤是布爾特齊諾的後代，布爾特齊諾原來不是蒙古人，是土伯特（西藏）汗之子，以此根基才成為蒙古汗，而土伯特汗的根基是來自印度的瑪哈・薩瑪迪汗，

[121] 據札奇斯欽指出，此書在乾隆時始有漢譯本，定名為《蒙古源流》，但漢譯本與蒙文原書有些出入。札奇先生未明言於何處出入較大。蒙文本方面，1955 年由西德海尼士（E・Haenisch）教授於柏林影印出版庫倫本。至於本書的思想，自史家陳寅恪著〈彰所知論與蒙古源流〉（見《金明館叢稿二編》，上海古籍出版社，1980）一文以來，多數研究這本蒙古史著的學者多認為《蒙古源流》的基本觀念和編制體裁，取自八思巴的《彰所知論》，蘇魯格對此核對《蒙古源流》中的文字結構，發現是書中有關「印、藏、蒙汗統同源」的觀念，是取材自西藏布敦大師的《布敦佛教史》（漢譯名《佛教史大寶藏論》）。而《彰所知論》中根本尚無同源的觀念。見蘇魯格，〈「印、藏、蒙同源說」之我見〉，《內蒙古社會科學》，1987:6，頁 63–67。

[122] 語出巴干，〈「印、藏、蒙汗統同源」論分析〉：另可參見烏蘭察夫，〈薩囊徹辰思想簡論〉，蘇和，〈薩囊徹辰汗權思想的歷史地位〉。三文收入《蒙古族哲學思想史論集》（民族出版社，1987 年 10 月）。

印度的汗是佛的化身。這一連串的汗位權力的基礎原來是由佛教的「業果」這一思想貫穿起來的。因此,《蒙古源流》中汗權的邏輯是:

	印度	西藏	蒙古
佛	瑪哈.薩瑪迪汗	布爾特齊諾	孛兒帖赤成吉思汗

學者們用「印、藏、蒙汗統同源」[123]來形容這種政治思想。之前的蒙古史著,如《大黃冊》、《黃金史》、《黃金史綱》等,因受到藏傳佛教影響,都有提及印、藏和蒙古汗統,且將三地的汗統用血緣關係聯繫起來,但若比較其內容之全面,情節之完整、思想之豐富,仍是以薩囊徹辰為總其大成。但是,之前的蒙古史著多是在滿清統治蒙古前所著,[124]現今滿洲已入主中原十八年,且繼續統治著

[123] 見巴干,〈「印、藏、蒙汗統同源」論分析〉,作者指出,最早提出「印、藏、蒙汗統同源」的蒙文著作是佚名的《黃金史綱》,而《十善法門正典》將創立和實行政教並行制度的領袖,如瑪哈・薩瑪迪、松贊干布、忽必烈犛稱為佛或佛的轉世的說法,則是《黃金史綱》將三地汗統連繫一起的思想來源。

[124] 據巴干的論文指出:《蒙古源流》之前的印、藏、蒙汗統同源論相關的著作,其著作年代如下:

1. 《大黃冊》: 1643–1662
2. 羅《黃金史》: 1628–1634
3. 《黃金史綱》: 1604–1634
4. 《本義必用經》: 十六世紀末(分開敘述三地汗統)
5. 《十善法門正典》: 元忽必烈時代(忽必烈制定政教制度的實錄,明言實行政教合一制的可汗為佛或佛的轉世。
6. 《紅冊》: 1363(藏文著作,未言汗統同源)
7. 《彰所知論》: 忽必烈時八思巴所著(未言汗統同源)

內蒙古，此時薩囊徹辰猶守著「印、藏、蒙汗統同源」這個觀念，有什麼政教上的意義呢?

薩囊徹辰是內蒙古鄂爾多斯部的貴族，其曾祖父即 1578 年協同土默特部阿勒坦汗在青海湖畔與三世達賴相見的鄂爾多斯部領袖徹辰洪台吉，對於當時在內蒙古傳播藏傳佛教起了相當大的作用。清領內蒙古之後，薩囊徹辰堅決不仕，拒絕與滿清當局合作。書中他並未明言反清，在記述完畢察哈爾部林丹汗後，猶簡述了順治朝的歷史。但是他在王統部分的記述論點，明顯地以佛教的角度，拉近了蒙藏之間的距離，這樣的思想，已經將滿洲從蒙藏關係中拉開，而是否會為蒙藏日後的政教合作，埋下伏筆? 值得日後繼續探討。

故除了《大黃冊》成書於清代外。其餘皆清以前的著作。但之前的史著，情節簡略、線條單一，不如《蒙古源流》詳細，且包含較多佛教源流和傳播史。

The Relationship between "Manchu" and "Manjusri" and A Discussion of "Leaders" and "Bodhisattvas" in the Tibetan Politico-Religious History

Abstract

For a long time many scholars in China, Taiwan, Japan wanted to find out the true origin of the clan name "Manchu" of the Qing rulers. Four possible answers were offered: (1) it stemmed from the name of a Bodhisattva "Manjusri"; (2) it was based on the traditional ethnic name; (3) it was taken from a respectful title for the clan leaders, and (4) it was derived from the name of the land the Manchu originally inhabited. Although new evidence was found to justify these presumptions, most scholars were not convinced by the proofs. The origin of "Manchu" remained a puzzle in early Qing history.

This paper does not engage in solving the puzzle of the name, "Manchu", and its true origin, but merely sets out to ask the following question: "On what grounds can the clan name 'Manchu'be traced to 'Manjusri'--a Bodhisattva?" From certain materials, we know that the connection was drawn built by the Manchu themselves.

During the fifth emperor Qian-long's reign, Qing officials compiled a book entitled: Manzhou Yuanliu Kao(Textual Research into the Origins of the Manchu) . In this book, the authors referred the name "Manchu" to early Tibetan diplomatic letters, which had addressed the Qing leader as "Manjusri emperor". But in fact, according to earlier scholars, the Qing people had already used the title "Manchu" as their clan name prior to the arrival of the first Tibetan mission at Mukden in Hong Taiji Chong-de 7. Still, most scholars relied on the scanty evidence upon which the textual enquiry was founded.

In the second section of this paper, the author explains that the Qian-long court conducted such incorrect textual research not because of its muddle-headedness, but that this word was part of a series of strategies intended by Qian-long to tighten the relationship between "Manchurian" and "Tibetan Buddhism". The attempt included the three aspects of "Buddha", "Dharma" and "monk", and the aim was to support the Qing dynasty's rule over the western and north-western parts of the empire. At least, from the middle period of Qian-long's reign, the Manchurian rulers had partly used the Tibetan doctrine of the unity of polity and religion ("Zhen-jiao-he-yi") as a political skill to rule their empire.

In the third section the author discusses the history of the above-mentioned Tibetan doctrine, and comes to the conclusion that there were 6 steps in the Tibetan politico-religious relationship. In the tenth year of the Shun-zhi's reign, for the first time ever in the doctrine's history Dalai V offered a Bodhisattva name to a foreign living leader, which shows that the very procedure by which the Manchuian leader did manage to obtain his "Manjusri emperor" title was due less to Tibetan custom than to politics.

In conclusion the author mentions the events following the Qing emperors' acquisition of their respective Manjusri titles, the nature of their reactions as well as the effects the visit of Dalai V to the Qing empire had on governing the Mongolian tribes.

Key Words: Manchu, Manjusri, Qian-long, politico-religious relationship, Qing-Tibetan relationship

清太宗時期滿洲「藏傳佛教政策」的演變

——以滿洲與蒙古之關係發展為切入點

一、滿洲與藏傳佛教的初期接觸：主對努爾哈赤時代的考察

論及滿洲和藏傳佛教的直接接觸，應當以太宗皇太極時代為始。但在一般研究的著作中，還習慣地將這個時間上推到太祖努爾哈赤，如大陸學者張羽新便稱努爾哈赤為倡導和首先推行以「利用藏傳佛教來統治蒙藏民族」這個政策的奠基者❶，他所列舉的史實有三點：

⑴在明萬曆四十三年 (1615) 時，努爾哈赤曾於赫圖阿拉建造「七大廟」，其中有一座供養「三世諸佛」的佛寺，張羽新推論：這座佛寺主要是針對蒙古族對藏傳佛教的信仰建造的。

⑵在天命六年 (1621) 努爾哈赤遣兵至戍守蒙古方向的邊境時，曾下達不准毀壞廟宇，及不准在廟內栓牛馬等保護宗教的舉措，以爭取蒙古族的擁戴。

⑶同樣在天命六年，有一名藏族的斡祿打兒罕囊素喇嘛自科爾沁前來後金，在《滿文老檔》中記有當年五月喇嘛到訪時，「汗從坐著的地方站起來，握喇嘛的手會見，陪坐設大宴」❷的記載。喇嘛

❶ 張羽新，《清政府與喇嘛教》，（西藏人民出版社，1988），頁 2–14。

在該年十月於後金圓寂，努爾哈赤還委託巴喇嘛往去祭祀，並對喇嘛在科爾沁約六十三戶諸申有妥善的照料。

但我們若詳細考察，則不難發現：張氏所舉出的⑴中「三世諸佛」是大乘佛教共有的信仰，尚無有足夠的證據可證明這座供奉「三世諸佛」的寺廟與蒙古人間有一定關聯；⑵中努爾哈赤命令所指的「寺廟」亦未必專指佛寺，在赫圖阿拉的七大廟就包括了「玉皇廟」、「十王殿」等，故言努爾哈赤特別優待佛教，是不恰當的；在⑶中，囊素喇嘛是自內蒙古科爾沁部再前往後金，自明萬曆四十年 (1612) 始，科爾沁的貝勒明安就已和努爾哈赤結為翁婿關係，故對囊素喇嘛的誠心招待並不曾顯得有過於特殊之處。且努爾哈赤雖以大宴招待喇嘛，但對於囊喇嘛其他方面的供養，卻並未顯得十分的積極，所答應要在喇嘛死後為之建塔的許諾，即因「累年征伐」，直到皇太極天聰四年 (1630) 才由巴喇嘛奏請下為囊素喇嘛建好塔園，皇太極並造了一座《大金喇嘛法師寶記》以誌其事。❸這個事件把前後經過放在一起來撿視，不得不讓人推測，所謂「努爾哈赤禮敬囊素喇嘛」這個史事，其實只是皇太極時代所強化的一則外交／宗教宣傳。

滿洲與藏傳佛教的中心西藏，相隔有相當的距離，兩者之間若

---

❷ 《滿文老檔》，太祖朝第二十二卷，天命六年五月二十一日。引自張羽新，前引書，頁 10。據陳捷先在〈略論清初三朝與喇嘛教之關係〉中以語言來考證：斡祿是突厥蒙古語的「大」字，打兒罕意為「自由自在」，囊素則為一大喇嘛下僧侶的名稱，此名似是法號、僧職，而非人名。

❸ 見《大金喇嘛法師寶記》，蕭一山，《清代通史》㈠，頁 69–70；張羽新，前引書，頁 11，205–208。惟此碑高僅 95cm，寬僅 66cm，且「刻工較草率」（張羽新語），似代表到天聰四年後金仍未有大規模利用藏傳佛教攏絡蒙古的政策。

要交通，勢必要橫跨蒙古草原、戈壁沙漠，甘肅以及青海等地，這些地區於十六世紀後半期皆是由分散的蒙古部族，如察哈爾、科爾沁、內喀爾喀五部、土默特、鄂爾多斯等部所統轄，當滿洲興起於遼東後，與明朝和蒙古呈三角對峙之勢，明朝和滿洲皆期以聯姻、遣使、賞賜或宗教手段來聯合蒙古，削弱敵手❹。故蒙古與滿洲之間的關係基本上在十六世紀末是前後不一致的，分散的各部之間亦無有同一的政策。當時在漠南蒙古各部間傳統地位最高的是所謂「黃金家族」，即達延汗嫡系子孫的察哈爾部。❺自某些史料中，可以看出初期後金和察哈爾蒙古兩者勢力懸殊。萬曆四年 (1619) 察哈爾部林丹汗致書努爾哈赤時，即以「統領四十萬眾蒙古國主巴圖魯

---

❹ 明朝曾以每年八萬兩白銀的年金遺予察哈爾部的「小王子」林丹汗以爭取支持，努爾哈赤在即位前也曾以聯姻交結科爾沁和內喀爾喀五部。見魏源，《聖武記》卷三，〈綏服蒙古記一〉；《清太祖高皇帝實錄》卷三。

❺ 明憲宗成化 16 年 (1470) 達延汗即位，在與妻子滿都海夫人的共同致力恢復黃金家族的威望，多年東征西討，統一了東部蒙古各部。後他依據當時蒙古已然分立的情勢，將所征服的土地分成左右兩翼，六個萬戶，大汗掌領左翼三萬戶，濟農則掌領右翼的三個萬戶，其配置如下：

左翼：察哈爾（今錫林郭勒盟地區）大汗駐錫
　　　兀良哈（卓索圖盟地區）
　　　喀爾喀（喀爾喀河流域）
右翼：鄂爾多斯（鄂爾多斯高原）濟農駐錫
　　　土默特（大青山下的前套平原）
　　　永謝布（張家口以北草原）

是故就傳統地位而言自屬察哈爾部地位最高，但實際來說，則各部實力互有消長，如在土默特部阿勒坦汗（俺答）時代，就因勢力擴張，迫使察哈爾部移往東方發展。

青吉斯汗致書水濱三萬眾滿洲國主」❻的稱呼啟信。書信中的對比雖嫌誇張，但在《蒙古源流》中確實記載著時察哈爾部有四十萬眾（見〔註 6〕的引證）且有其他的蒙古部族為其後盾，可見蒙古勢力之豐厚。

新興的後金政權對蒙古力量確實抱著畏忌。某次努爾哈赤觀雲時，曾嘆言蒙古部落就好像雲朵一樣，雲合而致雨，雲收則雨止。❼尤忌蒙古部族間的合作。故努爾哈赤自萬曆四十年 (1612) 始便與鄰近的科爾沁部和內喀爾喀五部以聯姻交好❽，防止蒙古諸部有統合

---

❻ 魏源，《聖武記》卷三，〈綏服蒙古記一〉。在沈曾植，《蒙古源流箋證》卷八曾提到林丹汗時的察哈爾部有「八大部，二十四營，可四十萬」（中國文獻出版社，頁 373），故知信中的「四十萬眾」確是察哈爾部的實力，而非林丹汗為了彰顯自己為成吉思汗黃金家族子孫，而將昔日蒙古帝國擁有「四十萬戶」的盛狀附比於當代的察哈爾部，但據黃麗生的研究，天命三—六年遼東的撫順、鐵嶺和廣寧相繼為後金所佔，使得林丹汗必須西向歸化城發展。見《由軍事征掠到城市貿易的邊區社會經濟變遷（14 世紀中至 20 世紀初）》，台灣師範大學史研究所博士論文，1994, 7，頁 319。林丹汗此封書信是寫於天命四年，彼時後金的實力正快速增強中，對林丹汗的權勢頗有威脅。

❼ 《清太祖武皇帝實錄》卷四頁 3 上下，（北京故宮博物院鉛印，1932）。

❽ 在努爾哈赤即位稱帝之前四年，與內蒙古的聯姻記錄如下：
萬曆 40 (1612) 努爾哈赤聘科爾沁部貝勒明安女為妃；
萬曆 42 (1614) 努爾哈赤二子代善娶內五喀爾喀部之札魯特部貝勒鍾嫩女為妻；
同時內齊妹與奴爾哈赤五子莽古爾泰；努爾哈赤四子皇太極娶科爾沁部莽古思貝勒女為妃；
札魯特部額爾濟格貝勒女嫁努爾哈赤十子德格類；
萬曆 43 (1615) 努爾哈赤又納科爾沁部貝勒孔果爾女為妃。
上述資料統見《清太祖高皇帝實錄》卷四。

的行動，與後金為敵。上述張羽新所言的努爾哈赤討好藏傳佛教喇嘛和建造寺廟，用以攏絡蒙古的舉措並非不可能，但是天命朝畢竟是「草昧干戈，制度未備」的時代，對佛教的認識尚還相當素樸和粗陋，在後金時期喇嘛和和尚是住在同一座廟裡的，尚未有所區分，❾則寺院中傳統修行的儀軌必難上軌道。且囊素喇嘛出身素重宗派的西藏，滿洲人在記載時竟遺漏喇嘛的所屬宗派，可見當時滿洲人對藏傳佛教的缺乏瞭解。當時滿洲的信仰仍似傳統的薩滿教(Shamanism) 勢力最大，風行「設堂子祭天」，依據明人記載：「凡於戰鬥往來，奴酋及諸將胡必往禮之（堂子）。」❿如此情況下，在努爾哈赤時期是很難存在有規模的藏傳佛教政策的。若再參看其他史料，我們可以確知，滿洲與西藏真正的接觸，是由於皇太極時某些時代的因素所促成的，以下就來探討這些因素。

二、皇太極天聰年間：滿洲與察哈爾部的對立

皇太極即位後，接續乃父努爾哈赤與南方的明朝對戰的國家形勢，在東北一隅，積極尋求軍事、外交的新戰場。在滿洲內部提倡「國語騎射」，以凝聚民族向心力、對外政策則依「遠交近攻」等戰略，用戰爭和攏絡等手段壯大後金的實力。自天聰元年 (1627) 開始，先命將征服朝鮮，以消除後方之患；其後皇太極捲入分裂的蒙古各部領土瓜分的競爭中，並以靈活的手腕取得優勢。在這段時間，滿洲與藏傳佛教的關係開始變得較為密切，箇中原因，當與他和同時代蒙古察哈爾部首領林丹汗的對戰有關。

---

❾ 見張羽新，前引書，頁 7。

❿ 李民寏?，《建州聞見錄》，明版，頁 32。

北元在塞外分裂後，東半部的部族曾一度統合在黃金家族的達延汗手中，察哈爾部即為達延汗的左翼嫡系，在漠南蒙古的傳統地位最高，是可汗的宗本之部。⓫

察哈爾部與藏傳佛教的接觸可謂甚早，根據《蒙古源流》的記載，早在土默特部阿勒坦汗 (Altan Khan, 1507–158) 與三世達賴索南嘉措 (bSod-Nams rGya-mTsho, 1543–1588) 在青海仰華寺會面的前兩年，即 1576 年，察哈爾部圖們汗即曾「往見盤結腰刀之噶爾瑪喇嘛，遂受禪教。」⓬這位喇嘛就稱名來看顯然是屬於當時在西藏最有權勢的噶瑪噶舉派。當時西藏的佛教教派各擁支持的地方家族，為傳教勢力的發展相互競爭，甚至有壓迫改宗的情形，但圖們汗顯然沒有介入西藏教派間的齟齬，因為在格魯派領袖，即三世達賴索南嘉措到達土默特部後，圖們汗亦遣使阿穆岱洪台吉來請索南嘉措前去察哈爾部，並「獻金銀幣帛等物，駝馬皆以萬計。」⓭並未受到曾供養噶瑪噶舉派喇嘛的影響。時至萬曆三十二年 (1604)，圖們汗長孫林丹汗即位，年十三，「從邁達哩諾們汗，卓尼綽爾濟等承受秘密精深之灌頂，扶持經教。」⓮這位邁達哩諾們汗是何許人呢？據學者們的考證，即是四世達賴派駐蒙古的代表。⓯但是，這並不表示

⓫ 關於在明代北方蒙古的情勢演變，請見《蒙古民族通史》(三)，內蒙古大學出版社，1991；(日) 和田清，《明代蒙古史論集》中〈論達延汗〉、〈察哈爾部的變遷〉，北京：商務印書館，1984。

⓬ 《蒙古源流箋證》卷六。

⓭ 《蒙古源流箋證》卷七。

⓮ 《蒙古源流箋證》卷六。

⓯ 見佚名，《黃金史》；佚名，《阿勒坦汗傳》。引自《蒙古民族通史》卷三，(內蒙古大學出版社，1991)，頁 357，又 (俄) 戈爾斯通基據薩囊徹辰，《蒙古源流》中的史料，也認為邁達哩呼圖克圖是達賴喇嘛在蒙

林丹汗只獨鍾格魯派，在他三十六歲時，他又接受一位名沙喇巴呼圖克圖的薩迦派喇嘛的灌頂⑯。自這兩位汗王的作為觀之，可見當時蒙古察哈爾部王公信仰藏傳佛教是不區分教派的。

當後金政權的努爾哈赤和皇太極積極與明朝在遼東周旋時，林丹汗亦野心勃勃地進行恢復其祖先統一蒙古的大業。他東征西討，兩方征戰，先在其東部以軍力威迫科爾沁諸部，迫其從命，隨後在天啟七一八年 (1627–8)，戰勝了其西方的土默特和鄂爾多斯兩部，佔領了阿勒坦汗於十六世紀中葉建立的歸化城（呼和浩特），⑰統有了內蒙古的藏傳佛教中心。土默特和鄂爾多斯兩部，是內蒙古各部中最早接受格魯派的蒙古部族，林丹汗佔據歸化城後，格魯派的寺院因戰爭而遭到破壞，但是在林丹汗佔領歸化城後兩年內，曾組織以貢噶俄色譯師為首的譯經團，加上土默特汗家族已經完成的成果，將藏文大藏經中《甘珠爾》（經、律部）譯成蒙文。⑱林丹汗又利用明朝和遼東後金的交戰，宣稱可以蒙古兵助戰於明，每年自明朝收取八萬一千兩白銀。⑲此時正值後金皇太極的天聰元年至二年 (1627–1628) 之間。

古最初的代理人，於 1604 年被派遣至蒙古。見（日）若松寬，〈蒙古喇嘛教史上的兩位傳教者〉，頁 242。

⑯ 《蒙古源流箋證》卷六。

⑰ 彭孫貽，《山中聞見錄・西人志》卷八；引自王輔仁、陳慶英，《蒙藏民族關係史略》，（北京，中國社會科學出版社），頁 105。

⑱ 計美南喀，《蒙古佛教史》，頁 258，引自王輔王、陳慶英，上引書，頁 106；書的作者對計美南喀的記載有一些批判式的補充。研究西藏佛教史的學者，如（日）矢崎正見，認為蒙元時代雖弘佛教，冊封薩迦派帝師，但蒙文《大藏經》的翻譯，卻要到明朝以後才被進行，實在是一大諷刺。見氏著《西藏佛教史考》，西藏人民出版社，1990，頁 78。

⑲ 《明史》〈韃靼傳〉，中華版，冊 28，頁 8492–8493。

林丹汗野心勃勃地懷有一統蒙古的理想，可以自他的兩個稱號看出，一個稱號是「庫圖克圖汗」，表彰他崇信佛教；另一個稱號是「神中之神全智成吉思隆盛汗」⑳，表示他欲效法祖先成吉思汗的偉業，統一蒙古，顯然是一個懂得利用政教關係擴張權力的蒙古汗王，然而他過於使用殘蠻的軍事手段，較缺少政治懷柔和經濟賞賜的攏絡「左翼三萬戶」的蒙古各部雖在他武力征服中逐漸被統一起來，但亦有不少貴族逃歸漠北喀爾喀蒙古和新興的滿洲後金國；他在佛教教派的選擇上後來漸偏與格魯派為敵的「紅教」，亦使得他在格魯派流行的漠南地區成為宗教上少數派的領袖，而無法獲得傾心的支持；㉑加上他聯絡明朝、統一蒙古的計劃與後金的政策大相逕庭，後金朝廷亦採取靈活的外交手段來對付察哈爾。除了東方的科爾沁部投靠後金以為保護外，皇太極採取離間策略，分化蒙古部落之蘇尼特、敖汗、奈曼、阿喇克卓忐、喀喇沁等部與察哈爾部的關係，並先後在天聰二年 (1628)、六年 (1632)、八年 (1634) 三度發兵與林丹汗交戰，西方的土默特和鄂爾多斯等部因不耐察哈爾部的統治，亦支持後金，反對林丹汗的侵略。在第三次出征時，天聰八年十二月，皇太極出兵擊潰了林丹汗的軍隊，察哈爾部墨爾根喇嘛載該部護法「嘛哈噶喇佛」(Mahakala，漢譯大黑天) 來歸後金。在考察史料後，我們相信，這次的獻佛是一個重要事件，它改變了皇太極對佛教的政策，並為後金日後的藏傳佛教政策開啟了方便之門。

「嘛哈噶喇佛」是一尊甚有來歷的黃金佛像，據稱此佛像乃元

⑳ 見塞瑞斯著，余大鈞譯，《〈達延汗後裔世系表〉箋注》，表二，注 2，轉引自《蒙古民族通史》㈢，頁 331。

㉑ 關於林丹汗致敗的因素請參考札奇斯欽的分析，氏著《蒙古與西藏歷史關係之研究》，第十七章，頁 578–579。

世祖忽必烈時西藏薩迦派的大元帝師巴思八用千金所鑄，奉祀於五台山，後移於「黃金家族」所在之察哈爾部。[22]根據王堯的研究，嘛哈噶喇佛在古印度不只是護法神，還兼為戰神、財富及幸運之神，以及掌管地獄之神等多重身份。[23]在察哈爾部便膜拜此像以冀望提昇戰力。皇太極得知此佛像來歸後，如乃察部傳國重器，不可表現輕慢，特命諸喇嘛前往迎接佛像至後金首都盛京的西郊，諭令臣子「備陳諸祭物，祀嘛哈噶喇佛於佛寺內。」[24]並特別為之建造專門置像的佛寺，崇德三年 (1638) 八月[25]，寺院建成，名為「蓮華淨土實勝寺」。此寺是滿洲人入關之前在盛京所建最大的藏傳佛寺，寺中雖供奉著嘛哈噶喇佛及其他顯密諸佛菩薩，但寺體卻採漢式寺廟格局，與嘛哈噶喇佛只流行於蒙藏地區有違，顯示滿藏交流尚祇在初期階段。在寺前，為了彰顯後金獲得金佛的功德，表達「有大聖（皇太極），不可無護法（嘛哈噶喇）[26]之意，皇太極還以滿、漢、蒙、藏四體文字銘誌碑文。奇特的是，當年後金的勢力尚未達到西藏，皇太極即以藏文刻記碑文，其中的意圖頗值得留意。此點至下節再來探討。

---

[22] 見《實勝寺碑文》，張羽新，前引書中輯注，〈清代喇嘛教碑刻錄〉，頁210。

[23] Wang Yao, The Cult of Mahakala and a Temple in Beijing, Journal of Chinese Religions, No.22, Fall, 1994, p.117.

[24] 《清太宗實錄》，卷二十七，天聰十年正月壬子條。

[25] 查乾隆作《實勝寺詩碑》中的小註言：「崇德六年八月，太宗以偏師破明總督洪承疇兵三十萬於松山、杏山，歸而建實勝寺於盛京，以紀功績。」但實勝寺建成時間依《實勝寺碑文》為崇德三年 8 月，早於清勝洪承疇的崇德六年，且建寺原因應為擊潰察哈爾部，而非洪承疇，可見乾隆帝這段考證為誤。

[26] 此語見《實勝寺碑文》，頁 210，寺廟建築風格見張羽新的〈注〉，見 211。

在察哈爾部喇嘛載嘛哈噶喇佛歸後金的同時，林丹汗因兵敗而遁逃至青海發展，後因出痘而亡於大草攤，卒年方四十三。㉗其子額哲為多爾袞招降，於天聰九年 (1635) 獻出察哈爾部——也就是大元帝國的傳國玉璽「制誥之寶」給皇太極。自漢地秦漢以來，傳國玉璽即被珍視為「奉天承運」的象徵，蒙元朝廷將之攜出關外，顯示蒙古人也極受此漢地思想的影響，此璽的獻出，無疑表示將蒙古帝國的正統汗位由察哈爾部轉移到後金汗的手中，此後後金將「承天之意」，不再只是侷限遼東一隅的微不足道小邦，而是統領蒙古數十萬騎兵的大帝國繼承者，與明朝分庭抗禮的實力陡然大增。皇太極相當重視此事件象徵性的涵意，立即以各種儀式性活動來強化這個象徵：他賜次女與察哈爾王子額哲，命其完婚，首開愛新覺羅姓氏與蒙古孛爾只斤黃金家族的聯姻。㉘復於天聰十年 (1636) 正月，召集來朝的內蒙古十六部四十九貝勒在盛京集會，共尊皇太極為「博格達．車臣汗」㉙，使後金首領有了蒙古汗號。皇太極之所以在天聰十年四月改國號為「清」，改以「崇德」紀年，即表示著他正規劃著要繼承一個接續元朝，聯合滿蒙兩民族的新帝國。自崇德年間開始，為了因應新統治的蒙古屬民之信仰；也由於建造實勝寺，使滿洲有了佛教政策的經驗，皇太極乃開始向西藏派遣出使臣，邀請喇嘛們來清帝國傳教。

㉗ 見王輔仁、陳慶英，《蒙藏民族關係史略》，頁 106。

㉘ 見黃麗生，註 6 引書，頁 321 所引的《漢譯滿文舊檔》，天聰九年九月。

㉙ 祁韻士，《皇朝藩部要略》卷一。「博克達」在蒙語為聖者之意，與後來班禪四世、達賴五世所言的「東方出聖人」有一致之處。在沈曾植，《蒙古源流箋證》卷八中，則書作「博克達徹辰汗」，全名在蒙語中是「寬溫仁聖」之意。

三、自天聰到崇德：滿洲首次向西藏遣使的轉機

在皇太極的天聰年間，西藏的喇嘛們就已經充當內蒙古各部的使臣，往來於蒙古與明、金之間。如天聰二年 (1628) 七月，科爾沁部派遣四名喇嘛率領五百三十人的使節團前來向皇太極議和，皇太極以使節的儀禮招待這些喇嘛。[30]

然而，為何要說嘛哈噶喇佛來獻滿洲，改變了皇太極對佛教的做法呢？因為在天聰初年，皇太極多次表現出明顯的「實際主義」態度，對佛教信仰並不抱持著好感。如在天聰三年二月，有僧人名陳相子，率領徒眾至太祖梓宮前旋繞誦經，聲稱欲使太祖英靈受生善地，皇太極聞言怒曰：「太祖神靈上昇於天，豈待眾僧禱求，始受生善地耶?」乃予陳僧杖四十，施予令還俗為民的重懲。[31]可知當時皇太極並不信奉佛教在人死後誦經以助往生的儀式。另外，由於當時戰爭頻繁，站在統治者施政的角度，為了能獲得充分的徵兵來源，保障國家的差徭和稅役能完整徵收，皇太極是不贊成滿洲人出家的。[32]他在天聰五年 (1631) 十一月曾下詔：「姦民欲避差徭，多相率為僧。」故要清察和尚、喇嘛人數，「如系真喇嘛、班第和尚，許居城外清淨寺廟焚修，毋得收容婦女，有犯清規。若本無誠潔之心，詐稱喇嘛、和尚，容留婦女，不守清規者，勒令還俗。」[33]對於私建廟宇，有費國帑的情形也有所限制。天聰八年 (1634) 四月，有鑒於

---

[30] 見趙雲田，《清代蒙古政教制度》第十章，頁 237。

[31] 《清太宗實錄》卷五，天聰三年二月已亥（十一日）條。

[32] 一直到乾隆年間，在乾隆帝的刻意作為下，才有專門供滿洲人出家的寺院，和翻譯為滿洲語的大藏經以供誦讀。這些皆是乾隆和當時清朝的國師章嘉三世若必多吉致力的結果。

[33] 《清太宗實錄》卷十，天聰五年閏十一月庚戌條。

察哈爾等部的衰亡，皇太極指出：「蒙古諸貝子自棄蒙古之語，名號俱學喇嘛，卒致國運衰微。」[34]蒙古人崇佛之深，令皇太極在滿洲雖不能接受，但提供一個新的政策考量點，他發現佛教對後金而言是一個可拿來做外交活動的籌碼，斥資建實勝寺，所費不貲，用意即在此。

關於建造實勝寺，尚有相當的歷史細節，我們將於下作一探討。征服察哈爾部，改國號為清之後，由於開始統轄最早接受黃教（格魯派）的鄂爾多斯與土默特兩部，皇太極逐漸瞭解：欲聯合蒙古的騎兵，使其進可助攻明朝，退而不成外患，勢必要親近上層喇嘛，優禮藏傳佛教才行；而且格魯派在蒙古各部，由於經營多年，在更西北的喀爾喀和衛拉特猶有甚多信徒，若西藏果有喇嘛前來滿洲，將亦必使西北蒙古對滿洲較為消除敵意，方可加強新歸附的漠南蒙古對滿洲的向心。因而在改年號後未久，崇德二年(1637)，皇太極即積極發書邀請達賴喇嘛來滿洲宣教，這次活動果然引起蒙古部落的反應，在現今所保存的《一史館藏蒙文老檔》中即有崇德二年八月外蒙古喀爾喀車臣汗、土謝圖汗、瓦齊爾薩音汗之子烏勒吉圖王台吉等來書清朝，同意邀請達賴喇嘛，並表示喀爾喀七旗、衛拉特四部亦欲遣使前往迎聘約兩份文書記錄。[35]然而，或許是由於當時西藏內戰方殷，無暇做過遠的傳教活動，五世達賴阿旺羅桑嘉措並沒有立即回書應邀。

這一次外交活動雖未能克盡其功，但是讓皇太極進一步瞭解到藏傳佛教在蒙古的影響力，為了讓滿洲新獲得的「蒙古汗位」較能

---

[34] 《清太宗實錄》卷十八，天聰八年四月辛酉條。

[35] 《一史館藏蒙文老檔》，取自《元以來西藏地方與中央政府關係檔案史料匯編》㈡，（中國藏學出版社），頁213。

發揮期潛在的影響，使得較多的蒙古部落能表示歸順，勢必要先投各部蒙古所好，於是皇太極除了建築佛教寺，亦在禮儀上花下一番功夫。崇德三年 (1638) 八月十二日，奉置嘛哈噶喇佛像的實勝寺建成，皇太極率領諸王、貝勒、貝子、文武諸官，出盛京懷遠門，在實勝寺的佛像前，親自與百官行三跪九叩首之大禮，之後，在盛京四座城門外，再建造永光寺（東)、延壽寺（西)、法輪寺（北)、廣慈寺（南)，每寺建白塔一座。㊱皇太極以大清皇帝兼蒙古大汗的身份，親自向佛像行跪叩之禮，足見滿洲為向蒙藏表現出對佛教的崇敬，實已可稱是盡付誠意。史載崇德三年，滿洲成立理藩院，同年，喀爾喀札薩克圖、土謝圖、車臣三部向滿清歲進「九白之貢」㊲，兩事與當時滿洲斥資建立實勝寺當有所關聯。

關於盛京的佛寺建築，據美國學者 Grupper 對此的研究中指出，這五座嘛哈噶喇寺廟群 (Mahakala complex) 正反映出滿洲人小心翼翼地保存蒙古人政治和宗教思想上的特點以統治所征服的蒙古人，且展現滿洲統治者想要將盛京 (Mukden) 轉變成西藏一蒙古佛教中心的意圖。㊳在當時所立的《實勝寺碑文》中，可以得知這

㊱ 張羽新，前引書，頁 21。

㊲《清史稿・藩部四》卷 521。「九白之貢」，是言蒙古喀爾喀各部每年選九件牲畜供奉清朝，白色的牲畜在蒙古社會甚俱有領袖性和儀式性，史載在 1577 年土默特部阿勒坦汗率萬眾啟程前往青海，三世達賴索南嘉措亦同年自藏出發，次年五月，阿勒坦汗即身著白衣，乘騎白馬領眾在寺迎接索南嘉措的到來，可見白色在蒙古社會的性質。

㊳（美） S.M.Grupper, The Manchu Imperial Gult of the Early Ch'ing Dynasty:Texts and Studies on the Tantric Santuary of Mahakala at Mukden, PHD thesis at Indiana University, 1979, pp.i– 1. 唯實勝寺的布局，仍是採取漢式寺廟的格局，兩進院落，中軸深遠。滿洲並未想模仿藏式寺廟平頂的建築結構，亦與兩者在先前文化較少有交流有關，

座寺廟位於盛京城西三里多的位置：

> 構大殿五楹，裝塑西方佛像三尊，左右列阿難、迦葉、無量壽、蓮花生、八大菩薩、十八羅漢，繪四怛的喇佛城於棚廠。又陳設尊勝塔、菩薩塔、供佛金華嚴世界。又有須彌山七寶八物，及金壺、金鐘、金銀器皿俱全。東西廡各三楹，東藏如來一百八龕託生畫像，並諸品經卷；西供嘛哈噶喇。前天王殿三楹，外山門三楹。至於僧寮、禪實、櫥舍、鐘鼓音樂之類，悉為之備。……殿宇宏麗，塑像巍峨，層軒延袤。[39]

自這一段史料，可知該寺不只供奉嘛哈噶喇佛，藏傳佛教密宗的祖師蓮花生亦在大殿的供養之列，且就描述看來，建築規模相當的寬廣宏麗，裝飾亦極堂皇。較之努爾哈赤時期喇嘛與和尚同寺的情形，皇太極時對佛教的認識可說已有長足的進步。寺前東西兩側特別樹立用滿、漢、蒙、藏四種語文所書寫的碑文，書寫滿、蒙、漢文的剛林、希福、羅繡錦皆是滿清在朝的大學士，在碑文上列有官名，惟有書寫「圖白忒文」（藏文）的道木藏古式未冠官銜，[40]足見藏文在滿清朝廷內猶是種陌生的文字，皇太極在此情況下仍然要立藏文石碑，自這點來思考，這位積極推展宗教外交的滿清領袖應當是意在以建此寺、立此碑的準備，等待西藏喇嘛的來訪。

同年冬天，皇太極親訪歸化城（前內蒙古土默特部首府），聞有喇嘛不守戒律，於是召當地喇嘛諭曰：「朕承天佑，為大國之主，統

故筆者認為 Grupper 書中，認為滿洲有意讓首都成為「藏—蒙佛教中心」的論點，有些推論太過，皇太極只是在宗教的領域上展現其政治軍事上的野心而已。

[39] 《實勝寺碑文》，見張羽新，前引書，頁210。

[40] 《實勝寺碑文》，同上註，頁211。

理國政，今聞爾等不遵喇嘛戒律，任意妄行，朕若不懲治，誰則治之?」㊶於是遂解散部分喇嘛下的「閒人」，令不守戒律的喇嘛娶妻。乍看之下，這是新任的蒙古大汗在內蒙古之宗教中心以政治領袖身份整頓宗教的作為，諭文中指責喇嘛的理由是因其「不遵喇嘛戒律」，卻令犯戒的喇嘛們娶妻，擺明著就是以宗教的原因，解除皇太極深恐人民出家有礙兵源的疑慮。但若換個角度來思考，西藏教派中，格魯派最標榜的即是守戒持律，「格魯」在藏文即有「善規」的意思，皇太極訓斥喇嘛不守戒律，以一國之主來督促喇嘛守戒，卻是與格魯派的宗風相吻合。

崇德四年 (1639) 十月，又遣察罕喇嘛為使赴西藏，分別致書圖白忒汗 (時為藏巴汗) 和「佛教至尊大喇嘛等」，表示不忍古來經典泯而不傳，「故特遣使延致高僧，宣揚佛教，利益眾生，惟爾意所願耳」㊷在行前還特別至蒙古馬哈撒嘛諦塞臣汗、土謝圖汗、札薩克圖汗等處，邀同遣使前往。㊸但是這回遣使活動遭遇了一些波折，清廷使節到了歸化城後，未再前行，便中途歸返，並未完成通使西藏的任務。陳慶英指出，在此兩年前（1637，崇禎 10，崇德 2）喀爾喀土謝圖汗曾致書滿洲表示要遣使與清廷共同赴藏延請達賴，但察罕喇嘛如約到達歸化城後，卻不見蒙古有派人前來會合㊹，殆清

㊶ 《清太宗實錄》卷四十四，崇德三年冬。

㊷ 《一史館藏內閣國史院滿文老檔》，取自《元以來西藏地方與中央政府關係檔案史料匯編》㈡，頁 218。又《清太宗實錄》，卷四十九，崇德四年十月庚寅中的名銜是「掌佛法大喇嘛」，據王輔仁等的推測，所指的喇嘛可能為達賴五世，但亦有可能是當時西藏佛教的「教主」，即明封大寶法王的噶瑪噶舉派黑帽系十世卻英多吉，見《蒙藏民族關係史略》，頁 134。

㊸ 見《清太宗實錄》卷五十一，崇德五年二月辛酉條。

廷得知乃盛怒罷使；另據陳捷先的研究，滿洲罷使的原因是漠北札薩克圖汗的一封來書，激怒了皇太極之故。㊺崇德五年 (1640) 十月初六，清廷曾經致書於喀爾喀札薩克圖汗，語氣頗為責備，書信中有:「爾蒙古國主，已歸我矣，爾不過一部之長，乃以卑下之人，僭擬大國之主，妄自矜詡，書不稱名，動以佛教為言，可謂知命乎?」等語。並表示「遣往圖白忒落喇嘛等，已至歸化城，因爾言不果，是以不遣。」㊻自這句話來看，皇太極遣使赴西藏原本是呼應了札薩克圖部等外喀爾喀蒙古的建議，但因札薩克圖汗對滿清甫獲得的蒙古大汗之位不表恭順，皇太極動怒之餘，就把遣使赴藏的計劃打消了。喀爾喀蒙古諸部落在崇德初年對待滿清的態度，從崇德二年「奏請延達賴喇嘛」㊼，崇德三年遣使進貢，但到了崇德五年，卻在書信中的出言不遜，似有態度上的大轉變，那麼，這個時期蒙古各部有怎樣的情況發生呢？以下即就此點加以探討。

㊹ 陳慶英，〈明未清初格魯派蒙古高僧咱雅班第達之事蹟新探〉，《兩岸蒙古學藏學學術研討會論文集》，蒙藏委員會，1995，頁 206。

㊺ 陳捷先，〈略論清初三朝與喇嘛教之關係〉，頁 44–45。

㊻ 《清太宗實錄》崇德五年十月癸酉條。

㊼ 《清太宗實錄》崇德二年八月辛丑，喀爾喀蒙古馬哈薩嘛諦塞臣汗遣使上表:「……聞欲延致達賴喇嘛，甚善！此地喀爾喀七固山及厄魯特（衛拉特）四部落亦有同心，乞遣使者過我國，同往請之。我等共同會議，遣使候安，并獻方物。」

四、蒙古部落的反應：《喀爾喀・衛拉特法典》的制定

在皇太極遣使赴藏卻中途而返的後一年，即崇德五年 (1640)，西北蒙古各部曾舉行了一次大規模的聚會，是年九月，漠北喀爾喀爾蒙古和漠西衛拉特蒙古以及已移居伏爾加河流域的土爾扈特蒙古共四十四名汗、王公，在內齊托音和咱雅班第達等喇嘛的協助下舉行盟會[48]，這次盟會的重大意義，是替兩大蒙古部落集團長期爭戰的狀態暫時劃下句點[49]，並在盟會中制定了《喀爾喀—衛拉特法

[48] 在史料中並未記載這次會盟的發生地點，但有些外國學者認為是在衛拉特蒙古準噶爾部的塔爾巴哈台 (塔城)，見 (俄) 依・亞・茲拉特金，《準噶爾汗國史》，(北京，商務印書館，1980)，頁 175–176；(日) 若松寬，〈蒙古喇嘛教史上的兩位傳教者〉，頁 239；大陸學者杜榮坤、白翠琴考察拉特那巴達拉《咱雅班第達傳》等蒙、俄文資料，也認為地點在塔爾巴哈台。氏著《西蒙古史研究》，(新疆人民出版社，1986)，頁 175。但有學者表示不同的意見。此次盟會的參與者在衛拉特有巴圖爾渾台吉、拜巴噶斯的繼承者鄂齊爾圖台吉 (車臣汗)、青海的顧實汗、已移居伏爾加河下遊的土爾扈特部的鄂爾勒克等人；自喀爾喀來的蒙古王公則有：札薩克圖汗、土謝圖汗、老車臣汗的兩子，及阿勒坦汗等人。只有已經臣屬清朝的內蒙諸部未派代表出席。

[49] 蒙古喀爾喀與衛拉特兩大部自明代以來即有「韃靼」和「瓦剌」之爭，兩部勢力此消彼長，互有勝負。至十六世紀初，喀爾喀部的阿勒坦汗征服了衛拉特部，使其實擔納貢的義務，自 1620 年始，衛拉特在準噶爾部首領哈喇忽喇等的領導下，向阿勒坦汗作戰，剛開始時雖嘗敗績，但在 1623 年終於戰勝喀爾喀部，使阿勒坦汗在戰役中敗亡。此後喀爾喀部雖一蹶不振，但此後衛拉特諸部又因準噶爾部的內部紛爭而陷入內戰，《喀爾喀・衛拉特法典》的訂立，表示蒙古部落開始用法律，而非戰爭的方式為部際之間解決糾紛，其後為兩部間維持數十年的和平。

典》(蒙語：察津・必扯克[50])，這部法典共一百二十一條，被視為蒙古法三大文獻之一[51]。一部法典在社會中的影響力，端視它所能在該社會中有效發揮作用的時間有多久，據杜榮坤等指出，在1709年(清康熙48年)《喀爾喀三旗法典》制定之前，此法典在外喀爾喀諸部中一直有效；而在衛拉特諸部，現今已知在1667和1678兩年(清康熙16–17年)準噶爾的首領噶爾丹曾為此法典頒布兩次補充的敕令，但本法典的基本原則一直到十八世紀中期仍然在衛拉特蒙古發揮作用。[52]由其發揮作用的時間長達一百多年，我們可以斷定，1640年制定的這部《喀爾喀—衛拉特法典》在清初的蒙古社會是有相當的影響力的。

整部法典中有三個重點，其中之一是「抵禦外侮」，三條處以死刑的例子皆與不援救和抵抗入侵的外敵有關；其二是旨在維護蒙古社會封建階級的秩序，以保護蒙古王公的穩固統治。另外亦同樣重要的是，法典中以法律的形式，規定藏傳佛教為全蒙古各汗國和公

---

[50] 蒙語：意為「法典」、「法律文獻」、「法規」。這部法典最早有數種俄文譯本，所知的有K.F.Golstunskii, Mongolo-oiratskie zakong 1640 (St.Petersburg, 1880); V.A.Risanovsky, Fundamental Principles of Mongol Law, Uralic and Altaic Series vol.43 (Bloomington:Indiana Univ.Press, 1965)，亦有日文譯本，即田山茂，《蒙古法典の研究》(東京：日本學術振興會，1967) 中之第2編第2章。

[51] 另兩部為《喀爾喀三旗法典》(1709) 和《理藩院則例》。其中《理藩院則例》的條文修訂貫串整個清朝。則楊遠娣、劉海濱，〈《理藩院則例》與《衛拉特法典》之比較〉，《衛拉特史論文集》，(內蒙古師範大學，1990)，頁241，又這部《喀爾喀—衛拉特法典》的許多法條，是制定另兩部法典的重要依據。見杜榮坤等，下引文，頁197。

[52] 見杜榮坤，羅致平等，〈論衛拉特法典〉，收於杜氏與白翠琴合著《西蒙古史研究》，1986，頁196–197。

國的國教。條文公開取締薩滿教 (Shamanism) 的巫師，鼓勵阿拉特[53]改當喇嘛，再度確認早已成型的藏傳佛教與蒙古領主的結盟關係。據俄國學者帕拉斯的研究指出，法典的編訂，是喀爾喀和衛拉特兩大集團在長期對立後，「經喇嘛們，特別是蒙古呼圖克圖的調解，蒙古王公與衛拉特王公之間才達成協議，並結成聯盟，後來該協議被奉為法典。」[54]因而，在法典中處罰的項目，名級的喇嘛若受到傷害和損失，皆比照貴族的等級而給予補償，並對傷人劫財者有所處罰，且嚴禁用語言或行為侮辱僧侶。亦可言，喇嘛們在蒙古各部中的高貴地位在這部法典中得到確保，形同一個新興的貴族階級。[55]

《喀爾喀—衛拉特法典》中相當程度地高抬藏傳佛教，尤其是格魯派在蒙古的地位，在法典序文中即以如下的宗教禱詞揭示：

在二聚會之海洋中，
自彼虛空性之法身，
飾以妙相金備之威儀，
拜彼三身合一之金剛救世焉。
指引一切之釋迦牟尼，
俾我往日相衡之疑慮，
以其溫和的光輝，

---

[53] 阿拉特即指蒙古一般的牧民、平民。

[54] （俄）帕拉斯，《蒙古民族史料集》，引自張羽新，前引書，頁 64。

[55] 如法典中規定：1. 任何人皆不能反對宗教（第五條）；2. 喇嘛與各級王公貴族同享政治、經濟特權（第九、十六、十九條）；3. 喇嘛人身地位神聖不可侵犯（第十七、十八條）；4. 喇嘛與庶民保持一定比例，十人中必要有一人獻身於佛。（第九條）；5. 禁止薩滿教（第一百十一條）；及 6. 禁殺生（一百十二條）等。

賜以解脱之道手!

繼彼聖托音之教主,

使其法輪轉向此方者,

尊聖宗喀巴之腳下,

稽顙而再時拜焉。

為所有之大眾生靈,

顯正黃阿彌陀佛像之班禪大士,

為清淨雪地頂上花之達賴喇嘛,

禱於救世之二聖人腳下焉。

……[56]

序文中所要叩拜的宗喀巴、達賴喇嘛、班禪額爾德尼，都是格魯派的著名大喇嘛，可見喀爾喀和衛拉特蒙古人已從第二節所提到的察哈爾部「逢上師便受灌頂」的多教派容受中脫離出來，而開始只接受一種教派，一個宗教權威的信仰。這也是格魯派在西藏境內雖備受欺壓，但在蒙古人勢力範圍內紮紮實實地數十年致力傳教，所獲得到的豐碩果實。但是，為何在 1640 年，兩大蒙古部族要訂立象徵「國家」的法典呢？[57]由於制定法律的因由和目的，在法典正

[56] 道潤梯步將這一段蒙古法的序文翻譯成中文，見氏著〈論《衛拉特法典》的指導思想〉，收入內蒙古阿拉善盟公署、內蒙古師大合編，《衛拉特史論文集》，1990，頁 236–7。又道潤梯步亦曾將全部條文做過漢譯注釋稿。祈禱文中的「兩聚會」亦可以做「兩積累」，指的是 1. 般若的積累；2. 福德的積累。在（日）若松寬，〈蒙古喇嘛教史上的兩位傳教者〉中翻譯此序言首句之尾為「瓦赤喇・達喇・喇嘛」（頁 240），據（俄）戈爾斯通斯基的研究中，這位喇嘛就是大力將格魯派傳揚至內蒙古的內齊托音。

[57] 蒙古諸部在前次訂定法典是在 1570 年代由土默特部阿勒坦汗所訂立

文中並未提及[58]，學者們對此多有所考量。如以上所述，有的視之為一部獨特的和約，努力消弭兩部蒙古過去的仇恨[59]；有的針對其「內部和平．共禦外侮」的立場，認為是對俄國在十六世紀後半葉以來侵略衛拉特和喀爾喀蒙古的草地和牧民，[60]或者是在滿清擊敗察哈爾部後，防止清軍的侵襲所做的事先防範行動[61]；亦有學者認為是針對當時西藏佛教格魯派所面臨後藏藏巴汗、康區白利土司等內外壓迫的生存危機，決心為格魯派解危而制定的。[62]依上節末尾所言，在崇德五年末皇太極因札薩克圖汗書信的語詞不遜，而罷赴

的《阿勒坦汗法典》，這是在三世達賴索南嘉措傳教到土默特部後所制定的，也同樣將佛教喇嘛在法律上當作貴族般對待。阿勒坦汗非出身「黃金家族」，但是當時他的勢力超過了嫡系的察哈爾部，並將察哈爾部壓迫到東方遷徙。而阿勒坦汗率先以非黃金家族的成員而稱汗，並受三世達賴所賜尊號，引起內、外蒙古諸部落首領咸以延喇嘛賜尊號為榮，是個早期頗有政治野心，晚年卻留意於商業和宗教播的蒙古領袖，其引進藏傳佛教，是作為奪取蒙古中央政權的思想武器，其訂立法典是有其建立國家的雄心的。

[58] 因清朝和準噶爾後來長達近一世紀的敵對立場，使得《喀爾喀—衛拉特法典》一度消失在的土地上，直到十八世紀方在俄國的卡爾梅克汗國被發現，且被翻譯成俄文，後再轉譯回中文，故我們並不能確定今日所見即是當年 1640 年制定的法典完整版。所言的「正文」亦是如此。關於《法典》的流傳和各種譯本的情形，見杜榮坤等，〈論衛拉特法典〉，頁 178–179。

[59] （俄）茲拉特金著，馬曼麗譯，《準噶爾汗國史》，北京：商務印書館，1980，頁 178。

[60] 見杜榮坤，羅致平著，〈論衛拉特法典〉，頁 177–178。

[61] （俄）巴德利，《德國．蒙古．中國》上卷，第一冊，第 150 頁；李洵，《明清史》，1956，頁 216；茲拉特金，《準噶爾汗國史》頁 176。

[62] 蔡家藝，〈西藏黃教在厄魯特蒙古的傳播和發展〉，《民族史論叢》(一)，北京：中華書局，1987，頁 184–185。

西藏便於歸化城來看，滿清和外喀爾喀部在法典訂立前後，的確是存在著緊張關係的。但是當時和稍後清朝與外喀爾喀三部並未真正發生軍事衝突，出兵進軍西藏為格魯派解危的又只有衛拉特之和碩特及準噶爾兩部，完全沒有喀爾喀部的加入，使得後兩說的論點雖都有部分的成理，但似皆無法涵蓋複雜的歷史事實。關於「共禦外侮」之兩派學者的觀點差異，在筆者看來，又牽涉到對日後「準噶爾與清朝」這一個研究論題的立場不同，問題就更形複雜了。

無論如何，《喀爾喀—衛拉特法典》的制定代表著敵對的蒙古勢力在宗教影響力的柔性作用之下，帶來暫時性的和平與聯合，然而，從清朝的角度來看，在獲得漠南蒙古封為蒙古大汗後的第五年，西北蒙古就在另一方訂立有國家含意的《法典》，當令皇太極感到敵意而難以接受。誠如努爾哈赤所言，雲合終究會致雨，蒙古部族的合作將會增強對清方的離心力，亦會對清朝帶來威脅；另一方面，蒙古和清朝在統合的過程中皆欲拉攏藏傳佛教的宗教威望作為聯合的觸媒，雙方積極動作，將會為日後兩者的衝突埋下伏筆。

因為滿清與藏地之地理位置的距離甚遙，使得兩地之間傳使仍須賴蒙古各部在從中搭線。據《聖武記》卷五的記載：「因喀爾喀三汗奏請，發帑使延達賴喇嘛，（崇德）四年，因衛拉特使貽達賴書。」可見清藏之間的往來，蒙古方面是知道得很清楚的，前兩節檢視了滿清和蒙古在崇德初年關係的變化，然而西藏方面對於滿清來使邀請傳教的反應如何呢？我們在下一節將繼續探討。

五、西藏的回應：崇德七年達賴喇嘛遣使來盛京

西藏的領袖們在這一盤國際政治的棋局上必定是有所衡量的。

首先，在崇德五年 (1640)，即西北蒙古各部訂立《法典》的同年，西藏方面的使者前赴清朝，同皇太極致好，[63]這對當年蒙古作為感到苦惱的清廷而言，當無疑注入一錠強心劑。崇德七年 (1642)，格魯派與蒙古和碩特部正準備以武力清除在西藏反對格魯派的勢力藏巴汗，是時西藏內部連連戰火，需要外界強而有力的政權支持才能穩操勝算於是四世班禪洛桑卻吉堅贊 (1567–1662) 等人展開一系列外交活動，是年，格魯派的領袖班禪額爾德尼、達賴喇嘛和蒙古和碩特部顧實汗咸謂東土有聖人出現[64]，這個聖人的指稱，無疑是戴給皇太極的冠冕。其原因有二，一、在天聰九年蒙古諸部曾獻給皇太極「博格達車臣汗」的汗號，其中「博格達」在蒙語中即有「聖者」之意；二、崇德七年十月，一支達賴喇嘛的使節團，以兩位衛拉特喇嘛：伊拉古克三呼圖克圖與戴青綽爾濟為首[65]，偕同衛拉特

---

[63] 見王輔仁、陳慶輩，《蒙藏民族關係史略》，頁 134。

[64] 見《聖祖仁皇帝御制平定西藏碑文》，康熙六十年立。張羽新，前引書，頁 300；清人魏源記格魯派教祖宗喀巴生前作預言：「轉五世後，東方有聖人出中國，大扶黃教，乃可行化。」(《聖武記》卷五，頁十)，但當時滿洲尚未入主中國，且沒有直接來自蒙藏的證據指出宗喀巴曾有此預言，此當是後世清人的加添臆想。

[65] 由於西藏派出的使者名單中沒有「伊拉克三胡土克圖」這麼一位人物，故有的學者認為，在判讀資料時，不應將「伊拉古克三」和「戴青綽爾濟」斷開，兩者應為同一人，但如此就不便解釋皇太極在招待來使時「設二座於塌右，命兩僧坐」另一位僧侶為誰？陳慶英為文考證，發現以時間、地緣姓名文義來看，伊拉古克三（字義：特出的，兩者中最高的）可能是當時傳教於西蒙古的著名衛拉特僧侶咱雅班第達。見氏著，〈明未清初格魯派蒙古高僧咱雅班第達之事蹟新探〉，《兩岸蒙古學藏學學術研討會論文集》，蒙藏委員會，1995，頁 208–215。文中並有解釋為何《咱雅班第達傳》中沒有敘述他曾赴盛京的原因。

使臣「自人跡不到之區，經仇敵之國，越數年」始抵達大清首都盛京。[66]達賴和班禪等所稱言的「東方出現聖人」，似就是為伊拉古克三的訪清之旅，寫下最生動的開場白。

在《清太宗實錄》中很詳盡的把伊拉古克三等人到達後，清朝的招待過程記載下來：使節抵達盛京時，皇太極親自率領諸王、貝勒、大臣出懷遠門迎接。回到馬館前，皇太極率眾拜天，行三跪九叩頭禮，進馬館，上御坐，在伊拉古克三呼圖克圖朝見時，皇太極起立迎之，伊拉古克三呈五世達賴書進上，上立受之。皇太極還在自己的座位榻右設兩座請喇嘛坐，使兩喇嘛與皇太極一同接受底下徒眾及衛拉特使節三跪九叩頭的儀禮，然後宣讀達賴喇嘛及藏巴汗來書，清廷設大宴宴請來使，西藏喇嘛使節則以方物獻於清帝。[67]此後又命八旗諸王、貝勒等各自俱宴，每五日一宴，在西藏使節團返藏之前，宴席持續達八個月之久。[68]

從此處我們可以見到滿洲人在入關之前政治姿態上表現的彈性，皇太極善用公開的政治儀式，以三跪九叩首拜天、起立迎接和長期的宴請表示對西藏喇嘛的尊敬，展現出一名滿洲的政治領袖除了能勇敢於騎射征戰，亦能在宗教上以重禮來招待遠自西藏前來的喇嘛使節，滿洲對蒙古的使臣就從未有過如此的待遇。[69]另一方面，

---

[66] 此為康熙語。見康熙六十年立，《聖祖仁皇帝御製平定西藏碑文》，張羽新，前引書，頁300。

[67] 《清太宗實錄》卷六十三，崇德七年十月初二巳亥條。

[68] 《清太宗實錄》卷六十四，崇德八年五月初五丁酉條。相關研究，見（蒙）陳小強，〈試論西藏政教上層與滿洲清政權的初次互使〉《西藏研究》1992:2，頁42–49。

[69] 這是根據陳捷先，〈略論清初三朝與喇嘛教的關係〉中的研究所得出的論點，見陳文，頁47。

西藏格魯派和和碩特部顧實汗一反往常，在明清之交，國際關係尚在膠著之時，便率先向清朝靠攏，稱滿洲領袖為東方的聖人。可見在西藏政情猶在爭權狀態之時，格魯派希望藉外交活動，爭取滿洲的支持；以及對於未來的「天命」之所趨向，蒙藏政教領袖所下的一番預測。

雖然如此禮敬喇嘛，但滿洲人對於藏傳佛教的作為尚只是政治外交的考量，並未放棄其傳統的信仰。在伊拉古克三等人猶停留在盛京時，崇德八年 (1643) 正月初一日，皇太極雖身體不豫，仍「命和碩鄭親王、和碩睿親王，多羅武英郡王，首輔貝勒以下梅勒章京以上詣堂子，焚紙點香，行三跪九叩頭禮」[70]，在蒙古《喀爾喀—衛拉特法典》中所制定的對薩滿教巫師施法的處罰條目，在滿洲的關外時期是看不到的。

崇德八年 (1643) 五月十二日，伊拉古克三達成出使任務，返回西藏，「上率諸貝勒等送至演武場，設大宴餞之，復以鞍馬銀壺等物（賜之）。」皇太極除了託伊拉古克三致書給達賴喇嘛，班禪胡土克圖及顧實汗之外，亦派遣若干格隆（低階僧侶）赴藏，給格魯派的政敵：藏巴汗、紅帽喇嘛噶爾馬、昂邦薩斯下、濟東胡土克圖，魯克巴胡土克圖、達克龍胡土克圖各致書信一函。[71]其中致顧實汗的書信中如此寫道：

> 朕思自古聖王致治，佛法未嘗斷絕，今欲於圖白忒部落敦禮高僧，故遣使與伊拉古克三胡土克圖偕行，不分服色紅黃，隨處咨訪，以宏佛教，以護國祚，爾其知之。[72]

[70] 《一史館藏內閣國史院滿文檔》崇德八年正月初一日條。見《元以來西藏地方與中央政府關係檔案史料匯編》㈡，頁 220。

[71] 《清太宗實錄》卷六十四，崇德八年五月初五丁酉條。

皇太極不會不曉得，當年顧實汗正在幫助格魯派（黃教）在西藏與噶瑪噶舉派等（清統稱紅教）盤結地方的教派勢力交戰，對待黃教之外的教派歧見尚深，但在書信中卻表達對各個教派一視同仁的立場，甚至要顧實汗咨訪紅教喇嘛，這反映皇太極並不支持西藏統一在單一教派之下，其有暗示顧實汗對其他教派手下留情的意味。惟皇太極在信函申，稱呼五世達賴為「大持金剛達賴喇嘛」[73]等字是致其他喇嘛信中所無有的，且致送給達賴、班禪的禮物，較給紅帽派的喇嘛稍多而已。[74]「大持金剛」是梵文 Vajradhara，藏文的 rdo rje vchang 的意譯，為藏傳佛教對修行密宗取得最高成就的喇嘛的敬稱。1577 年（明萬曆 6 年）內蒙古土默特部領袖阿勒坦汗與後稱三世達賴的索南嘉措於青海仰華寺會面，所致的尊號當中即有「瓦齊爾達喇」此字。[75]皇太極書信的抬頭，當是參考阿勒坦汗當年賜贈的尊號。可見滿清對蒙藏之間的歷史上的往來是有所留意的，其最初拉攏西藏教派，其意當是在蒙而不在藏。

時至崇德八年九月，顧實汗遣使至清廷言：「達賴喇嘛功德甚大，請延至京師，令其諷誦經文，以資福佑。」[76]這或許是察覺到皇太極上封書信的用意，而希望藉著皇太極邀請五世達賴，增加他對格魯派的支持，亦可增加五世達賴在西藏甫獲得的威望。然而這次使節來到時已稍晚一步，因為皇太極已於同年八月初九崩逝。第九子福臨即位，年號「順治」。次年，即順治元年四月，李自成在陷北

---

[72] 《清太宗實錄》卷六十四，崇德八年五月初五丁酉條。

[73] 此「大持金剛」相當於 1578 年土默特部阿勒坦汗所贈三世達賴封號中的「瓦齊爾達喇」，梵文為 “Vajradora”，藏文則為 “rdo rje vchang”，是西藏對在密宗上取得最高成就者的稱呼。

[74] 皇太極於崇德八年五月附奉與西藏喇嘛們的禮物如下表：表中之贈物

京後，又進攻山海關，守關總兵吳三桂開城門向清軍求援，五月，滿洲軍隊將李自成的部隊擊潰於北京，自成挾太子慈烺西遁，南明福王同月即位於南京，改元弘光。自此中國境內暫時分裂，整個東

	達賴、班禪	噶爾馬喇嘛	昂邦薩斯下等四名喇嘛
金碗	1		
銀盆	2	2	1
銀茶筒	3	2	1
瑪瑙杯	1	1	1
水晶杯	2	2	3
玉杯	6	5	1
玉壺	1	1	1
綴金甲		1	
鍍金甲	2	1	1
玲瓏撒袋	2	2	1
雕鞍	2	2	1
金鑲玉帶	1	1	
鍍金銀帶	1	1	1
玲瓏刀	2	2	1
錦緞	4	2	

達賴與班禪各獲贈一份，昂邦薩斯等四名喇嘛不同。數據見《清太宗實錄》卷六十四，崇德八年五月初五丁酉條。按皇太極致信的諸位喇嘛包括薩迦王、達隆法王、不丹法王、噶瑪法王等，可說是涵蓋諸教派。除了禮物數稍有差異，皇太極對每一位喇嘛的信中，皆有「遣察干格隆、巴喇袞噶爾格隆、喇克巴格隆、諾木齊格隆、諾莫干格隆、薩木譚格隆、袞格垂爾扎爾格隆等前往。凡所欲言，具令口悉。」等語。表現出同等的尊重。

75 這段歷史淵源和尊號的文字解釋，見王輔仁、陳慶英，《蒙藏民族關係史略》，中國社會科學出版社，1985 年，頁 93–94。

76 見《清世祖實錄》卷二，崇德八弗九月戊申條。

亞世界亦面臨大規模的勢力調整。清攝政王多爾袞於局勢稍穩定後，將置於實勝寺的藏傳佛教「大黑天」─嘛哈噶喇佛像自盛京運到北京，且視之為重要的保護神。據說每名出征的滿洲士兵上都帶有一紙嘛哈噶喇神咒 (Mahakala incantation)[77]以茲護佑。在滿清入關後，皇太極時代滿清與西藏建立的關係，其劇台遂由盛京轉移到了北京。

---

[77] Wang Yao, The Cult of Mahakala and a Temple in Beijing, Journal of Chinese Religions.No.22, Fall, 1994, p.122–123.

與李勤璞先生商榷入關之前滿洲藏傳佛教「建立」的問題

頃拜讀李勤璞先先在，《近史所集刊》第三十期 (1998.12) 發表的大作，〈白喇嘛與清朝藏傳佛教的建立〉，是文廣求滿洲在關外時期的滿、漢文史料，如滿文老檔、實錄、碑刻、文集等，將自天命六年 (1621)，前後自東蒙古科爾沁部來到後金都城遼陽的白喇嘛 (Ba Lama)，至崇德二年 (1637) 喇嘛圓寂以前在滿洲所參與之宗教、外交、政治等諸多事務，將前後脈絡整理得相當詳盡，發前人所未發。對於李先生所論白喇嘛在滿洲所從事的外交、政治方面的事項，個人相當受用，並且絕多贊同；但讀完大作，對於李先生給與白喇嘛「建立清朝藏傳佛教」這一點評價，以及某些宗教史的論斷和措辭上，個人根據所學，卻不得不有所保留。今先將認為李先先用語措辭的問題先加討論，再就李文中評判史事的部分來做剖析，以就教於作者及學界。

一、措辭用語的問題

㈠如何能判定白喇嘛為「烏斯藏喇嘛」(頁 69、95)？囊素喇嘛是藏人，有碑文為證，但關於白喇嘛，碑文中僅留下他是囊素喇嘛「同門法弟」的記載，未關連到他的屬籍和教派。其一、李先生考證白喇嘛的名字來歷時，多方參考蒙古習慣和蒙文發音，而追究「囊素」或是「白」稱名，都是源自蒙語；其二，在囊素喇嘛到達後金時的天命六年 (1621)，藏傳佛教各派皆已在漠南蒙古再度傳播達四十餘年 (1578–1621) 之久，許多在蒙古弘法的大喇嘛，如咱雅班第達、內齊托音等皆為蒙古人，當時在各部蒙古亦出現了佛法師承，故言白喇嘛為藏人，似無確據。

㈡李先生用「投奔」兩字（頁 65、69、76、96）形容斡祿打兒罕囊素從東蒙古科爾沁部到達後金，這個措辭似易對不明背景的讀者產生誤解。按自萬曆 21 年 (1593) 九部聯軍三萬人被努爾哈赤擊潰後，次年（甲午）春正月，蒙古科爾沁貝勒明安即與後金遣使通好，自是通使不絕，至萬曆四十二年 (1614)，皇太極還娶了科爾沁莽古思之女，兩部結為聯姻關係，時至囊素喇嘛到後金的前四年，即天命二年 (1617)，科爾沁貝勒明安來到滿洲，受到大禮相待，由此見囊素喇嘛之所以自科爾沁前來後金，並承努爾哈赤的大宴招待，當與兩部數十年來的交好有關。李文中使用「投奔」兩字，容易被理解為後金與科爾沁相互敵對，或囊素喇嘛曾在科爾沁部受到迫害，然這些皆無史料可資証明。在最早的《滿文老檔》或〈大金喇嘛法師寶記〉碑文中，囊素喇嘛是為傳教而來到後金的。

㈢李文用「清朝頭一位喇嘛堪布」（頁 77，93）來形容白喇嘛，「堪布」(mkhan–po) 兩字當是李先生自加的，而非史料所載。按藏語中稱寺院的學院為「札倉」，以札倉會議管理其中各項事務，「堪布」即札倉會議中最高階的喇嘛，傳法的時候還會主持授戒。滿洲這時還沒有藏傳佛教學院的「札倉」制度，當然更不會以藏語稱呼白喇嘛為「堪布」了。

㈣同樣地，在頁 77 中言「轄眾喇嘛（扎薩克喇嘛）」一句亦疑犯有「時空失序」的毛病，後期清代喇嘛寺中的喇嘛職銜，在《理藩院則例》中有札薩克達喇嘛、副札薩克達喇嘛、札薩克喇嘛、達喇嘛、副達喇嘛、蘇拉喇嘛、德木齊、格斯貴等八等，但是這是入關以後逐漸發展出來的僧階體系，早期在滿族喇嘛最高僅得四等，達喇嘛即可任寺院住持，且出身多為包衣或兵丁子嗣，地位不高。❶在關當沒有將喇嘛身分分為八級，史料中也無記載白喇嘛是以「扎薩克喇嘛」的身分在滿洲行使教權。

二、論斷史事的問題

李先生將囊素喇嘛稱為「清朝藏傳佛教的開山者」，白喇嘛則是「清朝藏傳佛教的成立者」（頁 70），後以同樣的論點貫串全文。李先生言白喇嘛為「建立」滿清藏傳佛教的理由，主要是囊素喇嘛圓寂後，努爾哈赤為喇嘛建廟奉祀，由白喇嘛主持，此座寺廟便成為後金「第一座住僧以喇嘛為主的寺院，佛法僧三寶具全」（頁 65，70，76）。雖然他在文後提到「（後金）和尚喇嘛尚不分畛域，結果喇嘛塔寺住僧是和尚喇嘛的混合」（頁 81）、「他（白喇嘛）的事蹟，除了建立囊素喇嘛紀念塔，都是一般世俗的、政治的。」（頁 96）則專就白喇嘛在「宗教上」建立的滿洲的藏傳佛教，顯然前後的說法有所不合；在文末，他再次強調「金國汗及人民崇敬喇嘛」、「清國開創時代藏傳佛教的情形應主要由金國政治、文化的『蒙古性』或『蒙古色彩』……來理解」（頁 97）。在此就針對李先生所謂「（白喇嘛的寺院）佛法僧三寶具全」及「金國汗及人民崇敬喇嘛」與「清

❶ 王家鵬，〈乾隆與滿族喇嘛寺院－兼論滿族宗教信仰的演變〉，《故宮博物院刊》，總第 67 期 (1995.1) 頁 60。

國開創時代的蒙古色彩」這三點來論述。

佛、法、僧是一段稱為具足佛教信仰缺一不可的「三寶」，其中的僧，指的是受剃度，持僧戒，以傳播佛法為已業的出家眾；法指的是佛經和教義；佛則絕對非僅指佛像，而是指認同釋迦教義，願以它為人生知津的信仰心態。如此而言，當時滿洲寺院果真「三寶具足」嗎？首先，吾人知道滿清政權長久以來一直沒有滿文佛經的出現，以滿文來翻譯佛經是遲至乾隆三十八年 (1772) 才開始進行，則天命時期 (1616–1626) 的滿洲寺院是否具足有充足的「法寶」：佛教經典，與有足夠識見可通達佛理的善知識，則不無疑問，法寶的俱足則成問題；第二，作者自已承認，在努爾哈赤時代滿洲的寺廟中喇嘛、和尚是「經渭不分」的，則不同修持儀軌、讀頌不同經文的僧侶們皆籠統置於一寺，原先各自的修行必然很難維持，加上滿洲君主為維持足夠的兵源和差徭，對出家人數向有嚴格限定，曾將出家眾視為「奸民」，❷則滿洲寺院中僧寶是否俱足又成疑問；再者，滿洲大汗是否如李先生所述「崇敬喇嘛」、「認同佛義」？在許多早期資料中皆有記載，如努爾哈赤在囊素喇嘛來到達後金的前期與後期，分別有上諭錄於《聖訓》中：

> (天命三年閏四月壬年，上諭臣曰)：人君奉天理國，修明政教，克寬克仁，舉世享太平之福，則一人有道，萬國敉寧，勝於仙佛多矣！❸

---

❷ 見天聰五年閏十一月庚戌皇太極的上諭。《開國三朝聖訓》卷 6，〈禁異端〉頁 13–14。引自程賢敏編，《清聖訓西南民族史料》(四川大學出版社，1988)，頁 1–2。

❸ 《開國三朝聖訓》，卷 2〈論治道〉，頁 3，引自程賢敏編，《清聖訓西南民族史料》(四川大學出版社，1988)，頁 1。

見在囊素喇嘛前來後金前，努爾哈赤對治理國事所持的是薩蠻教 (Shamanism) 奉天治國的看法，並不特別欣賞佛道兩教。另外，在囊素喇嘛於後金死後，努爾哈赤留下別條上諭：

> 天命七年二月壬午，蒙古兀魯特部落明安等凡十七貝勒，即喀爾喀各部落台吉，率軍民來附，上御殿宴勞之，諭曰：我國習俗所尚，守忠信，奉法度，賢而善者，舉之不遺，悖且亂者，治之不貸。以致盜竊潛消，暴亂不作，拾遺於道，必還其生。習俗如此，所以榮膺天眷。爾蒙古人所持者念珠，所稱者佛號，而不息盜竊之風，遂遭天遣。俾爾諸貝勒自亂其心，映及於國。❹

在這段資料中，努爾哈赤明白以滿洲習尚與蒙古人的風俗區分開來，並且不以蒙古風俗為然，而與李先生文中強調的後金在政治、文化上的「蒙古色彩」相反。努氏治國採取的務實的統治術，相信世界秩序是由「天」在安排著。這顯示著即便囊素喇嘛有向後金領袖傳播佛法，其結果也是失敗的，因為努爾哈赤對人間與出世間秩序的看法並無因此改變。後金可汗如此，他當不會推廣自已並不虔信的佛教給他的人民，此點自然可想而知，則後金「佛寶」是否具足，又是一大問題。

李先生文中猶有一個問題：天命六年努爾哈赤雖以大宴招待前來的囊素喇嘛，但對於囊素喇嘛其他的供養，卻未見十分的積極，所答應要在喇嘛死後為之建舍利塔的許諾，即因「累年征伐」，而終其生未能如約完成，直至九年後，其子皇太極於天聰四年 (1630)，

❹ 《開國三朝聖訓》，卷 4〈明法令〉，頁 6，引自程賢敏編，《清聖訓西南民族史料》(四川大學出版社，1988)，頁 1。

才由白喇嘛奏請下為囊素喇嘛建好塔園，皇太極並造了一座〈大金喇嘛法師寶記〉❺以誌其事。但是，為何時至天聰年間皇太極才應允乃父的諾言建立塔園，其中有無內外因果條件？我認為論及此時間性，不能不考量在天聰二年、六年、八年，皇太極三度發兵與南蒙古可汗林丹汗交戰，需要以宗教姿態攏絡蒙古各部有關，而與虔誠信佛教無涉。因為皇太極一如乃父，先前對蒙古人信仰佛教未有好評，對滿洲人出家為僧也有嚴格數量的限制。在我之見，後金立碑表揚所謂「努爾哈赤禮敬囊素喇嘛」這個史事，其實只是皇太極時代因應外在環境的需要，所強化的一則外交／宗教宣傳。是否如此？以此簡論，就正於李勤璞先生及諸位方家。

❺ 惟此碑高僅 95cm，寬僅 66cm，且「刻工較草率」（張羽新語，見《清政府與喇嘛教》，（河南：西藏人民出版社，1998），頁 208–209），似代表到天聰四年後金仍未有大規模有計劃地利用藏傳佛教攏絡蒙古的政策。

雍正為何總是「臨難拜佛」

從超越二月河到回歸二月河

若您先讀過二月河的原著小說，再來看「雍正王朝」的連續劇，可能會為此劇拍攝過程的逼真、嚴謹而讚不絕口；但是若您先看此劇，再來翻讀小說，可能不免會稍感失望，因為如果這部電視劇將我們帶到一個相當寫實而考究的歷史場景中，則二月河的文字，卻又太嫌帶有稗官野史的色彩了（我說的是原著版的小說，而不是後來出版的電視劇的劇本喔!）如果你不相信，只要你翻到二月河小說最後，看看他是如何處理雍正「駕崩」這擋事，再來回憶一下這齣劇的最後一集，就可以瞭解，電視劇完全是依照有史實根據的原因（積勞成疾與多服道教丹藥）來拍攝的，而小說撰寫雍正的死亡方式，讓人覺得似乎不是在篇前描述的雍正性格，所會作出來的事。

在此講了這麼多，只是要提醒您，「雍正王朝」這部劇是由二月河原著改編的，但請別忘了「改編」兩個字，因為電視劇本與小說在許多地方真的很不一樣。如果各位細看兩者處理孫嘉誠（就是那個其貌不揚的原版進士，因為長的醜，考官硬是將他拉後幾名。他個性憨直不馴，後來為了新鑄雍正銅錢的銅比率和其長官槓上了）和喬引娣（正史找不到此女名字，小說中卻成為雍正晚年最愛的女子）的部分，就可以瞭解他們是屬於兩個不盡相同的產物。

但是這麼說，並不是說二月河的小說一無是處，「雍正王朝」是影視版本，有集數限制，自然不能像小說那樣有空間可交待複雜的歷史。於是，在「選擇性接受」的過程中，許多雍正的個性和嗜好，就在劇本中被輕描淡寫的處理掉了。譬如說，我們在劇中看到好多次雍正遇到糾纏難解的事時，就會到佛像前捻香祈禱（如在要砍當朝大儒李黻的頭時，就是如此），或默然、或唸唸有詞；也有幾次，雍正說：「朕是信佛的」這樣的話。但是，雍正和佛教有何淵源，電視劇處理得就有些語焉不詳了，這時我們若翻開小說，反爾較能得知雍正信佛是自藩邸時期就開始的，這時，看小說，可以補充看影帶看得「霧煞煞」的地方，而有「相得益彰」的效果。

然而，二月河畢竟只是小說家，而不是史學家，許多地方，他強調的是「故事情節」，強調其中的謀略性和緊湊性，而不是其背後的原因，當然對前因後果做深入的解釋，更不是小說家的工作了。以下，我們就根據史料，來嘗試對雍正信佛教的因緣，來細說從頭！

雍和宮的碑文：乾隆帝對雍正信佛的吐露

要瞭解雍正的信仰，當然自他身旁親近的人比較容易透露出一二，我們就來看看他最鐘愛的第四子：弘曆，也就是繼任者乾隆帝怎麼說？

乾隆九年，乾隆帝為不使乃父當年的藩邸舊宅日久荒煙聊寞，乃將雍正在親王時代的府邸——「雍和宮」改建為喇嘛廟，從此之後，這座原本便具有皇室氣象的建築群一變而為漢地最大的藏傳佛教寺廟，「寫境祇林，莊嚴法治」，「香幢寶網，夕唄晨鐘」。乾隆帝在瞻仰留止，緬憶過庭之餘，寫下了這樣的碑文：

> 我皇考向究宗乘，涅槃三昧，成無上正等正覺。施恰萬有，澤流塵劫，帝釋能仁，現真實相，群生托命，於是焉在……

雍正好佛，在他的詩集，起居注，實錄，諭旨中處處可證，但乾隆說他「涅槃三昧，成無上正等正覺」，乃至於「群生托命，於是焉在」，所形容的已不是一個好佛的皇帝了，更像是在讚許一位開悟得果的佛菩薩。乾隆碑文反映出的雍正帝，他與佛教，是出於怎樣的因緣？

事實上，《卍續藏經》中收有雍正自己的佛學作品，即《御選語錄》和《揀魔辨異錄》。在幾篇御製序文中，雍正坦言自己少年時代便對禪宗有很深的領悟，到了晚年，為「報佛祖深恩」，乃不辭話墮，親動御筆，「竭力為宗門一番整頓」，「使如來正教有振興之象，是則朕之深願」。可見雍正對佛教的涉入遠不同於一般信佛的皇帝，他是真的有實修經驗的君王，而不只是附庸風雅。由於在雍正的作品裡反映出清初宗教背景和儒、釋、道三教關係的複雜考量，為了對這一段史事有較深的瞭解，我們必須先對清初的政教背景稍略做一番考察。

清人原國名為「後金」，發跡於東北建州女真，至雍正帝時已入關三代，約八十年時間。滿洲人傳統的信仰是一種類似於無所不在的精靈崇拜之薩滿教 (Shamanism)，無論山川湖泊、野獸草木，都有具力量的精靈，可為人的朋友，或為人的對頭，崇祀的方式就是依賴巫師被精靈附身，來鎮厭地方小靈，或為人卜兆禍福。因西藏佛教在 1578 年即透過漠南蒙古傳播到喀爾喀、衛拉特各盟部，滿洲人與蒙古各部接觸之後，也逐漸有西藏、蒙古喇嘛來到後金，受到供養。由於滿人原本的文化不高，他們一直亟亟吸收外族的文化，然而相對於外族如口袋般將他們包夾在中間，而產生孤立感，滿人對於外來文化多少有種防範之心，至少在努爾哈赤和皇太極時代，滿洲人對於佛教和喇嘛們，一直保持著「信而不佞」的態度。

等到順治帝以異族帝王的身份入主中國，滿族以極少數的人口，統治著廣大的中原漢人，對於政教考量，乃面臨了新的情境。對於邊區的蒙，藏等族，清廷繼續攏絡格魯派(dge-lugs-pa，如達賴，班禪，嘉木樣)等喇嘛高僧，以圖示好。但在漢地，除了最初與土地、逃人與雉髮有關的政策，清初可說是完全承襲了明代的制度。即是說，清廷仍以儒家的倫理綱常為君臣政治背後的支柱，至於佛道兩教，就只能是在旁輔助皇帝教化臣民的力量，不能成為太外顯，太積極的主力。如果說順治皇帝師事臨濟宗禪僧玉林通琇、木陳道忞代表的是保留部分滿洲崇僧的夙習，那麼遵循儒家的理想，貫徹「道統」與「治統」合一的代表，就非康熙皇帝莫屬了。康熙在位時間，致力勤奮於究理儒家經典，當朝施政不問鉅細，恒以百姓生計為懷，早年實行「輕徭薄賦」政策，吏治清明，個性又謙德遜讓，堅辭臣民對其「封禪」，「立碑」等好大喜功之請。當代為官的士大夫，不論其種族是漢人、蒙古人還是滿人，多有「遭逢盛世之幸」，連反清大儒黃宗羲對康熙也不禁讚嘆：「五百年名世，于今見之！」可見崇儒政策對士大夫心理上的攏絡效果。

既然康熙帝如此勤勤懇懇地建立起「儒家聖君」的形象，一時打破了滿漢的畛域之見。那麼我們要問道，在康熙朝儒風煦煦之世，康熙的第四子雍正，是如何進入佛門堂奧？

雍正性格的特點和信仰佛教的契機

雍正帝，原名愛新覺羅・胤禛。這名康熙帝的第四子在少年時代便與其他的阿哥們表現得不同，他的性格顯得沈靜內斂，寡少交遊，少和其他的皇子們結黨，也少與他們起爭執。待賜封親王後，朝廷在今雍和宮址賜予宅第一所，這棟藩邸的左近有一座柏林寺，寺院園林和建築幽深清淨，正投合雍親王好靜的個性，於是柏林寺就成了四阿哥經常拜訪、消閑的地方。在《御製文集》裡可以見到如「廟堂不繫偷閑客，得向宗門舉話端」的詩句。可見雍正到寺院不只「偷閒」，也討教佛學。

雍正帝到了晚年對自己的佛學造詣十分自負，他自稱「實深嘗上乘圓頓甘露之味」，並且「於性宗之旨，實有深悟」。以雍正直率的個性來說，他是真的認為自己有幾分佛學底子的。另外值得注意的是，柏林寺雖是由一名漢人僧侶住持迦陵性音，但是雍正所亟亟不忘，為其修悟印可的「恩師」，卻是康熙晚年賜封的國師（滿清通朝只有一位「國師」），藏傳佛教格魯派的大喇嘛章嘉呼圖克圖，這位章嘉二世的修行道場位於青海的塔爾寺，正是後來年羹堯與羅卜藏丹津作戰的必爭之地。

康熙帝到了晚年，因與次子胤礽間的細故，廢去他太子之位，未料從此造成眾多阿哥、貝勒競相爭奪儲位，鑄成父子間難以解開、欲解還紛的糾葛。康熙五十一年，當其他皇子皆為奪儲而籠絡人心，積極佈局之際，胤禛此時卻獨樹一格地悄然加入打七僧人的行列，在香煙蒲團之間精進地修行，且他修行得很認真，絕不因為身為貝勒而要走捷徑。依日後雍正自己的回憶（見《御選語錄》），他花下漫長一年功夫，在章嘉的指點下，逐一突破「初關」、「重關」和「末關」三關，證得「三身四智合一之理，物我一如本空之道，得大自在」，而「慶快平生」。多數的史家皆認為，雍正在政局最撲朔迷離之際，卻自稱參與禪修活動，乃是玩弄一種「以退為進」的手段，試圖掩飾其欲奪儲的企圖。但若從另一方面思考，不可否認地，當時的胤禛既未受寵於康熙帝，論及財力、人力，功業，也無特殊表現的實力。在當時那個時間點上，隨時可能發生「今日兄弟，明日君臣」的事情，獲勝亦此時，慘敗亦在此時，每位年長的親王貝勒無不致力為自己的未來謀求各種出路：進，可以被策封王儲，交結勢力，成一黨派，打擊對手；退，也要有全身而退的計謀，以避免日後新皇登基，成為被打壓的對象。胤禛在禪門接受心智鍛鍊，獲得一個冷眼旁觀世局的機會，這是符合他冷靜、仔細的個性的。或許他想要藉著佛門的清淨之地，重新整理「是進；是退」的糾雜思緒，以為日後的出路作出成熟的考慮。

但是，顯然「物我一如，本空之道」並沒有淡化他積極向外做出有「分別心」的名位追求，止息他對最高權力覬覦之心。在這個「一旦未獲得，就等於一無所有」的關鍵時刻裡，我們也不用為他爭位爭得難看而要對之嘲笑，因為這真可說是兄弟間一場生死存亡的鬥爭，對於一個有企圖心的人來說，是不會放棄最後一線機會的。最後，這位被章嘉二世認證「開悟」後的雍親王胤禛，九年之後，明顯地在某種事前運作和安排下，調節內（隆科多）外（年羹堯）因緣，預防競爭對手有反撲的機會，穩穩當當地成為清朝入關後的第三任皇帝。

即位以後：疑雲密佈與由佛轉儒

康熙末年，諸親王、貝勒中的有錢、有人脈及有勢者，或拉攏督撫大臣（八阿哥），或汲汲結買養仕（三阿哥），或赴邊疆立汗馬功勞（十四阿哥），無不闡竭心力地為己培養聲望，找到支持的班底，以備來日隆登皇基。但其結果，卻是由好參禪的四阿哥繼承帝位，胤禎「竊詔奪位」之說在即位初期就不脛而走，北京城內疑雲滿佈。

胤禎，這時當稱為雍正，當然察覺到即位後四周向他投射過來充滿敵意的眼光，他必須要在大事上積極有所表現，來證明自己繼承了能幹的父親留下來的大帝國。為了延續康熙作為「聖君」的文化／政治形象，雍正即位的第一年，即下詔追封孔子五代子嗣以王爵。與明朝世宗動輒褫奪孔子王號之舉相較起來，雍正這名滿洲皇帝顯然要表現出比漢人君主更加尊重「孔聖人」的形象。另外，同樣有象徵意義的是，雍正四年，在孔廟獻祭時，雍正帝竟然跪拜在孔子「至聖先師」的木主前，且事後告訴一旁的官員：「若在孔廟立獻，朕心不安。」這些在在說明著，雍正要讓所有的滿朝官員瞭解，這位新皇帝已將自己規範為宋明儒學道統論的政治傳人，面臨當道的程朱派官僚對佛教的一貫敵意，即使在藩邸時期曾偏好禪宗，喜打禪語，雍正在即位後在表現上也必須加以收斂。

我們不當忘記，經過數十年皇子的生涯，雍正即位時年齡已四十五歲了，這位多年側身於兄弟鬩牆之間，冷眼旁觀，稍有參與的皇子，終於有機會可以立於檯面，一展多年抱負，這種心情大約是既興奮、又期待，又有戒慎恐懼之感的。方即位時，他以「雍正改元，政治一新」這個亮眼的的口號自我期許。並且身體力行地早晚理政，令許多舊臣都吃不消。「晝則延接廷臣，引見官弁。傍晚觀覽本章，燈下批閱奏摺，每至二鼓三鼓」，更令人吃驚的，是所謂「硃批諭旨」，凡看過康熙帝奏章的人都瞭解，即使是康熙這麼一位公認英明的皇帝，他批閱的奏章經常是很簡略的，有時候用「知道了」三個字，就表示皇帝看過奏折，但對於奏章內容不表同意，或者是因財政困難，目前缺乏經費著手所提事項。但是雍正的「硃批諭旨」的份量卻經常是康熙帝的好幾倍，「每摺手批數十言，且有多至千言者」，有時份量和原文一樣，甚至更多。這在中國歷來君主親自的工作量來說，確實是絕無僅有的。

由於雍正帝的勤政，加上為緊盯著工作進度，不得放水，雍正讓各級地方官員都可以直接上奏，披露地方密聞，「硃批諭旨」乃逐漸變成皇帝控制臣僚言行的一種統治工具，雍正帝個人的意志，透過硃批，得以貫徹到大清國內各個省縣，讓地方官員深畏且懼。所以，康熙朝晚年因為皇室爭儲，導致的中央寬弛，地方欠餉經年不還的政風，在雍正帝的肅整下，乃一變而為中央政策一旦頒佈，就在地方透過督撫（如田文鏡、李衛等）而雷厲執行，全國政事，在賦役（治以攤丁入地）、吏治（治以養廉銀、改土歸流）以及士人特權（治以一體當差，一體納糧）等原本積習難改的項目，在短短幾年內都得到合理而有效的改革。雍正九年，成立軍機處，取代內閣的票擬權，軍國大事先經軍機大臣商議，最後歸皇帝指示。古代中國帝國時代的財政權、軍事權、人事權、外交權等都抓在君主手裡，專制皇權至此到達最高峰。這點連坐擁兵權的督撫將帥，都無有對抗的籌碼，諸位只要看到當年雍正雖然苛扣全國各省的賦稅，乃至百官，甚至皇帝自己的薪餉，來養活陝甘總督年羹堯數十萬兵馬在青海與蒙古和碩特部的羅卜藏丹津作戰，但是待到年羹堯凱旋歸京後，不旋踵就因態度傲慢跋扈，妄自尊大，被雍正帝一貶二貶，成為杭州一名無足輕重的小把總（連長、排長之流），最後被迫令自殺這件事來看，就知道在雍正佈下的以他為中心的天羅地網中，就算是甫立彪炳軍功的西北大將軍，亦無任何抗衡之力。

雍正在即位後的十年內沒有留下什麼與佛教有關的記載，因為身為帝王，他傾心於實際政制的改造時，依他自己自己的話，就是「佛氏見性之學，與世無涉」。但是更重要的是，他茲茲亟亟地防範著如何擺脫民間與相當多的大臣對他陰謀奪位的質疑，在這樣的氛圍中他極怕再有人說他「崇尚佛教，輕視政事」，如就有臣子沈近思對他所說的「願皇上為堯舜，不願皇上為釋迦」，當這話說畢，雍正帝臉色一改，沈思良久，可見他心中存在著矛盾和壓力。他自稱在位後「十年不見一僧，未嘗涉及禪之一字」，這當然是一種避嫌的講法，譬如說他寵愛的文覺法師盛傳參與著處理年羹堯、隆科多的大案子，且文覺的轎子到江南時，地方官甚至有行跪拜禮者，不是衝著皇帝的面子，清朝的官員哪朝有對出家人如此降尊紆貴的呢？而他多次向臣子們聲稱宮廷沒有僧侶行走，但是若真的沒有，為何雍正帝要煞有介事地一再澄清呢?

雍正即位的最初十年，康熙帝聖君仁政的形象，和歷朝留下的重儒尊孔的政策，和必須與協理政事者，即滿朝的儒臣妥協，都成為雍正帝必須去認真面對，繼志述事的政治資產，有時也是他背負的沈重包袱。但是，到了雍正帝在位的最後三年，情勢突然回光返照，雍正不但參與了前朝的禪宗門派的教義之爭，而且還親自在宮廷之內開講「當今法會」，宛若當世活佛般指導王公大臣開悟見性。前後截然的轉變，直可說是判若兩人。

積勞的憤怒：以佛教作為向夷夏之防宣戰的武器

雍正十一年，雍正帝突然打破多年來對佛教的沈默，仿造禪師的對話體著作，編輯了一部書，書名作《御選語錄》，在該書〈後序〉中，雍正透露了編輯之旨在於「今見去聖日遠，宗風掃地，正法眼藏，垂絕如線，又不忍當朕之世而聽其滔滔日下也」，所以要「不辭話墮，竭力為宗門一番整頓 .... 使如來正教有振興之象，是則朕之深願。」雍正竟然想要以帝王的九五之尊，來推動全國佛教的復興，比較雍正前十年的政策，顯得此事甚為可異。

若追本溯源，整個事情經過是這樣的：雍正帝在重讀晚明臨濟禪僧密雲圓悟與弟子漢月法藏教義之爭的著作，對法藏之說極感不滿。法藏引本生經系，言世尊出生後，一手指天，一手指地，言「天上天下，唯我獨尊」一段，以「我」為極則；又立一「〇相」為諸佛的根源，自「〇相」流出禪宗的五家宗旨，據此，法藏否認乃師圓悟依照傳統禪宗教人的「棒喝作用」。如此的說法，自然與佛教般若思想的「實相無相」，和《涅槃經》的「妙心之旨」有所差距，如此而言，法藏的確不能說是具有經典或傳統依據的出家僧侶了。雍正在著作中不但指斥法藏之說為「魔說」，還不厭其煩地摘出法藏語錄八十多條，逐條辯難，著成《揀魔辨異錄》。但令人好奇的是，雍正在進行「闢魔」之時，圓悟與法藏這兩位僧侶已經去世將近百年之久，雍正即使要當這場僧爭的裁決者，為何他要選擇這段百年公案？

敏感的史家不難發現，密雲圓悟的兩位弟子：玉林通琇和木陳道忞，正是順治朝皇帝的宮廷僧師；而另一方面，為漢月法藏撰寫墓誌塔銘的，卻是有名的反清大儒黃宗羲。僧諍雖起於明末，但在明清鼎革之際，兩派僧侶對待新朝的政治立場，似乎也和宗教立場一般呈現對立。明清之際，為避免「薙髮令」如在身體烙印般的恥辱，剃掉全部的頭髮，到廟裡去充當和尚的讀書人很多，當時有個名稱，叫做「逃禪」。漢月法藏原本即出身儒生，讀書人信佛，極容易慣性地將以前所學的經書、子書來解釋佛經，這在佛教稱作「所知障」。法藏立一「〇相」來標宗，大約取於宋易之「太極」；以「我」為究竟，可以推及出自陽明學中「良知說」的末流，這些說法原本就為士人所習，故「逃禪」之人率多投入漢月門下。這些士人多半無心學佛，反而心存「反清復明」之望，在康熙盛世後，仍然存有相當的仇滿思想，雍正親自運用禪學知識，指責法藏之說非佛教，再令地方督撫削去法藏的支派，永不復入祖庭，乃是利用宗教的內在的「正統之爭」，將這批暗圖反滿的儒家化的僧侶驅逐出寺廟的庇蔭，而且，是具有宗教經典和傳統之合法性的。

當然，以雍正思慮之縝密，這場鬥爭當然未告一段落，還有續集。在「闢魔」之後未久，雍正連連頒佈諭旨，開始他明目張膽的「振興佛教」計畫。首先，針對那些反佛的儒家官僚，雍正倡導儒、釋、道「三教合一」，指三教的差別只在形跡，若論及性理，則三教同歸於求善，只是重點有異：佛氏治心，儒家治世，道家治身，三者並行不悖。此篇諭旨之末，雍正還責令有地方責任的文武官員，加意護持出家修行人，以成「大公同善之治」。維護佛道的立場極為明顯。

再者，雍正藉由另一篇諭旨，分析禪宗「衰於今日」的原因，乃因⑴唐季以後，古德垂示，流布海外，近代宗徒，動輒拾取他人涕唾，作自己法語，誑惑眾生。⑵天下宗徒透得向上一關，為一大事勇猛精進者罕有其人。⑶以宗派各立門戶，橫分畛域，各守封疆。

⑷近世以呵佛罵祖為宗風，如家之逆子，國之逆臣，忤逆之至。在這情況下，雍正既然「親履道場」，「曾嘗上乘法味」，怎可以不廣宣「大覺法王之正令」？於是，這位近世中最「專權」的君王乃披上長長的法袍，一變而為在圓明園開講法會的大宗師了（事實上，公開說法的「法會」只有佛才有資格召開，「法」這個字，梵文作 Dharma，就是佛語）。授法的弟子，包括寶親王弘曆（後乾隆帝），內閣大學士鄂爾泰、內閣大學士張廷玉等當朝重要的皇親大臣。這些天家貴冑們在當今法王：雍正帝的稍加撥點下，居然有八人因此而「洞明心性」，「開悟本來」，這點豈非證明了雍正的「當今法會」確實為「正法眼藏」（佛教中最明白正確的知見），而雍正帝引人開悟的傳法功夫亦非高人一等？

於是，雍正帝再下諭旨，願召見有精進修持的各剎住持，「朕自以佛法接之，實蹈三關，知見超越者，朕必褒賜禪師之號」，倘若猶未開悟的呢，則應當要發願努力，「立雪不寒，斷臂無痛，自然黑漆桶攔空撲破，那時方省得朕此一番話墮，無量慈悲！」在國史上少見的帝王擔任開悟見證者的場景，在雍正帝在位最後三年，於神州大地神秘地展開了，天下禪徒印可開悟的決定權，乃從自己的師父，轉而變成當今皇帝了。雍正皇帝在位最後三年，成為全國僧徒修行的最終認可人。

接下來的政策更加精彩，雍正摹仿儒家系統，將「先聖先賢」列祀學宮、孔廟，下令天下叢林，將佛教歷來大德設位於寺堂，朝夕供養。雍正十三年，依明朝北藏本，開刻《大藏經》，是為《龍藏》的始刻，這部藏經一直到他兒子乾隆時才刻印完成，可見工程之浩大。一直到雍正去世前數月，他依然諄諄頒下御旨，告誡佛教信徒要「自性自度」，亟亟以「佛祖慧命」為念。在某種意義來說，雍正對於復興當代佛教，也算稱得上是「鞠躬盡瘁，死而後已」了。

為何雍正到去世前三年，才展開提倡佛教修行政策

在中古時代，帝王不論崇佛或滅佛，率多將「政權」和「神權」結合起來，以為權力穩固的基礎。北魏君主藉由雲岡石窟表達「君主即為佛」的意思，和北周武帝的「帝王即如來」，梁武帝的「白衣僧正」、「皇帝菩薩」與唐—武周朝則天武后托身彌勒，為「轉輪聖王」等，皆是政教關係的利用。但是，詳細比較起來，雍正並非這種類型。因為帝王在世間至高無上的權力，到雍正朝已達到最高峰；另外，雍正也不曾將自己與任何佛菩薩就象徵或造像上作一結合。依他自己的說法，他只是「繫心佛祖慧命」，為「上報佛恩」，而以禪學大宗師的姿態，指導臣民何者為正邪之信，努力去真修實悟。一如他的父親康熙帝以勤讀儒家經典來搏得士大夫們的欽仰，雍正介入佛教事務不只挾著君威，他也一再運用禪宗自身的傳統和修行的功力來證明：他佛學造詣的優越不輸於高僧大德。到了晚年，雍正確實竭盡帝王之力，為振興佛教而努力，但是在佛教振興之後，他卻將「教權」和「師恩」全收束在自己一人之手！

若綜觀全局，可以看出事情不如表面上單純。關鍵的時間，在雍正十一年。雍正為何到這時，才展開對佛教事務積極的參與和介入呢？我們可以從稍早發生的事件，來找尋線索。

雍正十年十二月，清廷結束審訊曾靜，呂留良的案子（這點在「雍正王朝」中有一番交代)。已故的儒士呂留良舉孔孟經典中的「嚴夷夏之防」教導門生，老實的曾靜買呂著的書，讀後大為信受，寫信去策動漢人將領岳鍾祺反清（衝著他姓岳，認為是岳飛之後)，在

這批儒生的想法中，認為對付入侵的「夷狄」，即使是孔子，也只有「殺而已矣，砍而已矣」，信中又列舉出雍正「竊詔奪位」，「屠戮兄弟」、「辱死親娘」等罪狀。無疑地，當這封信由岳鍾祺交到雍正手裡，看在眼中，當深深地碰觸到雍正內心中幽處的隱痛。

雍正讀完信後的心理，應當經過一番暴怒，再來是感覺到委屈，最終他一定在思考著怎樣做才是化解問題的長遠之計。他決定不殺曾靜，因為以他的自信，他相信能以道理將之折服，再利用曾靜，作為到江南宣傳的「活教材」。於是，他以帝王之尊花下大功夫，將曾靜的說辭逐條摘出，一條一條地駁辯，寫成了有名的《大義覺迷錄》。書中雍正並非全以君威，還加上濃厚的感情，極力為滿清君王抱屈。雍正認為種族之分，實屬世間無謂之舉，闢如中國上古聖王，「舜為東夷之人，文王為西夷之人，何曾損於聖德?」則今日之人為何厚古薄今哉？言及自己多年晝夜精勤理政，寡寢少食，卻仍然遭受漢地士人的貶抑，雍正以至為沈痛的語氣說道：（漢人）「以為中國之君，自應享有令名，不必修德行仁，而外國人承大統之君，縱能夙夜勵精，勤求治理，究竟無載籍之褒揚，為善之心因此日怠，則內地之蒼生其苦豈有底止耶?」這段話說出了他認真努力，卻毫無好評的倦怠感。

儒家「夷夏之防」的觀念，乃早在兩千年前東周時期即已流行，面對這樣的道統，雍正早年積極向儒家示好的心或許真的「日怠」了。他不再顧忌儒家官僚對其喜好佛教的批評，而冀望同受儒家排斥的外來宗教：佛教，能在當今之世有振興之象。他的作法是深密而全面性的。首先，驅逐那些寄生於佛寺的儒家化僧侶，讓佛門純淨；再者，責令地方官員，朝中王公大臣，乃至他的接班人一寶親王弘曆，都能認識佛教，親身修行，乃至加以護持。另一方面，佛教內部也必須爭氣，於教內，須出現真實證悟的法門龍象，以修行功夫服眾；在制度組織上，則打破歷來宗派的畛域之見，仿傚儒門的孔廟，建立一套跨越教派的祠祀系統，以為往後的佛徒立下模範，同時為佛教的團結找到一個中心點。

倘若這些有根據的推論果真是雍正的規畫，那麼他卻不免操之過急了，因為若因緣未具圓滿，則以雍正一人之力，雖強而為之，其終，仍不免要面臨難以後繼的命運，他本人的不假天年，更加速計劃的流產。而雍正帝原本設想周密的設計，只要底下的人陽奉陰違，到後來也未能照他想法作去。如在雍正駕崩後，他指定即位的弘曆，即乾隆帝，一意要效法他那位博負眾望的祖父康熙，以故，在登基後數月後，便驅除了雍正身旁的全部沙門（據說和雍正死因神秘有關），雍正親著的《大義覺迷錄》也因為種族主題的敏感性而遭到全面禁毀，成為乾隆朝的禁書。乾隆唯一遵從乃父心願的，只有將雍正在親王時代的府邸改建為藏傳佛教寺廟，並且陸續將雍正末年籌畫的《龍藏》校刻付梓。當然，雍正和佛教在宮廷內留下的資料大致上都遭到查檢毀去。以故，時至今日，我們也只能由雍和宮的碑文和《龍藏》這部藏經，來對當年雍正帝振興佛教的一段史視略為憑弔。至於更深入瞭解雍正與佛教的信仰、政策，還有待未知的新資料的發掘，才能多知道一二。

大陸拍攝的連續劇中，為何特別把小說中雍正對佛教的「虔信」輕描淡寫，這點也是頗為耐人尋味的。筆者推測，第一、當然是因為大陸是社會主義國家，強調唯物論，不相信有神仙，遑論有佛菩薩。拍攝「雍正王朝」這部戲，很明顯其目的要突出一位歷史上改革者茲茲亟亟的形象，且要為雍正在清末民初小說中冷血無情，好用「血滴子」來對付政敵的狠角色來翻案，讓雍正「做事精嚴，焚賁繼晷理政」的新形象出現，自然這樣的形象最好不要和「人民的鴉片」：宗教，有千絲萬縷的關係才好；第二、雍正的形象，如果和當今政治人物對照，你說他像誰啊？呀！您真聰明，不就是當前的國務院總理朱鎔基朱大人嗎 ？朱大人辦起改革來，不也是魄力十足，曾經說要訂購一百口棺材，九十九口留給貪官污吏，一口留給自己，這股勁頭不正像是當年頒旨實施「攤丁入畝」，強迫士大夫放棄特權，要他們「一體當差、一體納糧」的雍正帝嗎。但人家朱大人可沒有虔信佛教啊！少提宗教，所以朱鎔基看「雍正王朝」，也看得頗帶勁的。

圓明園在暢春園北，離西直門尚有四十里，原是雍正皇帝未即位前康熙賞賜的園林，此園的名字取得和他佛教法號一樣（雍正法號「圓明居士」），雍正生性畏熱喜寒，見園東有一大海子，於是下令每年春夏秋三季該園為聽政之所。園外分列朝署，內設「光明正大」殿，在正殿東側又設「勤政親賢」殿。在即位最後三年，圓明園也成為他開講「當今法會」的場所。

救國、宗教抑哲學
——梁啟超早年的佛學觀及其轉折 (1891–1912)

一、前言：研究回顧暨主題提出

對於梁啟超（1873–1929）這位中國近代史上介於新舊思想轉變階段的先驅者，由於其作品眾多，又恰好可以如實反映出時代變化的脈動，產生變異性格濃重的思想傾向，頗具時代代表性，故而可以引起學者在「比較研究」和「傳統與現代」之類主題上研究的興趣，而研究者眾。❶眾多學者固然在選題上有近似之處，但是在方法論和研究角度上還是有諸多不同，而有各異的見地。闢如研究梁啟超著名的美國學者李文森 (Joseph R. Levenson) 在其作品 Liang Ch'i–ch'ao and the Mind of Modern China 的導言中曾指出：中國的傳統文化因為穩定與獨特，受到延綿不斷的繼承，但時至十九世紀，因某些不可抗拒的外來因素，傳統文化在解決當前問題時顯得疲軟無力，於是在許多中國讀書人的心目中，歷史和價值發生了一次根本性的撕裂，梁啟超正是這種類型。他們「智性上疏離中

❶ 曾以梁啟超為專門研究主題的學者包括 J. R. Levenson、張朋園、Hao Chang、Philip Huang、黃克武等人，日本京都大學人文科學研究所的狹間直樹教授尚組織有「梁啟超研究會」，專門研究梁氏各個生命階段的變化發展。

國文化傳統，而感情上仍與傳統連繫。」(Emotionally tied to but intellectually alienated from the Chinese cultural tradition)❷，即是說，他們對應列強外患的無可使力而產生屈辱和挫折感，但出於情感上的依戀，他們有時還會去美化和歌頌傳統——雖然在理智上他們自己也對此懷疑。

這個被稱為斷層式「文化認同論」的說法因清楚的區分了中國近代知識分子於國難當頭時在「情感」與「理性」；和「傳統」與「現代」兩方面的矛盾與衝突，故在學界傳誦一時，引發討論。但因其說法稍嫌簡單概略，衹言兩元的對立性，反映不出在十九世紀末至二十世紀初中國思想界的複雜性與多變性，因而逐漸受到各方學者的批判❸，如張灝在其博士論文中即針對 Levenson 的論點指出：梁氏基本上並非一名激進的文化革命論者，而是文化調和論者，因為他固然主張要吸收外國之長，但對傳統中某些有用的價值仍然認同，並非在智性上完全否定。❹黃進興為文則在說明，梁氏的關懷主要是政治層面，而非文化層面，故其對傳統文化的考量是放在實用的，能否解決時難的角度上；並不似 Levenson 所指的那麼感情性

❷ oseph R. Levenson, Liang Ch'i–ch'ao and the Mind of Modern China (Berkeley, Los Angeles, 1970), p.1.

❸ evenson 的論點不論在美國學界或亞洲學界都有批判的聲音，如美國學者 Paul A. Cothen 在其書《在中國發展歷史》(中譯名) 的第二章，頁 88 中，即批評 Levenson 研究梁啟超只重視西方入侵此「外在要因」，而忽略梁氏的思想如何逐步在其生活條件下紮根，立足於當時中國思想界等「內在要因」。其他的批評，見本篇下文。

❹ 後來張氏將其論文擴充出版，見 Hao Chang, Liang Ch;i–ch'so and Intellectual Trabsition in China, 1890–1907, (Harvard University Press, Cambridge, Mass, 1970), pp. 112–114.

與文化立基；同時他也批評張灝，沒有能看出梁氏選取傳統文化時，並非以傳統為著眼點，而是以西方文化的標準為判準。❺香港學者陳善偉則指出，Levenson 的說法將文化接觸中雙方的衝突與對應簡化了，只是偏重儒家的回應與失敗，而忽略了傳統中國文化亦具備有多樣性和複雜性❻。陳所指的，就是晚清的革新派士人在不願意「全盤西化」，又面臨「學問饑荒」的情況下，思圖找尋一個「不中不西、亦中亦西」的學術理論。他們多對佛學產生興趣。

梁啟超《清代學術概論》一書中，即對此現象有生動的描述：

> 晚清思想家有一伏流，曰佛學。前清佛學極衰微，高僧已不多，即有，亦與思想家無關係。……其後龔自珍受佛學於紹升（彭際清）……魏源亦然。龔魏為今文學家所推奬，故今文學家多兼治佛學。……譚嗣同從之（楊仁山）遊一年，本其所得以著《仁學》……啟超不能深造，顧亦好焉，其所著論，往往推挹佛教。康有為本好言宗教，往往以己意進退。章炳麟亦好法相宗，有著述。故晚清新學家者，殆無不與佛學有關係。❼

---

❺ 黃進興著、楊肅獻譯，〈梁啟超的終極關懷〉，《史學評論》第二期，1980.7，頁 96。

❻ 陳善偉，〈晚清佛學與政治〉，《當代》，1992.9，頁 141。

❼ 梁啟超，《清代學術概論》，（中華書局，台北，1971），頁 73。不過，自這段資料可知梁啟超把佛學限定在漢地的佛學，而不包括藏傳佛教，因此從藏傳佛教的傳播史來看，清代，尤其是乾隆一朝，可說是從西藏傳播致北方漢地的一個很重要的時段。又，即使維新士人相繼習佛，但也只能說開「佛學」一時之風氣，整個社會「佛教」的狀況猶相當衰微。如釋印光在其《護教文序》〈序〉，頁十六中提到：「至咸同間，以兵歉累遭，哲人日稀，國家不暇提倡，庸人濫收徒眾，多有無賴惡

可見晚清革新派士人多與屬於傳統之一的佛學產生興趣，梁氏本人也不例外。對於「佛學中那些成分在晚清思潮中能異軍突起」實是清末思想史上一個有趣的論題，藉此我們亦可重新思考 Levenson 之說在解釋面向上的侷礙與限制。然而，現今研究者多半承認，處在時勢多變而求治急切的時代裡，清末民初的思想者往往主張觀念反復善變，甚至有前後矛盾的情形，梁啟超的「流質易變」尤為著例。他自己亦有自知之明，嘗言:「啟超太無成見。……啟超之學則未能論定」❽。則他早年好講談的佛學，是否亦經歷了一番興趣變動的過程? 在高倡科學為救國法門的清末民初，梁氏對待作為一種宗教思想的佛學其態度是否曾經轉變? 若如前文黃進興所言梁氏考量傳統文化的取捨是以解決現實問題出發，則他希冀佛學為受壓迫，急切需要在多方面進行改革的中國社會帶來怎樣的解方?

本文寫作的興趣原欲以「梁啟超與佛學」為題，進行相關課題的探討。但梁氏生年五十七，經歷過多段憂患危難的時代，生命經驗廣博豐富；梁又健筆為文，現今留下可見的作品，即有一千四百餘萬字，要將之瀏覽並得到一個梗概，恐非短期間所能獲致，故不得不將時段縮短。鑑於研究梁氏佛學思想的學者多將梁氏與佛學接觸的生涯分為四段，第一段為梁氏早年求學至戊戌變法失敗的期間

人，混入法門，遂至一敗塗地。凡未閱佛經未遇知識之人，見此遊行人間造種種業之僧，便謂僧皆如是，從茲一倡百和，以為佛法無益於國，有害於世，莫不以逐僧佔產，改廟為學是務。……彼此效尤，是如燎原。」世人固然在國家前景困頓時自佛學中找到思想的出路，社會上的佛教界，正飽嚐多年衰敗，以及地方人士積極以廟產為興學之資的苦果。

❽ 梁啟超，《清代學術概論》，頁 149。此處的「定」字，當是《大學》中「知止而後有定」的定。

(1891–1898.8)；第二段為梁氏逃亡日本期間（1898.8–1912.10）；第三段是辛亥革命成功後梁氏在國內進行政治活動期間（1912.10–1918.10）；第四段是梁氏自歐遊回國後一直到其去世為止(1918.11–1929)。其中以第二段和第四段梁氏的佛學作品最多，❾也最有研究價值。故本文斷限擬自梁氏早年求學，至一九一二年辛亥革命爆發、滿清政府遭推翻這段期間，探討梁氏早年佛學成型的經過。需要說明的是，在一九一二年前十四年間，梁氏在日本受到當時日本學界大量引進翻譯歐美思潮的洗禮，對於宗教和國家概念頗有新的認識。但先前的研究者多將梁氏著作「打成一片」進行研讀，忽略它的時代和環境的特殊性，以故乏於瞭解梁氏某些主張的根源和時代緣起。❿為避免重覆這種誤失，本文對於梁氏作品年代，以及當年日本社會的宗教發展、思想風氣的轉變，與其對梁氏的影響，將多所留意。以期能對梁氏早年於佛學在態度上的變遷和轉折，有一個基本的掌握。

---

❾ 高振農，《佛教文化與近代中國》，第三章〈佛教文化與維新運動〉〈上海社會科學院出版社，1992〉，頁114。

❿ 此為解讀梁氏佛學思想的最大毛病，如郭朋等，《中國近代佛學思想史》第十二章，〈巴蜀學社，1989〉；蕭萬源，《中國近代思想家的宗教和鬼神觀》第四章，〈安徽人民出版社，1991〉等書皆將梁氏的著作不分時代地打散，探討梁氏的宗教觀和佛學，這種研究方法的前提是思想家本人一生思想前後並無多少轉變，才可能獲得有意義的研究成果，對於梁啟超這麼一位「不惜以今日之我，難昨日之我」的近代思想者，恐怕很難從此研究方法中找出他思想中的變遷性和矛盾性。

二、梁啟超早期與佛學的接觸 (1891–1898)

(一)最初的師友之緣

從梁啟超的年譜和他早年留下的自傳來看，在他幼年時代並未受過何種宗教強烈的洗禮。他的家庭是屬於傳統的儒化世家，逢年節慶會依照時禮來敬拜祖先，⓫對其他宗教則少有可敘。

一八九一年，梁氏於廣州長興里萬木草堂師事康有為(1858–1927)⓬，在學堂獲得佛學知識的啟蒙，但當年梁僅十九歲，人生經驗尚淺，對佛教「空」、「無常」之說難有切實瞭解是可想而知的。日後他回憶起這段經歷，只能言道「余夙根淺薄，不能多受。」⓭

⓫ 見丁文江、趙豐田，《梁啟超年譜長編》(上海人民出版社，1983)，頁7；梁啟超，《三十自述》、《我之為童子時》，收於《飲冰室合集：文集》，前文著於 1902 年，後文著於 1914 年或稍後。

⓬ 當時康氏在學堂中正發起一種「新讀書運動」(錢穆語)，詳見康氏自著，《長興學記》，與梁啟超，《南海康先生傳》。前者為講學者的學規，後者主由學生描寫當年講學者的精神。梁啟超再前一年八月於北京因陳千秋的介紹，謁康有為，請業及門。據梁氏回憶當時「予以少年科第，且於時流所推重的訓詁詞章學，頗有所知，輒以沾沾自喜。先生乃以打海潮音作獅子吼，取其所挾持之數百年無用舊學，更端駁詰，悉舉而催陷廓清之。自辰入見，及戌始退，冷水澆背，當頭一棒，一旦盡失其故壘，惘惘然不之所從事，且驚且喜，且怨且艾，且疑且懼，竟夕不能寐。明日在謁，請為學方針，先生乃教以陸王心學而並及史學西學之梗概。自是決然舍去舊學，自退出學海堂，而間日請業南海之門。」次年回廣州，梁氏乃入萬木堂就學。康氏「以恐學佛學宋學為體，以史學西學為用，其教旨專在激勵氣節，發揚精神，廣求智慧。」頗近於晚明學風。教法與晚清學風截然不同，頗予梁氏震撼性的衝擊。

⓭ 見梁啟超，《三十自述》。

這時除了在他年輕的心中將公羊學的經世濟民和佛教普渡思想結合起來外，對佛學的瞭解當還有限。梁氏真正初嘗佛學甘旨，略入堂奧，還是於一八九五年中日馬關條約訂定，國家權力遭侵奪後，梁於北京力助康有為發動舉子們「公車上書」，倡言維新變法，期間與友人譚嗣同、夏曾佑、汪康年、吳德瀟父子等過從交往，有一些經常性的聚會，夏曾佑等多篤信佛教，常於言談間引用佛經，令梁啟超也開始喜讀佛書，⓮引為談資。次年八月起，他在上海辦《時務報》，任總撰述，介紹嚴復翻譯的社會達爾文主義⓯，闡揚君主立憲。時與友人孫寶瑄討論佛學與現代科學暗合之處，⓰頗感興味。同一時期，在給老師康有為的信中，梁氏透露刻在閱讀小乘佛典及律論，用來規戒生活，修煉心性。⓱

此段時期梁氏主要忙碌於政治宣傳，充滿了發掘新知以拯救國難的使命感，拼命地補充他自認為在知識上的不足之處，不僅佛學，他還同時學習中外歷史、拉丁文、算學等⓲。這時他之所以對佛學有興趣，原因約有兩點：一是佛典可提供他鍛鍊心志，提供奮鬥時生活的規範；二是受到周遭友人閱讀風氣的影響，但將前後史料對照來看，恐怕第二個因素的影響性要稍大。當年帶動梁啟超閱讀佛書的朋友，就是夏曾佑和吳嘉瑞。但是梁曾致書給夏抱怨即使花去相當心力，但他要瞭解某些佛理猶有困難。⓳ 以故梁氏閱讀佛書的

⓮ 見丁文江、趙豐田，《梁啟超年譜長編》，頁 37。

⓯ 《飲冰室合集：文集》卷十，頁 45–51，丁文江、趙豐田，《梁啟超年譜長編》，頁 33。

⓰ 見丁文江、趙豐田，《梁啟超年譜長編》，頁 57。

⓱ 同上，頁 58。

⓲ 同上，頁 56–57。

⓳ 同上，頁 75。

動力在他離開上海，缺乏朋友督促的情況下很快便消退了，一八九七年 11 月梁至長沙，擔任時務學堂的總教習，隨後，諸般事件接踵而來：學堂關閉，梁氏患病，病後北上京師，為變法維新積極走上政治舞台。這段期間，在梁氏的書信或年譜中，就少看到如早年在上海般用功鑽研佛教典籍的事情了。

㈡與其師康有為對宗教態度的比較

梁啟超早年思想成型的過程中，乃師康有為一直是具關鍵影響力的人物之一[20]。梁和康兩人的個性是互補型的[21]，就好比互相貼近的兩條線，時而交纏密合，時而因吹來一陣風而分開；康梁之間的師友關係，也就時而和諧，時而緊張。並循環反覆。

康有為幼年時代，家中祖父信仰佛教[22]，康氏耳濡目染，佛書常引為讀資。初猶酷好周禮，年十九，入粵中大儒朱九江門下，習經世濟人之學，尤致力於陸王心學。及長，於靜坐間忽見天地萬物皆我一體，大放光明，以為已成聖成佛，於是「入西樵山，居白雲洞，專講道佛之書。」[23]有濟天下眾苦之志。這段時期可說是康氏相當獨特的宗教性體會。康是一名行動派思考者，學問最大動機便是如何為近代中國的難局找尋出路。他於一八七九年訪問香港，一八八二年途經上海，廣閱西方翻譯書籍，腦中想的問題就是西方為何富強，中國為何衰落的原因。他心中逐漸累積出一種看法，就是「歐

---

[20] 梁啟超，《汪穰卿先生師友手札》言：「啟超之學，實無一字不出於南海。」此說反映部分事實。

[21] 梁氏在《清代學術概論》中表示，有為太有主見，而啟超太無成見。

[22] 見《康南海先生自編年譜》，收中國史學會主編，《戊戌變法》，(上海人民出版社，1957)，頁 109-112。

[23] 見《康南海先生自編年譜》。

洲國家發展的優勢得力於基督教」，因歐洲人民有一共同信仰，得以團結，擬聚民力共同合作；不似中國人在近代應對西方列強時態度太過於猶疑，而失其所本。故在康氏習儒家經典時，便在考量如何將古代的典籍賦予它現實實用的教化意義㉔。一八八九年底康氏與川人廖平結識㉕，瞭解到經學分有今文經和古文經兩種傳衍，他即將理想的中國宗教概念投射在「真正的」儒家經學身上，於是，康於一八九一年秋迅速撰成《新學偽經考》，同年，他又著手撰寫《孔子改制考》，費時近六年，把儒家看成是唯一可保的「宗教」；在後來所著的《大同書》中，他甚至認為未來的理想狀況是帶領中國，乃至世界走向無國界，彼此相愛的「大同」境地。這點自然可說已經脫離了儒家「同心圓式」的世界觀範疇，而雜糅了佛教和西方政治思想。從這些作品我們可以察覺到康氏著作的烏托邦色彩。在一八九六年發表的《毀淫祠以尊孔子議》中，他進而提出施政的實際作法，主張將教化的功能一元化，「明孔子之道為主，違者以淫書論，所以一天下之耳目，定天下之心志。」㉖明白欲仿效宗教在西方的作用，以儒教為團結中國民心的唯一教化內容。

梁起超的個性是激進中帶一些緩和。對尊崇孔子，甚至將儒家定為國教地位的作法，態度上梁要較其師消極得多。他只將孔子學說當成一種學校教育的內容，而非「獨尊孔教」之類具有濃厚政治意味的活動。但在有些資料中，反映出他還是部分受到老師的影響。

㉔ 一八八六年康所寫的《教學通義》中，及反思古代教說如何使用於今日，使國家得治。

㉕ 廖平認為，漢代經學有金古文兩種截然不同的學術，引起康氏欲將被王莽劉歆被偽造出的古文經從經學傳統中清出去，重獲經學面貌。

㉖ 該文登載於《強學報》，1896.1.12，第一號。

在一八九七年梁向當時中國駐美公使伍廷芳寫了封信，分析華工在美國受到輕視侮慢的原因：這群工人教育程度差，中文不懂，遑論英文；既無信仰，亦無教化，外人見其安住於骯髒污穢的處所，又喜好爭強打鬥，自然視之如蠻人野獸一般。於是梁氏給伍廷芳的建議是：要改善問題，就去召募一筆錢，「凡華市繁盛之地，皆設建孔廟，立主陳器，使華工每值西人禮拜日，咸詣堂瞻仰拜謁，並聽講聖經（儒經）大義，然後安息，則觀感有資，薰陶自易。」[27]明顯地，這個作法和康有為的主張類似。梁氏力主利用孔教，仿效基督教每週聚會的儀式，加上傳統地方官吏應付民間之設教安撫的辦法，來為無機會受規範的在美華工提供一個教化的管道，此法就如同清朝自康熙年間即頒行「聖諭十六講」以為鄉里教化之資一般，其目的在「神道設教」，使人民因畏神、畏上的心態而不敢胡為。但在同一封信中梁啟超建議的方法還有建立學校、報館、善堂、工會等其他機構，建立孔廟不是他解決華工在美問題最重要與唯一的手段。

由於早期梁氏在對「宗」、「教」、「學」、「宗教」等措辭有模糊之處，在此我們必須簡單說明一下「宗教」二字在清末士人心中的意謂。直到清代，中國士人對於現代定義下的「宗教」(religion) 似乎並沒有一套既有而明顯的界定，我們可以從「類書」中找到許多例證。如乾隆朝編輯的《四庫全書》中將佛教和道教類的書籍歸類於「子部」的諸家之中；賀長齡所編的《皇朝經世文新編》則將民間信仰類的文章收於《風俗》次目下；以後麥仲華輯的同名著作《皇朝經世文新編》中增加了一類「教宗」，蒐羅的是與儒家有關的論述；後期的《續編》則在「教宗」類增加一些關於外國教士傳教的文字；一九〇二年何良棟輯的《皇朝經世文四編》中，「禮政」底下分為兩

[27] 《飲冰室合集：文集》三，頁5。

目，「訓俗」目專收關於民間信仰類的文章，「教務」目則收西洋傳教方面的論述。可見在清代讀書人的心目中，並未給宗教一個獨立的地位，且對「宗教」的定義是模糊分歧的。早期對其而言佛道兩教只如「成一家之言」般的「子書」，並沒有什麼神聖、非世俗而獨特的教說可以自成一格地成為一類獨立的科門；後來則摻入西方宗教的意指，而與中國的儒家混用，最後似乎外國的「教」和中國民間的「教」還是以外交和內務之方法來判分。以文章來說，梁啟超早年的作品提到儒家和佛家時，「教」和「學」兩字亦是經常未有嚴格定義的混用。稍加分析他在一八九八年八月於《新知報》發表的〈復友人論保教書〉㉘即可略知梗概，梁氏首先認為「西教之強，憑藉國力」，此處的「教」指的是基督教，即是「宗教」(religion)，第二部份梁氏以為六藝和六經為孔子之教，此處的「教」較接近於「學說」、「論理」，而少有信仰的成分；最後，梁氏承認中國目前處於落後的態勢，補救之道「必自講學始」，建議成立「保教公會」聯合成員研究儒家及各個學科，務要講求實學，以發揚新風。則他這時所謂的「保教」，充其量也只不過是「強化傳統及實用學術研究」罷了。

自多處資料所見梁氏對孔教的理解，都只是一種「學術」、「學說」，而非「宗教」。對「學術」的接受，只能靠理性的認知，而非依賴情感的衝動，這與康有為認為孔教具有一種教化民心，具正統排他性格的思想一信仰體系是不一樣的。畢竟此時梁氏自己對於宗教的體會只是有學問上的欣賞，而沒有堪稱為信仰的東西，若說他有所謂的「終極關懷」，當也只是「奉獻救國」之念而已。㉙這時他

㉘ 《飲冰室合集：文集》三，頁 9–11。

㉙ 參見黃進興著、楊肅獻譯，〈梁啟超的終極關懷〉，《史學評論》第二期，

所關心的還是以學術為救國工具，而非如康有為主張要以宗教來凝聚民心，建立個人為群體犧牲的信仰。

在北京康梁的政治參與很快就因守舊勢力的反撲而告失敗，一八九八年八月康梁逃亡海外，遠渡日本，對於梁啟超而言，這次日本之行雖然代表了他在政治上的一大挫敗，但也提供他一個機會，去親身見識另一個東方國家如何積極若渴的吸收和選擇西方學說，建立有自信的現代國家。透過日本人士的介紹和翻譯，與在戊戌變法中獲得的血淋淋的經驗㉚，梁氏對於許多問題——包括宗教和佛教，都有較實在的看法。

三、在日時期（1898 － 1912）對宗教看法的轉折

㈠十九世紀後半日本宗教發展大勢

一八九八年底梁啟超逃亡日本，在日本受到另一波思想的衝擊。當時日本正在明治維新末期，舉國在「尊王・開國」兩種思潮的激盪下做折衝和角力，各方面的思潮風起雲湧，如排山倒海般蕩漾在每一個期望國家興盛者的胸懷。梁氏赴日後曾學讀日文，自然亦受到感染，因為本文主題在宗教和佛教，故以下就從日本當時的宗教氣氛稍加述說。

一八六八年為始的明治維新後，不只在政治上將統治權由幕府轉移給天皇，也同時將宗教教化的權力由佛教交給了神道。德川幕

1980.7。

㉚ 梁的好友譚嗣同在變法失敗後，視死如歸，對將逃往日本的梁氏說：「不有行者，無以圖將來。」譚氏亦是自佛教中獲得犧牲的力量。

府時期的佛教發展遠較中國興盛，當時各教派寺院以「本山」和「末寺」來區分主從，因寺院眾多，幕府將人民的戶籍交由寺院保管，每個平民一生中最重要的大事，如出生、結婚、死亡，都要由所屬寺院來辦理，如此透過所謂「宗門戶口簿」（戶籍）來防堵有人民與代表外國勢力的切支丹（キリシタン，天主教）有接觸和信仰；寺院和民眾的「寺檀關係」（寺院與檀家（施主）的關係），則是以日本民間「家」的宗教（祖先為中心）和佛教寺院的祭祀結合，以寺院主持葬禮和供養祖先靈位為此關係的核心，如此，佛教在社會中的農民和市民中獲得穩固的基礎。但另一方面，此類活動不免也是佛教順從現有社會秩序的一種表現：引導民眾對來世幸福的想望，棄絕對現世苦難的反抗，佛教乃逐漸成為幕府政權安撫民心的工具。㉛近代日本佛教勢力之一的「國家佛教」，其淵由即導源於此種政治與傳教權力的交換。

明治維新之初，因天皇在幕府時期本無威嚴，要鞏固天皇在此新生國家中的政治威信，勢必要復活其於神話中「萬世一系」的宗教地位，使得「祭政一致」。故明治元年三月，設立神祇官，由白川，吉田等神道家族任職，推動神道國教化。由於德川時代神道隸屬佛教之下，要確立神社的主體性，就必需劃清與佛教的界線。同月，頒佈「神佛分離令」，令社僧還俗，禁止一切屬於佛教的內容充作神號，神體和祭器。旨意下達後，引來地方上相當激烈的反應，原地方勢力者、神官、儒學者、國學者長期受束於佛寺之下，此時正可以藉機尋隙，一吐積怨。在薩摩，佐渡，松本，富山各藩，寺院相

㉛ 見村上重良，《宗教與日本現代化》（北京，今日中國出版社，1990），頁 2–3；村上專精，《日本佛教史綱》（藍吉富主編，《世界佛學名著譯叢》之五十三，台北，華宇出版社，1988），頁 359。

繼被廢除，路邊的觀音，地藏菩薩造像亦受到波及，連盂蘭盆會等佛教傳統節日都被禁止。明治四年一月，行版籍奉還，廢藩置縣，寺院領地被沒收為地方官憲管轄，德川時期賦予寺院的一切行政權力，皆被明治政府收回。㉜

為提高維護天皇的神道之組織，明治初以伊勢神宮為本宗，將全國神社按等級排列成金字塔式的結構，掌管全國教化。但神道既有實力不足以獨力勝此重任，故明治五年三月，折衷辦法出現，解散神道意味濃厚的神祇省，改置教部省（後更名大教院），廣泛動員佛教，民間教派參預教化，通用的教準是教部省所頒佈的「三條教則」㉝。僧侶的地位即此較前幾年有所恢復。同年八月，政府順勢解除官府對於食肉、帶妻、蓄髮的禁令，廢除禁止女人進入伽藍的制度，禁止僧尼托缽募化。㉞

㉜ 所謂行政權利包括寺領內的警察權，宗門戶口簿制度等，見村上重良，《宗教與日本現代化》，頁 16–20；《日本 宗教》，頁 178–181；另可參見土屋銓教，《明治佛教史》（東京，三省堂，昭和 14 年），頁 37。

㉝ 即：一應體敬神愛國之旨；二應明天理人道；三應奉獻皇上，遵守朝旨。

㉞ 本段的內容，見村上專精，前引書，頁 360–362；大江志乃夫，《靖國神社》（北京，世界知識出版社，1990），頁 67–70：村上重良，前引書，頁 21–24。或有學者以為，明志維新時僧侶被迫吃葷娶妻，似不確然。德川幕府在十八世紀後期四次發布整飭寺院的法規，嚴戒僧侶違規，犯戒，明志時期所廢止的當是類似的禁令。當時是參考基督教改神父為牧師的僧職，而開放婚娶等戒律，也是取消武士身分以後，將社會身分「平等化」的作為。許多僧侶以此為「文化開明」而互相誇耀。太虛大師在民初仍見有少數日本律宗僧受比丘戒（〈三十年來之中國佛教〉），似可見日僧在出家觀念上並不一致，其他從變者是自發性地追隨新的風氣。

前文已提到，明治維新是主張「尊王」之傳統派和「開國」之革新派的合作與折衝，「王政復古」原是聚集各方勢力打倒幕府的一種策略，但此一作法在中英鴉片戰爭後已獲得日人的反省，「鎖國排外」對保守已久的東方大帝國顯然不切實際，開放學習外國長處乃勢所必行。於是日本一方面在國內藉國民教化強化天皇的權威，另一方面也派遣使節團至歐美作政經考察。這時逐漸恢復勢力的佛教——尤其是淨土真宗㉟的本願寺派和大谷派兩個教團——也受到開國見習風氣的感染，積極派團向歐美考察。明治五年一月，本願寺派領袖島地默雷 (1838–1911) 到訪歐洲，視察各國的宗教事務，他訝異地發現當地宗教之發達，與政教關係的分離，憬悟到宗教對國家存在的意義，島地歸國之後，乃聯合真宗四派，反對神佛合併，三年之後，以神道為中心的大教院果被解散。㊱經過這次事件，日本佛教各宗從此獲得了獨立的教育權和傳教權。

東本願寺的領袖很早便計劃著派遣學生留歐研究佛學，明治九

㉟ 淨土真宗是十三世紀出由親鸞 (1173–1262) 所創，其教旨中，依「教行信證」四法為當時流行的淨土宗進行判釋，親鸞認為，穢土凡夫的罪業極大，任何念門正行，皆不足作為成佛的因種，只有捨棄自力小行，皈依彌陀第十八願的大行，絕對聽命於他力的「金剛之信」，僅此「信」的一念當中，即決定了往生淨土的證果。也因為往生的資糧全杖他力，凡夫即便有天大的罪障或功德，較諸願力，仍不啻滄海一粟，修行和戒律便只是對無限佛恩的報答，而無關解脫弘旨了。為顯示「人人皆可得救之理」，親鸞以出世俗化的一派。見高森顯徹，《淨土本院教學錄》(台北，法爾出版社，1988)，「請述親鸞聖人毅然食肉娶妻的理由」條，頁 35。

㊱ 見鷹谷俊之等，《東南佛教名人傳》(藍吉富主編，《世界佛學名注譯叢》之八十五，台北，華宇出版社，1984)，頁 183–184；村上專精，前引書，頁 362–363。

年六月，經準備多年，留學生南條文雄和笠原研壽終於自橫濱登船遠赴英國，㊲往後的十幾年間，包括西本願寺派在內的日本各宗逐梯次地將留學生派往海外，在英、法、德、美等國，都有日本學僧的蹤跡。㊳其實這批留學僧們到國外與其說是研究佛教，不如說是帶回一套正在歐洲流行的以原始經典語文研究宗教的方法和宗教理論，南條文雄等在牛津大學向研究梵文和印度宗教，神話有成的德裔學者穆勒 (Friedrich Max Muller,1823–1900) 學習梵文，七年後南條文雄回到日本，即把在英國的研究宗教學風帶進校園 在東京大學講授梵語，這是有史以來在日本大學中第一次開授的梵語課程。同一時期，佛教各宗派自明治十二年西本願寺的龍谷大學起紛紛設立佛教大學㊴，新的研究機構加上新的研究風氣，如同電光石火般交互激盪。產生新的佛教觀和研究的方法論。

日本佛教界的向外國學習至少產生兩種影響，一者是維新派的僧人學到國外「政教分離」的作法，在日本加以提倡，宣揚「精神主義」，而與各宗日益封建保守的作風發生諸多摩擦；二者是學習梵、巴利文閱讀佛典的新派日僧，配合上福澤諭吉在《脫亞論》的主張㊵，而認為過去日本透過中國來理解佛教，是一種曲解，乃有「大乘非佛說」之說。㊶如此日本佛教勢力約略可以區分成三派：

㊲ 鷹谷俊之等，前引書，頁 128。

㊳ 土屋銓教，《明治佛教史》，頁 87。

㊴ 釋東初，《中日佛教交通史》，(中華佛教文化館，1970)，頁 670–671，整個明治時期，自 1879 年到 1911 年，日本各宗共設立了十所佛教大學。

㊵ 福澤諭吉 (1835–1901) 在一八八年曾指出：「我日本國土雖位於亞細亞之東，其國民精神以脫出已脫出亞細亞之固陋而轉向西洋。然今所不幸者，近有鄰國，一曰支那一曰朝鮮。」

靠國家權力提供傳教機會，自身亦願意擔任「護國」任務的國家佛教(舊派)；與受到國外宗教影響，強調政教分離的精神佛教(新派)；與抱持欲與中國佛教劃清界線的南傳佛教派(新派)。梁啟超非日本佛教宗派中人，他在日本多年絕多成分是閱讀新派佛教的翻譯和雜誌，吾人可從梁氏作品中推斷，他主要是受到「精神主義」派佛教的影響最深。但既然梁氏寄望佛教的是在救國，故他對精神主義佛教的看法也經過一番篩選。

㈡梁氏在日本時期相關宗教和佛教的看法

梁啟超於日本，猶時時注意中國傳來的消息，義和團發動庚子拳變帶給中國外兵交侵的局面令他反省到「民眾教化」應當將信仰和認知、感情和理性做一清楚的區分，在一九〇二年梁氏乃公開反對老師，放棄孔教為國教的看法。這時梁氏對宗教和國家的考量，主要受到德國學者伯倫知理 (Johann Kaspar Bluntschli) 國家論的影響[42]。伯氏將國家是如一個獨立存在的實體，是人民群體的聚合，代表人民共同的利益，因此人民必須為此奉獻力量來服務國家，區分國與國分界的，不能由種族、語言、宗教等因素來決定，而是由

---

[41] 主張「大乘非佛說」的是真宗大谷派教史家村上專精 (1851–1928)，在明治三十四年，這個說法曾引起一場根本宗義之諍。這個主張的含義，直至近年仍然存在於日本學界，長尾雅人認為日本之初遇佛教在某個意義上是在現代，因為過去日本教界「只不過是引入與印度佛教可說是完全不同的中國佛教而來理解佛教的。」氏著《大乘佛典》(中央公論社，1978) 頁 65。

[42] 一八九九年 5–6 月清議報即刊登了伯倫之理的《供文化人所需的德國國家論》的部分譯文，梁氏在一九〇一年十月發表的《國家思想變遷異同論》中即根據伯說而作。

主觀的族群意識來決定。[43]也因此，國家愈是進化有效率，其背後根據的就愈是「哲學和史學」，而愈不依賴宗教；但是由於宗教會促進國民團結，促成共同交往和必要的友愛，故「近世國家之理想非全離於宗教」。如此，梁氏理解的近代國家造成說雖不靠宗教，但宗教在團結上乘為亦不可缺的東西。

一九〇二年二月至十二月，梁啟超周遊美國，見識到「民主制度」背後令人憂心的一面，他在政治立場上又面臨抉擇，而放棄了到日本後決定「中國需要革命」的主張，重新支持「君主立憲」方是中國應行的道路，但是這個改變讓他對此需要突破的困難，與任務之巨大感到憂心忡忡，甚至感到對多年來努力奮鬥，卻一再更易的價值感到枉然。因而覺得孤獨而心灰意冷，甚至萌生厭世之情。日本知識份子宣揚的精神主義的理性佛教在這段期間帶給他心靈上、心理上很大的安慰。在日本社會意圖革新的佛教，嶄新的內容，頗符合他接受的社會進化論的階段。加上當時美國普受歡迎的大眾傳教士 James Wideman Lee[44]的作品 The Making of a Man 的日譯本在當地出版，該書強調人類的文明是精神先於物質，讓梁氏在徬徨無依時有了選擇上的理論根據，美國是梁氏親眼目睹在物質文明上先進優越的國家，然而在這麼一個繁榮的國家普受歡迎的傳教士卻傳達出物質文明不及精神文明優越，且斷言精神文明的最高表現即是宗教感情，人類由宗教感情而可以超越世俗，上通上帝 (God) 的思想，而上帝得思想正是萬事萬物存在的真理。這點混合上前述伯

---

[43] 《飲冰室合集：文集》十七，頁 19–26：黃進興，〈梁啟超的終極關懷〉，頁 93。

[44] 其中一名為占士李，他是一名監理公會的牧師，宣教甚受民眾喜愛，出版的宣教書籍也堪稱暢銷。

倫知理的說法，讓梁氏重新思考宗教在建立國家「精神層面」的價值，與何種宗教可以提供這種「精神」?

同年 12 月，梁氏發表《論佛教與群治的關係》，言中國社會要進步，必須要有一宗教，因為「群治獲進」和「治事」需要一種信仰，而信仰必根植於宗教。但是何種宗教可以擔綱這個任務？據梁氏的考察:「孔教者，教育之教也，非宗教之教也。其為教也，主於實行，不主於信仰。」而基督教呢?「其教亦非有甚深微妙」，兩者似乎皆有不足。最後，梁氏論及佛教，認為佛教在現代有其獨特之處。例如，其他宗教之信仰是使人「不知而強信」，佛教的信仰卻全賴「智」與「悟」，且成就的條件完全是一律平等的。梁氏詳析:「他教之言信仰也，以為教主之智慧萬非教徒能及，故以強信為究竟。** 佛教之信仰也，必以為教徒之智慧，必可與教主有平等，其立教之目的，則在使人人皆與佛平等而已。有一眾生未成佛，彼誓不成佛……故捨己救人之大業，唯佛教足以當之。」而且，與傳統的誤解不同，佛教非但不必厭世，反而可以積極入世，佛教信仰號召的不是外在的力量，故言因果相應之理，「佛教乃智信而非迷信，乃兼善而非獨善，乃入世而非厭世，乃自力而非他力。」。㊺

依照此說，則佛教兼具有伯倫知理所謂的支撐現代國家背後所需的智性的哲學，也具有使國民團結、治事的信仰，豈不是最適合當前中國此時的宗教？一九〇二年是梁氏與康有為關係陷入低潮最嚴重的一年，十一月前梁氏放棄其衝突的立場，兩人關係已有解凍跡象，則十二月梁氏著此文，除了表達他對宗教的新看法外，是否也有向對佛教亦有好感的康氏拉攏的表示呢?

一九〇四年底和一九〇五年初，梁氏發表一篇《我的生死觀》,

㊺ 梁啟超，〈論佛教與群治的關係〉，(中華書局，台北，1978)，頁 47。

刊登在日本《哲學雜誌》，梁氏闡述了佛教的羯磨（業）、輪迴、因果等說，表示佛教在教義上要優於基督教，更能解釋現實整體。這時梁氏把他在上海辦《時務報》時與孫寶瑄討論的課題搬上來，言佛教理論不但為當代社會心理學說所證實，且亦為科學理論，如物質和能量不滅定律，進化論和遺傳理論等所證實[46]。他重申，羯磨即是精神，精神保障了人類世代長遠的延續，而賦予個人在生命行動最終時刻一個意義。因為個人的軀體雖因死亡而消失，但精神猶存在於群體當中，如此保障了個人在國族、社會、家族中的團結。[47]

留心日本佛教近代史的學者可以發覺，梁氏在自一九〇二年以來的文章中稱頌佛教為智信主義和科學主義，皆是當時日本佛教界新派雜誌《新佛教》、《精神界》所宣揚的學說。當時日本傳統寺院和年輕的教界改革派的關係相當緊張，當時力主政教分離，倡「精神主義」，改革教義和教制，作風激烈的村上專精[48]，清澤滿之等人都曾被淨土真宗除去教籍，清澤滿之在被除名之後，到東京，卻出任真宗大學校長，顯見當時新派學界和舊派教界之間的意見相當分歧。梁啟超在文中以基督教的靈魂不滅、三位一體等觀念與佛教作比較，其實都只是當年日本新派雜誌中甚為流行的說法而已。當時日本部分宗教人士流行的信念是：宗教是唯一可以用來改善社會的思想力量，但如此必須使得「宗教的迷信」和「宗教的信仰、哲學」劃分為二，藉助宗教哲學，而來提升其信仰、思想和道德。

---

[46] 時人有認為佛學可以對於康德，邊沁功利主義學說、赫胥黎、斯賓塞社會進化論皆可做學理上的解釋與統攝。

[47] 原文見《新民叢報》第五十九、六十冊；收於《飲冰室合集：文集》十七，頁 1–12。

[48] 村上專精著有《日本佛教史綱》（上、下卷）（東京，創原社，1939），台灣和大陸皆有中譯本。

梁氏對於中國知識界的貢獻無寧是傳播了這樣的理念，因為這種說法提供了當代亟求改革的士人一個反思的角度：對於時弊的改革，不僅僅是要引進新的制度，新的教育內容，而是要使每一個國民都能意味到他們和整體其實有休戚與共的一體關係，並把他當作一種信仰。而佛教因兼具了哲學和信仰的特質，乃為這期的梁氏所心儀，以為可資救國之道。

四、餘 論

佛學雖有所謂「真空」、「妙有」（中觀、唯識）兩種解釋人生的角度，但是其基本教說卻有一致之處，即從緣起的觀點細察人生的不完美，然後以慈悲的人我一體精神去予樂拔苦。「無常」、「苦」、「空」、「無我」這些教說，尤其是「八苦」：生、老、病、死、怨憎會、愛別離、求不得、五蘊盛苦，對於一名未經生死的年輕人，或在承平時代日久，享盡物質豐盈生活的人來說，大半會被譏為杞人之說，無稽之談；但是對於有生離死別、病苦痛患，歷練過動盪不安，理想與現實交雜而難以取捨的人們，在苦難的心境中閱讀佛書，才會有所感應，引為人生再出發的力量。晚清革新派士人之對佛學有濃厚興趣，幾乎皆是在改革失意、前程茫茫後，為求得現實精神苦悶的抒解，才在引介下對佛書所言感到豁然解脫的興味。如龔自珍在仕途不如意後，適逢母喪，心緒不寧，於是拜江沅為師，習佛修行；譚嗣同少年於家中志願不得伸展，一八九六年移居金陵，復遭遇種種困厄之事，適楊仁山透過日籍友人南條文雄為媒介，刻印流傳日本的古逸佛典於金陵刻經處，授佛學於祇桓精舍，譚氏人生走至壁巷，乃從楊仁山學佛，在佛書中找尋人生道路之津；章太炎則是在一九〇三年蘇報案入獄的三年期間，在獄中研讀法相宗（唯識）佛典，才豁然有省。這指出了佛學是一種生命到達某種特殊境地才會有所相應的學問，梁啟超在日本時期，政治前途一時破產，和幾經師友關係瀕臨破裂的階段，方才對所謂宗教有如《我的生死觀》所感知的，亦是同樣的道理。

但是，我們從梁氏類型之中國近代人物的著作中，可以明白清楚的看出他們的宗教信仰與一般所謂的信徒的不同。梁氏的欣賞佛教，乃是從拯救中國缺乏信仰，而導致社會上缺乏治事之才，與犧牲奉獻之人的想法有關，因為佛教既是宗教，在哲學意味上也有其精深之處，使得信佛的人必須透過智信，才能有所得獲；佛教大乘思想中「普渡」的觀念，又將個人解脫與整體的救贖視為一個連帶體，這樣的思想對於梁啟超來說正好可以提供作為現代社會「新民」的背後精神，因此，梁氏對宗教——乃至佛教的興趣當是放在對於國家進步的實用性目的來考量，他對於宗教中「絕對的」、「超世間的」與「神聖的」部分，似乎並沒有嚮往和探索的好奇。由此角度，則黃進興的觀點可以為我們所同意，他說：

> 對他（梁氏）來說，宗教的重要性是因其可以復興中國。這也可說明他日後之所以贊同佛教。梁希望所有的中國人都可經由佛教信仰培養一體感，在必要的時候為國家的利益而犧牲自我。事實上，梁所關心的不是任何特別的宗教或者它們的原始意義，而是宗教信仰所能為現代國家扮演的功能。換言之，梁把宗教當作一種精神動員的方法，用來誘導、催引潛在的政治力量。㊾

㊾ 黃進興著、楊肅獻譯，〈梁啟超的終極關懷〉，《史學評論》第二期，

也因此，晚清革新派士人的喜好佛學，與梁氏的贊成佛教做為中國新社會精神上的指引，未必就能據此高估：佛教在清末民初的中國其存在危機便能解除，或就此樂觀評斷，佛教自此在民初社會便可迅速發展。因為思想者的想法，未必能成為社會上普遍性的作為，就算成為一種實際的主張，也需要時間來醞釀和推動，更遑論民國初年是一個思想急遽變遷的時代，觀念流行瞬息萬變。在那個時刻，中國社會中的佛教團體正因為長期間人才培育的斷層、與太平天國的反偶像崇拜而在長江流域大力毀寺逐僧，和清末湖廣總督張之洞建議地方當局以寺廟地產，做為國家乏力興學的補充；以及日本淨土真宗東西本院兩寺的「國家佛教」爭奪「在華下寺」作為宣教勢力的多重壓力下，汲汲難以自保。寺院自身恐怕無力擔任梁啟超所希望的，做為全國「新民」團結一致之精神武器的傳播者。但是，歷史是弔詭的，即使梁啟超的佛教看法並未造成佛教在民國初年復興的真正原因，但似乎使得佛教遭受外在勢力破壞的速度趨近減緩，如在民國元年(1912)十月初，梁氏自日本回國，踏上已經變更為「民國」的這坏故土，即立刻受到各方人士的歡迎，同月三十日，佛教總會在北京廣濟寺為他舉行歡迎大會，主持人在致詞時感謝梁氏處處提倡佛教，因而避免許多因為辦理新學而引發的毀教浪潮。由此可見，以梁氏的健筆在知識圈還是發揮了影響力，或許正是由於他和相似主張人士的著作，使得清末民初的新政並沒有出現如日本德川幕府政權結束後舉國一片「廢佛毀釋」般的狂熱舉動。而使得民國初年，楊仁山的兩位弟子：歐陽竟無和太虛法師，能夠各自在居士佛教和寺院佛教的改革上，有充分的表現空間。

1980.7，頁95。

日本佛教的近代轉變

——以佛學研究與教團傳教為例

一、前 言

中日兩國的佛教發展到了近代，都面臨來自內外兩方的問題，而到了不得不有所改變的程度。較之以往的佛教史事，這場改變由於牽涉到來自西方新觀念的傳入，國內政經的鉅大變動，和國際秩序的重新調整，而顯得更形複雜。

研究近代佛教史的學者大約會對一八七〇年代「中國近代佛教復興之父」❶楊文會在倫敦結識日本第一代梵文學者南條文雄，笠原研壽，回國之後藉金陵刻經處，大量印製流存日本之古逸佛典的史事感到印象深刻，但此事只是當時中日佛教交通諸多方面之一環而已。彼時，當楊文會幾乎可說是以個人之力挽救佛教頹勢的同時，整個日本教界也方從舉國「廢佛毀釋」的風潮重新站立起來，跟隨維新運動的腳步，摸索著佛教在近代當走的道路。由於日本佛教人士是如此積極地從事學習和變革，也由於日本近代採取的擴張主義，使日本近代佛教的改變，實質影響到韓國，台灣和部分的中國，因此，即使研究近代中國佛教，也當將近代的日本佛教發展視為一

❶ 此是美國學者 Holmes Welch 之語，見氏著 “The Buddhist Revival in China”（Harvard University Press,1968），頁 2。

個重要的參考點。這樣的視野，確實也是國內學者較少採取的角度。

本文希望從史實上去瞭解日本佛教在近代變革中的歷史脈絡，尤其是其為何在明治初年受到「廢佛毀釋」的遭遇？經過此一打擊之後，各個宗派如何因應新時代風氣的要求？其實際做法是什麼？帶來怎樣的影響？特別希望去釐清，年青維新派的教內學者與傳統宗門在態度上的差別，而這種差別，其實也正反映出近代日本在心態和身分上介於東方與西方之間，所必然感到的矛盾。

因限於篇幅，本文並不能詳細處理日本佛教對外關係的細節，但若要瞭解這種關係，因日本實居主動影響的一方，仍必需先進行瞭解佛教在日本國內的發展情形。

二、幕藩體制下的佛教形態

要討論明治初期的「廢佛毀釋」運動，就必需先對江戶政權，也就是德川幕府時期的佛教發展，有所認識。

在十七世紀初期以降，為了鎮壓佈教日益隆盛的切支丹（，天主教），維持幕府的統治地位，幕藩當局利用當時龐大而普及的佛教寺院，掌管「宗門戶口簿」（戶籍），對人民進行監督。陸續頒佈的「改變宗門制度」和「寺靖證文制度」，使所有的人都從屬於寺院，一度別立門戶的神，儒兩道，又再度歸於佛教管轄。❷其時，各宗佛教寺院，以本末關係（本山和末寺之間的統治與從屬關係）來維護教團內部的階層秩序，隨著原有寺檀關係（寺院與檀家（信徒）

---

❷ 見村上重良，《宗教與日本現代化》（北京，今日中國出版社，1990），頁 2–3；村上專精，《日本佛教史綱》（藍吉富主編，《世界佛學名著譯叢》之五十三，台北，華宇出版社，1988），頁 359。

的關係）的固定和制度化，寺院的領地受到幕府的保護，又獲得對人民施行教化活動的權力，在德川時期，佛教已形同是當　代的國教。❸所謂「寺檀關係」，是指日本民間「家」的宗教和佛教各宗寺院的結合，強調祖先崇拜，以寺院主持葬禮和供養祖先靈位為整個關係的核心，如此，使得佛教在社會裡居多數的農民和市民中獲得穩固的基礎。但另一方面，此類形式的宗教活動不免也是佛教從屬於政治權力，順從既有社會秩序的一種表現，激發民眾對來世幸福的想望，棄絕現世的苦難，佛教信仰乃逐漸自精神提昇和現世救濟中脫離出來。❹江戶佛教與政治的關聯如此密切，但也是其自身沈淪衰敗的開始。僧侶們厚受供養，備受尊崇，卻汲汲於爭奪僧官地位，和誇示寺院殿堂的堂皇壯麗，早就令神儒兩道的學者感到厭惡，而在學理上有所抨擊。❺又由於宗門活動的日趨僵化，標榜新的「民眾之神」的新興宗教在下層農民和工商業者之間流行開來，這些新興宗教雜取了佛教、神道、心學、民間咒術等信仰內容，以治病療疾，滿足現世利益為宣教號召，❻雖然遭到幕府一貫地進行壓制，和佛教，神道等教的排擠，但是在幕府末期社會混亂，權威動搖的時代，卻實質上獲得相當的發展，佛教在社會上的向心力乃日受侵蝕。一八五三年七月，來自美國的巨大「黑船」強行駛入東京灣，打破了幕府的鎖國政策，日本各藩的大名和武士在國家新路向的抉

---

❸　村上重良，前引書，頁 2–3。

❹　村上重良，《日本の宗教》（東京，岩波書店，1990），頁 142–143。

❺　村上專精，前引書，頁 349–359。

❻　這些新興宗教有成立於 1814 年，以天照大神為萬民本源的黑住教，於 1838 年倡導奉神得樂的天理教，於 1859 年倡人類皆神之氏子的金光教，和 1857 年創立的法華系居士教團 –– 本門佛立講等，見村上重良，《宗教與日本現代化》，頁 7–13；《日本の宗教》，頁 155–164。

擇上面臨到相當的難局：在德川幕府無能應付外力侵入，國內門戶洞開的情勢下，如何建立統一國家，以凝聚內部力量？於是，在「尊皇、攘夷、開國、倒幕」的口號下，幕府將國政大權交與天皇，一向配合幕府統治的佛教各宗，立刻遭遇無可依恃的困境。更嚴重的是，天皇體制背後所賴以支持的意識形態，正是來自江　戶時代排佛甚力的「復古神道」❼，明治天皇即位前後，在新的時代風氣裡，佛教乃遭受一連串的厄運。

三、「王政復古」與「廢佛毀釋」

一八六八年開始的明治維新是日本近代國家發展的重要關鍵，在此過程裡日本由過去的封建割據國家轉而變為近代化的統一國家，且走上了資本 — 帝國主義的道路。其帶來變化的層面廣及政治，經濟，社會文化各個領域，自然，也包括了宗教。

但是，明治維新並非一開始便決定好變革的方向，在維新志士的想法中，維新的精神是「破除舊來陋習，一切基諸天地之公道」，也是「廣求知識於世界，以振皇基」❽然而在新舊之間的取捨與抉擇經常帶有相當的矛盾與糾葛，且隨著時勢而有所轉變。❾維新之

❼ 十七世紀，神道教出現各種神道學說，以本居宣長，平田篤胤的「復古神道」影響最大，其內容依《古事記》倡天皇出自神系說，主張「國體皇位」，「祭政一致」，恢復古天皇制。

❽ 此是明治天皇於一八六八年三月十四日率公卿諸侯祭告天地神祇時所宣讀的「五條誓文」之第四，五條。引自陳水逢，《日本文明開化史略》（台灣商務印書館，1968），頁208。

❾ 可參考王金林，〈近代日本天皇制的理念及其明治時代的對華政策〉，（收於《近百年中日關係論文集》，頁3–11，中華民國史料研究中心，

初，對佛教打擊最深的是倒幕人士「王政復古」的政策。為了使天皇鞏固在新生統一國家的政治權威，復活其於歷史神話中的宗教威信，使「祭政一致」，乃成為緊要的課題。⑩明治元年三月，設立神祇官，由白川，吉田等神道家族任職，推動神道國教化。但是，由於德川時代神道隸屬佛教之下，神社的儀禮，行法受到密教等佛教咒術，祈禱的影響，活動亦由僧侶（社僧，別當）代執。要確立神社的主體性，就必需劃清與佛教的界線。同月，頒佈「神佛分離令」，令社僧還俗，禁止一切屬於佛教的內容充作神號，神體和祭器。政府下令之時或並非有意要破壞佛教作為一種信仰，但旨意下達到地方，卻引來遠為激烈的反應，地方官員、神官、儒學者，國學者長期受束於佛寺之下，此時正可以得機尋隙，一吐積怨。

有「南都北嶺」之稱的奈良興福寺，在僧侶還俗任神社的「神司」時，寺內經卷，佛具悉被變賣，佛像化作薪柴。在薩摩，佐渡，松本，富山各藩，寺院相繼被廢除，路邊的觀音，地藏菩薩造像亦受到波及，連盂蘭盆會等佛教傳統節日都被禁止。

明治四年一月，行版籍奉還，廢藩置縣，寺院領地被沒收為地方官憲管轄，德川時期賦予寺院的一切行政權力，皆被明治政府收回。⑪

為了推行神道國教化，向國民灌輸天皇崇拜的信念，明治政府在初期揣摩嘗試了各種策略，最初是以伊勢神宮為本宗，將全國神

1992）。

⑩ 參見大江志乃夫，《靖國神社》（北京，世界知識出版社，1990），第二章。

⑪ 所謂行政權力包括寺領內的警察權，宗門戶口簿制度等，見村上重良，《宗教與日本現代化》，頁 16–20；《日本の宗教》，頁 178–181；另可參見土屋詮教，《明治佛教史》（東京，三省堂，昭和 14 年），頁 7。

社按等級排列成金字塔式的結構，仿效江戶時代的寺院，掌管教化人民。但神道教的實力不足以獨力勝此重任，故效果不彰。明治五年三月，解散神道意味濃厚的神祇省，改置教部省（後大教院），廣泛動員佛教，民間各教派參預教化 其目的是令整個宗教界依據「神道國教主義」為原則，進行統一的，有組織的國民教化。所用基準是教部省所頒佈的「三條教則」⓬。如此一來，僧侶的地位便較前幾年有所恢復。但是，純粹的佛教內涵，已經絕少可見了。在祀奉著天之御中主神，高皇產靈神，神皇產靈神和皇祖天照大神⓭的大，中教院中，僧侶們或加冠束帶，作神官打扮在神前拍手祝辭；或身著袈裟法衣而手奉雞魚作供神的犧牲；或在民眾前宣講著神佛混合的教義，各種奇狀異態畢出。同年八月，政府順勢解除傳統官府對於食肉，帶妻，蓄髮的禁令，廢除禁止女人進入伽藍的制度，禁止僧尼托缽募化。其中有違佛教根本戒律的政令在當時引起多少僧尼的反彈？研究這段歷史的學者大半著墨不多，但是，在「清除舊習」的口號之下，多數的僧尼似乎頗樂於配合這股新的風潮，其彼此之間甚至以文明開化相互誇耀。⓮

⓬ 即：一應體敬神愛國之旨；二應明天理人道；三應奉戴皇上，遵守朝旨。

⓭ 此四神出自《古事記》或《日本書紀》，前三者是天地形成時的「造化神」，後者則被當作日本天皇的神祖。

⓮ 本段的內容，可見村上專精，前引書，頁 360–362；大江志乃夫，前引書；頁 67–70；村上重良，《宗教與日本現代化》，頁 21–24。或有學者以為，明治維新時僧侶被迫吃葷娶妻，似不確然。德川幕府在十八世紀後期四次發佈整飭寺院的法規，嚴誡僧侶違規，犯戒，明治時期所廢止的當是類似的禁令。故可言官方立場是廢除原有的禁令、並非積極鼓吹廢戒。太虛大師在民初仍見有少數日本律宗僧受比丘戒（〈三十年來之中國佛教〉），似可見日僧在出家觀念上的改變是自發性地追隨

四、淨土真宗與佛教學界的「西向」轉變

若說由於明治初年追求「文明開化」之風導致日本僧尼背棄了傳統佛教的出家形態，那麼也是由於同樣的風氣，促使著日本教界積極進行近現代化的變革。

「王政復古」基本上是為聚集各方勢力打倒幕府的一種策略，也是明治維新最初的目標和口號，但此一目標已不再能成為新政府支持者的共識了[15]，中國在鴉片戰爭中的失敗令日人警覺到鎖國排外的不切實際，於是明治初年一方面在國內藉國民教化強化天皇的權威，另一方面也派遣使節團至歐美作政經考察。明治四年，廢藩置縣，新政府的權力基礎漸趨穩固，有效吸收歐美近代文化的呼聲使得復古主義失去其正當性，復古神道系此後的失勢，正是佛教獲得振興的機會。而這個任務，在當時，主要是賴淨土真宗的本願寺派和大谷派兩個教團所推動的。[16]

淨土真宗是十三世紀初由親鸞（1173–1262）所創，在其教旨中，依「教行信證」四法，為當時流行的淨土信仰進行判釋，親鸞認為，穢土凡夫的罪業極大，任何念門正行，皆不足作為成佛的因種，只有捨棄自力小行，皈依彌陀第十八願的大行，絕對聽命於他力的「金剛之信」，僅此「信」的一念當中，即決定了往生淨土的證果。[17]也因為往生的資糧全仗他力，凡夫即便有天大的罪障或功德，

新的風氣。

[15] 見王金林，前引文，頁 3–6。

[16] 明治時代流行的佛教宗派有十二宗，宗下有派，其中淨土真宗下分十派，本願寺派和大谷派以在京都本山之所在又習稱西本願寺派與東本願寺派，見村上專精，前引書，頁 321–322, 365。

[17] 村上專精，前引書，頁 189–193。

較諸彌陀願力，仍不啻滄海一粟，修行和戒律，便只是對無限佛恩的報答，而無關解脫弘旨了，為顯示「人人皆可得救之理」，親鸞以出家人的身分，娶妻食肉，以世間倫常為宗門俗諦⑱，在日本佛教諸宗之中，可說是最早世俗化的一派，明治維新中官方對佛教解除的禁令，亦可以說是將親鸞在六百多年前所開出的世俗化宗風，普及至整個全佛教界，作為一種變新開化的象徵。

但是，淨土真宗有何實力來進行變革呢？依據手邊的資料，可看出大約有以下數端：

一、真宗和信徒組織關係密切，層面廣泛，因此在沒收寺有領地的時期，依賴領地甚深的真言等宗大受打擊，而真宗卻幾乎未受影響。

二、幕末西本願寺教團歸改革派的長州系僧侶主管，支持王政復古，後來仍然與明治政府保持密切關係，有效地制止了更激烈的廢佛毀釋行動。⑲

三、西東本願二寺有興學，重視知識的傳統（與其重信仰的宗門呈一有趣對比），早在十七世紀中葉，兩寺便先後創立學黌，其規模之盛況，遠非其他各宗可及，因此在信徒當中養成數代的有識之士。⑳

明治五年一月，素醉心維新的本願寺派領袖島地默雷（1838–1911）連同三名留學生到訪歐洲，視察各國的宗教事務，他訝異地發現當地宗教之發達，與政教關係分離的作法，憬悟到宗

---

⑱ 同⑯；另見高森顯徹，《淨土本願教學錄》（台北，法爾出版社，1988），「請述親鸞聖人毅然食肉娶妻的理由」條，頁 35。

⑲ （一）與（二）見村上重良，《宗教與日本現代化》，頁 20–22。

⑳ 村上專精，前引書，頁 321–326。

教對國家存在的意義，島地歸國之後，乃聯合真宗四派，反對神佛合併，發起脫離大教院運動，經過他多年的積極奔走，三年之後，大教院果被解散。㉑這次事情的意義是：日本佛教各宗從此獲得了獨立的教育權和傳教權。前者使得日本佛學的研究取向和當時歐美新進的研究學風發生關聯；而後者，卻讓原本主張政教分離的教界，捲入當時複雜的政治、外交的關係之中。兩者之間在細微之處反映著維新時期日人的兩種心態，和邁入近代的日本佛教，其內在所潛在的矛盾，此點我們稍後再談。

在廢佛毀釋如火如荼的時候，東本願寺的領袖們便計劃著派遣學生留歐，經過多年的準備工夫，明治九年六月，留學生南條文雄和笠原研壽終於自橫濱登船遠赴英國㉒，往後的十幾年間，包括西本願寺派等的日本各宗依梯次地將留學生派往海外，英、法、德、美等國，都有日本學僧的蹤跡。㉓為什麼研究佛學要到歐美去留學呢？在歐美留學的日本僧人又對其國的佛學研究發生怎麼樣的影響呢？原來，於十六世紀歐洲在東方進行殖民之後，為了統治需要，對於殖民地的文化，尤其是屬於非基督教的東方宗教，開始有了認識的需要，但一直到十九世紀初葉，浪漫主義風潮席捲西歐，學風自地方民謠、詩眾的蒐集而對地區語言加以調查，歐洲人自印歐語系的比較研究，產生了對印度學，乃至佛學的興趣，與佛教有關的教義、語言、文學、藝術等項目，才登堂入室地進入了學院之門。㉔

㉑ 見鷹谷俊之等,《東西佛教名人傳》(藍吉富主編,《世界佛學名著譯叢》之八十五，台北，華宇出版社，1984)，頁 183–184；村上專精，前引書，頁 362–363。

㉒ 鷹谷俊之等，前引書，頁 128。

㉓ 土屋詮教,《明治佛教史》，頁 87。

㉔ 有關此一論題，請參考 J.W.de Jong，“A Brief History of Buddhist Study

研究佛學的氣氛累積到了十九世紀後期，正開始要醞釀出一些成果，南條文雄等人的造訪，可說是躬逢其盛。研究梵文和印度宗教、神話卓然有成的德裔學者穆勒（Friedrich MaxMuller,1823-1900）刻正在英國牛津大學，主導著新興的比較語言學，比較宗教學，比較神話學的發展，在他的領導下，先後編輯了三種大部頭東方的經典，即梨俱吠陀（Rig Veda），東方聖書（The Sacred Books of the East），和佛教聖典（Sacred Books of the Buddhist）。㉕南條和笠原在穆勒門下，專研梵文，身為真宗的僧人，南條在牛津也致力於編校淨土系經典《無量壽經》，《阿彌陀經》，和《金剛般若經》等梵文本的刊行（前二部與穆勒合校）。在師生共同的努力下，牛津大學成為歐洲佛學研究的牛耳，南條本人也一時在英國聲名卓著。㉖

自明治十年起，東京大學開始開授佛學科目，七年後，南條文雄載譽歸國，在東大講授梵語，這是有史以來在日本的大學中第一次開授的梵語課程，挾著在歐洲學習新學風的熱情，和南條日著的聲望，一種嶄新的風氣在日本學界漫延開來，而在同一時期，佛教各宗自明治十二年西本願寺的龍谷大學起紛紛設立佛教大學㉗，新的研究機構加上新的研究風氣，如同電光石火般相互激盪，到了明治三十年高楠順次郎取得哲學博士學位回國執教的前後㉘，漸漸已

in Europ. and America", Eastern Buddhist,vol VII 1-2（1974），頁 49-82；頁 55-106.

㉕ 鷹谷俊之等，《東西佛教名人傳》，頁 363-367。

㉖ 鷹谷俊之等，前引書，頁 128-130；釋東初，《中日佛教交通史》（中華佛教文化館，1970），頁 668。

㉗ 釋東初，前引書，頁 670-671，整個明治時期，自 1879 年到 1911 年，日本各宗共設立了十所佛教大學。

㉘ 鷹谷俊之等，前引書，頁 201-204；釋東初，前引書，頁 668。

有較多的學者專研梵文、巴利文、印度哲學、文學、語言學、文獻學，將佛學正式地當作一門現代學術來進行研究了。

學習梵文等南亞語文當然可說是增添一項瞭解佛教的有力工具，但是對於部分日本學者而言，這種學習帶有一個興奮的暗示，就是他們自此較以往更能掌握佛教之真義。在過去，日人藉著中國傳入的佛典來研究和信仰佛教，但是在西歐學者獨重「南傳佛教」的影響之下，漢譯的佛典在經過重重的傳譯，便有「非佛說」之疑了。㉙這個心態或多或少地反映著日人積極欲擺脫與中國佛教之間關係的心理，在努力向西方看齊的時代裡，日本曾經與中國的密切交流霎時變得頗為難堪，維新派精神導師福澤諭吉（1835–1901）在一八八五年曾公然指出：「我日本國土雖位於亞細亞之東，其國民精神則已脫出亞細亞之固陋而轉向西洋。然今所不幸者，近有鄰國，一曰支那，一曰朝鮮。」㉚必須說明的是，並不是每一位留外學僧都帶有這種偏見，然而若說西元六世紀中葉，自中國傳入的佛教是信仰連同教學一起帶來日本，十九世紀末葉日本向歐洲人所學習的，就僅是學術的方法，其中屬於宗教信仰的成分，已是相當淡薄了。

㉙ 主張「大乘非佛說」的是真宗大谷派教史家村上專精（1851–1928），在明治三十四年，這個說法曾引起一場根本宗義之諍。這個主張的含義，直至近年仍然存在於日本學界，長尾雅人認為日本之初遇佛教在某個意義上是在現代，因為過去日本教界「只不過是引入與印度佛教可說是完全不同的中國佛教而來理解佛教的。」氏著《大乘佛典》（中央公論社，1978），頁65。

㉚ 福澤諭吉，〈脫亞論〉（1885.3），摘自王金林，前引文，頁9–10。

五、教團與國家：外向拓展的糾結

以上所言乃是反映出佛教學界的情形，相對地，各宗教團、寺院的發展就顯得傳統得多。

在世紀之交，年青的佛教學者激烈地在教義、教制上作新式的主張，與教團之間產生相當大的緊張關係[31]，受到西方影響的一批教徒很多希望日本佛教也能如同其他近代化的國家，採取政教分離的方式[32]，但日本畢竟和西方有著不一樣的傳統，西方近代國家是在脫離教會的支配之後，以各個領域的「理性化」作為基礎，來統治國家，而日本的佛教卻受是長期受到國家支持才能夠穩固發展的。政教分離在西方的意義若是意冀以往宗教用「非理性」的力量干政的情形不再重演的話，在日本，有相同主張者則當是希望佛教能夠不再作為國家的工具。但日本佛教在過去有著如此深厚的「國家主義」傳統[33]，期待「精神主義」的教內清流其希望勢必是要落空了。國家給予各宗的保障，就是准許傳教的權力，這對於宗門勢力的拓展有關鍵性的影響，而國家是以各宗能否願意擔任「護國佛

[31] 舉例而言，當時作風較激烈的村上專精，清澤滿之都曾被宗門除名，清澤滿之在被除名之後，到東京，卻出任真宗大學校長，顯示當時學界和教界之間的意見相當分歧。

[32] 如明治三十三年東本願寺派人士清澤滿之等發起精神主義運動，反對國家權力控制佛教，追求從小我到社會我之個人精神的啟悟，以適應現代社會的宗教自許，在知識分子間發生極大的迴響。

[33] 最著名的例子當是十三世紀日蓮正宗的創教者日蓮，日蓮一直熱切地期待以「法華崇拜」來救濟日本的災難，他曾發下三大誓願：「我將是日本的棟樑，我將是日本的眼目，我將是日本的渡船。」(《大正藏》八十四冊，頁 230)，此心態在近代日本教徒中也甚多可見。

教」作為准允傳教的交換條件，這個情形在日本軍國主義對外擴張的時候最為明顯。

明治二十七年中日甲午戰爭時，東西本願寺等皆派遣隨軍傳教士，在軍中傳教、傷兵慰問及招魂法會等方面都有積極的表現㉞，因而獲得日本外務大臣的訓令，得前往中國內地開教。事實上，早在此之前日本各宗便已有計劃地赴朝鮮，中國，乃至俄國西伯利亞佈教㉟，在當地設立宣教所、別院、乃至學校，其中其實含藏有頗深地諸宗較勁的意味。因日本佛教宗派和中國有很大的不同，各宗之間存有很深的壁壘，僧人的僧籍登記於各宗的本山，絲毫不能踰越。宗門內部，是依帶有嚴格封建體制的層級組織起來的：各宗立一「本山」，管轄其下的諸多「末寺」，寺門之內，僧侶的僧階、法衣，都有一定的規定。㊱到了明治時代中期，佛教已從「廢佛毀釋」的陰影中恢復過來，在政府主導下訂立了宗制、寺法，各宗的管長仍掌有頗大的權力㊲，亦可以說，在日本社會漸走向近代化、佛學研究走向學術化的同時，佛教各宗寺院的體制仍保存著相當的封建性。

也因此，各宗寺院實際關心的不是新派僧侶所主張的政教分離，而是本宗勢力如何得以擴張，各宗所走的其實是傳統的老路 --

㉞ 土屋詮教，《明治佛教史》，頁 183；村上重良，《宗教與日本現代化》，頁 47。

㉟ 藤井草宣，〈日本對華佛（傳 ?）教運動的變遷〉，(《獅子吼》24:3，1985.3)，頁 40–42；金得榥，《韓國宗教史》(北京，社會科學文獻出版社，1992），頁 198–215。

㊱ 明確的規則制定於德川幕府時的公家佛教制度，見村上專精，前引書，頁 277–278。

㊲ 村上專精，前引書，頁 363–367。

向政治勢力靠攏。由於早在明治初期的政策中便潛藏著擴張主義的意圖[38]，各宗向外傳教的時間也早在明治九，十年便開始了。[39]很明顯地，這股向外傳教的力量如同銳意向海外派遣學僧汲取新知，仍主要由真宗的東西本願寺帶頭發動的。

以在中國為例，甲午戰爭之後，日人依戰後條約，可以自由地在中國內地旅遊，大批東本願寺僧人乃紛紛來華，行跡遍及福建，江蘇，湖南，浙江，甚至計劃深入西藏，除了建造寺廟、佛堂，日僧在華還在南京、杭州、姑蘇等地設有東（日）文學堂。日人在心態上雖希望比照歐美列強，在條約文字上亟爭與西洋傳教士同等的權利，但在中國人的眼中，日本佛教係傳自中國，實無再由日本傳入中國之理，因此即使日僧表現積極，除了最初一，二年的熱潮，教務發展其實相當有限。[40]

日僧多年在華的經營，直到庚子拳亂之後才得到機會有所表現，這個機會是來自中國佛教本身發生的重大生存危機，而整個事情的起因是由於清末推行的「廟產興學」運動。

「廟產興學」本是清末新政中改革學制，提倡新式教育的一種權宜之策，但如同明治初年的「神佛分離令」，詔令下達到地方，竟誘使各地官紳勾結，藉興學為名，大肆佔寺逐僧，侵吞廟產，僧道惶然不知終日。[41]此種結果，正是清末僧徒冗濫，法門不興，佛教

[38] 王金林，前引文，頁 7。

[39] 明治九年，東本願寺在上海設別院，次年，在北京，上 海設教校，同年，東本願寺在韓國釜山建大谷派本願寺 。見藤井草宣，上引文，頁 41； 金得榥，上引書， 頁 211。

[40] 藤井草宣，上引文，頁 41–42。

[41] 詳見黃運喜，〈從《教務教案檔》看清末中日佛教關係〉，《國際佛學研究年刊》II（1992，12）， 頁 79–81。

名譽日墜，使得世人心存「佛法無益於國，有害於世」[42]的反映。這時原本使日僧在華傳教居於劣勢的原因，反過頭來成為其擴大勢力的絕佳理由，大量日本僧侶前來中國東方省份數十縣市，以護法者自居，誘導各地茫無所從的寺院住持接受日本佛教的保護，日僧伊藤賢道到杭州，便成功地使得三十六寺陸續投靠淨土真宗，被編為東本願寺的「在華下院」，並將日本國內僧侶教育的方式，宣傳給部分中國僧侶。[43]此外，水野梅曉在湖南，高田棲岸在廣東，原田了哲在福建，都積極拉攏當地僧徒投靠，以擴展本宗勢力。

中國官紳對於日僧挾其國威在內地招搖的情形大感不滿，地方士民致電予官憲，層層施壓，要求相對採取行動，但對於官方而言，日僧在華問題的嚴重性不只是教權的外流，也不專在民族尊嚴的喪失，而是另有原因。

時北洋大臣袁世凱在致外務部的公文中寫道：「日俄戰爭後，日本在東亞勢力日增，然彼國地狹民貧，垂涎中土，殆非一日，近日日人學漢語者頗多，欲藉日僧設堂傳教，在內地長住，以考察中國各省民情風土，其用心殊為叵測。」[44]袁世凱身歷甲午之戰，深諳日本為其大陸政策佈署的用心，在他的撰文裡，日本僧人來華的目的不僅是為本宗拓展勢力，羅致下院，更有為日本政軍界搜集情報，佈置暗樁以備侵略的企圖，無疑地，日本各宗在此傳教活動中又與政治牽扯上難解的關係。

由於清廷政府重視此事的發展，光緒三十一年三月，頒下諭旨

---

[42] 見黃運喜，〈清末民初廟產興學運動對近代佛教的影響〉，《國際佛學研究年刊》(1991，12)，頁293–303。

[43] 此是印光法師的感慨之語，引自[42]文，頁296。

[44] 釋東初，前引書，頁77。

令各省督撫保護寺產，並讓佛教寺院自行辦學，中國佛教於近代才暫時在存在危機之中舒緩開來，並逐漸在興學、反省與改革中，獲得了復興的希望，這也是日人來華傳教，所帶來的一個無心插柳的結果吧!

六、餘 論

討論一個國家各個領域近代化的問題，在政治、經濟等方面，較能在近代與前近代之間找出明顯的區分標準，但是在宗教方面，此種標準卻其實有相當的模糊性。舉例而言，明治初年，在「清除舊習」的大風氣下，日本佛教界背離了傳統佛教的守規持戒，允許僧侶娶妻、食肉，將宗教中「聖」與「俗」的界線大為消減。自社會結構的角度來看，僧侶階級的俗化與其同時日本的取消武士階級，都是日人冀圖打破封建社會的身分制，走向近代平等社會的一種努力，其中，師法西方基督新教對神職人員的改革也甚為明顯，但是，純粹從宗教信仰的角度來看，這種改革的實義何在? 便至難評定了。日本統治韓國期間，將帶妻食肉的風氣帶入了韓國寺院，此風雖然一度席捲僧界，各個本山住持一個一個開始帶妻養眷，但仍有部份僧徒堅持舊制，使得在日本勢力退出韓國後，雙方衝突爆發，帶妻僧和比丘僧之間出現流血、絕食、自殺、訴訟等慘劇。㊺而日僧在華的傳教事業之所以不得開展，部分原因也是國人不能接受維新之後日僧放棄戒律的新形象。㊻明白的說，日本僧侶之所以

㊺ 《教務教案檔》等七輯，光緒 31 年 3 月 25 日（中央研究院近代史研究所編輯)，頁 1165–1167，引自㊶文，頁 85。

㊻ 金得榥，《韓國佛教史》，頁 202–206。

很自然地過渡到新的身份，部分是由於淨土真宗數百年來所奠立的基礎，缺乏真宗「絕對他力」之「金剛之信」的其他國家的佛教，「廢戒」很難尋得宗教上的意義。

另外，事實上，中國近代的佛教改革者或多或少皆留心過日本的經驗，日本佛教學界積極學習西方治學的努力獲得部分人士的肯定，但也令一些人士感到憂心，民國佛教界領袖太虛大師便曾言道：

> 用西洋學術進化論以律東洋其餘之道術，已方柄圓鑿，格格不入，況可以治佛學乎？吾以之哀日本人，西洋人治佛學者，喪本逐末，背內合外，愈演愈遠，愈說愈枝，愈走愈歧，愈鑽愈晦……而日本於今日，所以真正佛學者，無一人也。[47]

太虛所言自然不可以羅盡日本佛教的全貌，但其中顯示著一名宗教家所見的宗教，與近代學術研究，有其實質的差異。

---

[47] 黃運喜，[41]文，頁88–89。

台灣與西藏及在台的藏傳佛教研究

一、前 言

過去四十年來。由於中共的強力統治，加上西藏在外的領袖十四世達賴喇嘛丹增嘉措 (Tenzin Gyatso)(l934~) 親和的形象及達蘭薩拉 (Dharmsh?la) 流亡政府的努力，國際人士逐漸注意到西藏：這方西方小說中最後一塊遺世獨立的「香格里拉」，其特有的密宗修法與特咒、轉世靈重的教派繼承（格魯派和噶瑪噶舉派），唐卡造像藝術、夢兆、神諭、藏醫，以及藏人面對死亡時的坦然態度和中陰觀念等，國外對於藏學乃從好奇轉為深深的興趣。在美國、歐洲諸國及日本，喇嘛們主持的藏傳佛教道場接連被設立起來，各國大學和研究所亦或早或晚地開設藏文、藏學及藏傳佛教等方面的課程，時風之下，究成果已然眾多，西藏課題已成為東方研究中的一門顯學。❶

藏學研究成為舉世矚目的學術領域，同從二方面來觀察：

其一，自 1979 年成立於牛津大學的「國際藏學會」(Internationa1 Association for Tibetan Studies；IATS) 在 1992 年 8 月 21 日在挪威

❶ 詳見黃維忠，《佛光西見－藏傳佛教大趨勢》，青海人民出版社，1997，頁 1。

召開的大會時，與會國際學者達 250 餘人，❷可以想見以後各年人數仍會繼續增多。

其二，美國近年來以藏學為研究論題的學位論文大量增加，其研究角度的偏向，可以從日裔學者 Evelyn S.Rawski，這位當選為第 48 屆「亞洲研究會」(Association for Asian Studies) 會長，於 1996 年 4 月 12 日在夏威夷發表的一篇就職演說中看出一二，在演說中 Rawski 藉著所研究的清朝，反駁前任老會長何炳棣在所謂 1967 年同樣機會發表的 "The Significance of the Ch'ing Period in Chinese History" 演說中，❸提出清朝之所以能成功達成二百年的安治，其諸多原因之一的「漢化」因素，認為清朝之治，非但不能歸因於漢化，反而是滿洲人牢牢攏絡邊疆各民族之故。❹行文中，Rawski 使用的 Chinese 只代表中國的「漢族」，而與 Manchuan, Mongolian 與 Tibetan 分開使用，表示西藏、蒙古的政治統屬，只是與滿洲人特殊的統治技巧有關，而與漢族（也就是今天所謂的「中國人」）無關。這個說法，令何炳棣見後不悅，覺得 Rawski 簡化了他的原意，於是發文駁斥，❺這場論爭，所爭的是一個學界延宕多年的老議題，但是新瓶舊酒，並非偶然，可說是美國近年研究「中國」及其「邊疆」的一場有代表性的筆戰；論其內涵，乃象徵著西方及親西方學者與

---

❷ 《中外日報》，1992 年 8 月 22 日。

❸ 事後證明 Rawski 將何發表的時間，場景都記錯了。

❹ 書面文字見 Evelyn S. Rawski, "Presidential Address: Reenvivisioning the Qing: The Significance of the Qing Period in Chinese History" The Journal of Asian Studies 55, no.4 (November 1996): pp.829–850.

❺ Ping-ti Ho. "In Defense of Sinicization: A Rebuttal of Evelyn Rawski's "Reenvisioning the Qing", The Journal of Asian Studies 57. no. 1(February 1998): pp.123–155.

中裔學者對於某些課題上的歧見。

除了藏學研究逐漸興盛外，在國際政治及其內部發展上，西藏也是個頻受注意但蘊藏不安氣氛的地方，新聞議題的發動者以美國為主。1987 年 3 月，美國眾議院通過「中華人民共和國在西藏違反人權的修正案」，譴責中共在藏鎮壓監禁的政策，引起中共反駁；同年 8 月，達賴喇嘛訪美，在美國國會發表演說；隨後，在 9 月，美國參議院人權小組提出「五點計劃」。國際間的「關懷」和「建議」產生外圍壓力，使得西藏內部於同月 27 日、當年 10 月初及次年 3 月，在拉薩發生連續性的反中共事件，但隨即遭受鎮壓。時至 1989 年，西藏兩大轉世活佛都遭遇大事，1 月，與達賴喇嘛並尊的十世班禪額爾德尼圓寂；同年之後，達賴喇嘛獲頒當年諾貝爾和平獎。1991 年 5 月，美國國會宣布西藏為「被佔領國家」，於 1993、1994 兩年，美國總統柯林頓二度在白宮會晤達賴喇嘛，惹起中方對美不滿，和中藏關係緊繃。1994 年，發生中共尋訪的班禪轉世靈童和達蘭薩拉尋訪的不同靈童的「真假靈童」之爭，導致達蘭薩拉的靈童在中國「失蹤」，被國際雜誌冠以「最年輕的政治犯」的頭銜，來向中共抗議。加上九〇年代後，美國電影界抓住美國民眾對西藏既好奇又感興趣的心理，由本國角度拍攝一部又一部與達賴喇嘛和西藏有關的影片，並輸出國外作商業放映。這些因素，一波一波地，刺激著台灣的新聞界，加上國外學界的新風氣與台灣既有的西藏研究逐漸沈澱，而在 1980 年代開始，在島內油主研究西藏的需要。

二、台灣與西藏：官方甚遠－民間很近

台灣與西藏，與中國本土都有「歷史上藕斷絲連，隸屬上又時

分時合」的關係，政治處境近似，但由於 1949 年後，國民黨政府在台灣猶宣稱擁有蒙古和西藏的政治統治權，與對岸的中共對西藏「立場一致」，乃引起 1959 年來的西藏流亡政府與台灣的往來時心生疑懼。故西藏對於台灣的官方機構，多採取不公開打交道的態度，但兩者的關係，仍是有幾絲曖昧存在的。此狀況在九〇年代爆發的一則事件可略見端倪。

1990 年以前，西藏流亡政府一直下令所屬機構不與台灣的蒙藏委員會有所往來，但另一方面，因財政需要，傳說達賴政府的高級官員有向蒙藏委員會之外的其他單位收受資金的情形。此種「兩面做法」引起相關人士不滿，於是由一名與蒙藏委員會走得很近的藏人官商拉瑪出面在印北檢舉，引起流亡政府內部，兩方的支持者以傳單、大字報相互攻訐。局勢一片混亂，傳單中還洩漏出西藏政府與台灣情治單位有「密而不宣」地交換情報的消息。❻各種壓力接踵而來，迫使達賴於當年 1 月 9 日裁定斷絕與台灣的一切關係，並宣佈解散「西藏人民代表會」，新加入三名民選的噶倫入會。此一事件，造成台藏關係的緊張，與兩方間產生不信任感。其實，在 1988 年，達賴宣佈的「五點和平計劃」和「中道方案」，尋求以「半獨立」或「自治」為近期發展目標，就已容易被解讀為達賴將就西藏的未來採取較務實的路線，而向中共放出善意風聲的舉動，再添加上 1990 年的此次事件，無疑為台灣與西藏彼此已然冷淡的官方關係再次雪上加霜。這種關係似乎並未因李登輝總統任期後期高舉的「本土化政策」而明顯改善，我們從前年 3 月達賴首次來台訪問，並非由官方單位的邀請和主要招待一事，可略窺知一二。

官方姿態如此，並不表示他們希望彼此的關係止於停頓，藏傳

---

❻ 《首都早報》，1990.1 有三篇以「台灣為西藏人做了什麼?」的報導。

佛教在台灣一直是有信徒市場的。兩方政府，也多少冀望透過宗教的交流，使兩者之間保持一個溝通的渠道。近年來台灣對西藏的感到興趣，可以從弘法和學術研究兩方面解釋：

其一，因 1980 年代末，台灣經濟起飛多年，加上社會、政治運動時起，人心普遍感到不安和空虛，於是傳統佛教在那時，以禪坐、念佛和持素的方式，一時風靡許多民眾，藏傳佛教各教派亦是在那時大量自美國、南亞傳入國內，設立相當多的道場（見附錄一），因密宗及身成佛的修法、藏密弘法的儀式與上師的威儀，很快吸引不少人前去供奉・懇求灌頂，亦引起前往西藏各寺巡禮的「觀光熱」。

其二，國內原本的佛學院，本來授課，以英文、日文為重點，但近十餘年，在各較有程度的佛研所，因國外佛學風氣的引進和留學在外的師資不斷回國，語言課程的安排上乃區分為「經典語文」（梵、巴利、藏）和「研究語文」（以英、日為主）兩種，藏文的學習，加上藏譯經典有師資導讀，再配合上「念誦佛咒，以原始音為準」的說法，學習藏文和西藏佛教教典亦在學界紮下一些根基。

根據楊嘉銘等在蒙藏委員會出版的《近十年來台灣地區的蒙藏研究 (1986–1995) 中依內容性質、發表年代所做的統計資料，台灣在 1986–1995 十年間的藏學研究可以下表顯示：

	專書		論文		譯作		總計	
	冊數	%	篇數	%	數量	%	總數	%
概論	8	6.15	15	4.10	2	4.76	25	4.65
歷史	28	21.5	87	23.8	8	19.1	123	22.9
地理	9	6.92	4	1.09	3	7.14	16	2.97
政治	18	13.9	101	27.6	5	11.9	124	23.1

宗教	38	29.2	70	19.1	20	47.6	128	23.8
藝術	7	5.4	29	7.92	1	2.38	37	6.88
語言	12	9.23	29	7.92	3	7.14	44	8.18
其他	10	7.69	31	8.47	0	0	41	7.62

	專書		論文		譯作		總計	
	冊數	%	篇數	%	數量	%	總數	%
總論	81	62.3	165	45.1	27	64.3	273	50.7
唐以前	2	1.54	3	0.82	0	0	5	0.93
唐代	5	3.85	35	9.56	1	2.38	41	7.62
五代宋	0	0	1	0.27	3	7.14	4	0.74
元代	0	0	12	3.28	0	0	12	2.23
明代	0	0	10	2.73	0	0	10	1.86
清代	9	6.92	32	8.74	1	2.38	42	7.81
民國	8	6.15	19	5.19	1	2.38	28	5.20
中共	25	19.2	89	24.3	9	21.4	123	22.9

可見近年在台灣對西藏研究，總數雖談不上多，若以主題區分，以宗教、政治、歷史三類最多，語言、藝術兩項居次；而就研究時代來作區分，則以總論的數量最高，中共統治西藏的年代居次，清代和唐代「吐蕃時期」分居三、四。既然總數以「宗教」類居最高位，本文以下部分即專就台滔對藏傳佛教的研究作一討論。

三、台灣的藏傳佛教研究

㈠從先前漢地到台灣早期對西藏研究概述

在 1949 年前，台灣可說沒有西藏喇嘛來台傳教，對藏傳佛教也只偏知其修「密法」外，少有正確的知見。故台灣的藏傳佛教在國民黨政府來台後才漸有根底，與大陸先前在民國初年的西藏研究，有相當的關係，故有必要先介紹在中國大陸早期的西藏研究。

清朝初年開始，藏傳佛教隨西藏大喇嘛們來訪而傳入漢地，但其深入的教義因語言隔閡，少有傳入民間。民國後，西方重視南傳和藏傳佛教的學風漸影響到改革派的佛教僧侶和居士，自 1921 年始，太虛法師的弟子即開始漢譯某些藏文佛典。自次年起，倡導居士佛教的歐陽竟無在南京的支那內學院設立「藏語」和「藏文文法」課程，並組織編纂《藏漢字典》。1929 年，大勇法師將藏學研究風氣帶到北方，創立「西藏研究所」。次年，有感於藏學程度和材料的不足，大勇、法尊兩位法師赴西藏留學，法尊法師尤以翻譯宗喀巴 (Tsong–Kha–Pa) 的約兩部大論：《菩提道次第廣論》、《密宗道次第廣論》知名於世，今日在台灣廣傳的仍是當年法尊的譯本。時至 1932 年，重慶成立世界佛學院；次年，三個佛學機構分別在三方設立：「漢藏教理院」設於重慶；「密教學院」成立於北京；「菩提會」開設於上海，這三所機構皆致力於藏傳佛教經典的翻譯與研究。約在此期間，各派的西藏喇嘛紛紛來到漢地傳法、灌頂。❼在時代風氣

❼ 如 1924 年寧瑪派 (sNing–ma–pa) 的諾那上師；1934 年的格魯派 (dGe–lugs–pa)班禪額爾德尼：1937 及 1945 年噶舉派 (Bka'–brgyud–pa) 的貢噶上師等。

與拉攏漢藏關係的諸多條件下，1936 年國民政府相關要員推動、撥出款項提供漢藏兩地作宗教交流，漢僧到西藏求學，或西藏喇嘛赴漢地習法，皆可申請講學金補助。次年，西藏學者西嘉家措乃受邀到漢地五所大學演講。

待國共內戰，國民政府戰敗來到台灣後，某些修習藏傳佛教的僧人或居士應傳播法門要旨的需要，與先來寶島的信徒的邀請下，來到台灣。很明顯地，在 1930 年代大陸盛行藏傳佛教研究、譯經、傳法的風氣已經式微了，只餘下民眾在亂世中，希望由宗教法會中求得福蔭的依賴心理。闢如，藏傳佛教四大活佛之一的七世章嘉·羅森班殿 (1891–1978) 隨國民黨政府來台，於 1951 年在善導寺與南亭和尚共同主持「仁王護國法會」，章嘉主持「密壇」，修「尊勝佛母大自在傘蓋法」；南亭主持「經壇」，誦《仁王護國般若波羅密多經》，法會狀況盛極一時，期間來會拈香禮佛，做隨喜功德者即超過萬人。向章嘉叩首請求灌頂加持者達二百餘人。此後台灣類似的法會，多以護國為名。由此稱名可知，當時的宗教活動，主是為政治安定而服務的。

㈡個人單打獨鬥式的傳播過程：台灣藏學研究的草創時期

1949 年後，在台灣的學界，藏學研究可謂零星，只靠各別喇嘛和學者的分頭努力，可說是經過一番長期冷淡的階段。由於受到經費、師資、研究材料的缺乏等限制，早期台灣學界可說幾乎沒有藏學課程，後來逐漸地，在政治大學社會學系開設了藏文課程、邊政研究所由歐陽無畏等開設數門與西藏有關的課程外，新一代的學生再要獲得與西藏有關的資訊，可說是鳳毛麟爪。特別要提出的是歐陽無畏（君庇亟美喇嘛）(1913–1991)：這位出家西藏的漢人喇嘛，他可說是在這段時間少數幾位以個人的毅力和耐性，持續傳播藏學研究種子，使之在青黃不接時期維持不墜的重要人物。日後在台研究藏學的學者，泰半為喇嘛的徒子徒孫。

歐陽無畏，原籍江西興同。1930 年畢業於東北馮庸大學政治系，1933 年，任教青海第一師範，授英文、數理、化學等科，因地緣之故，對藏傳佛教和藏文發生興趣，在青海組「藏文研究會」，與友人合編《藏文字典》，但因文稿遺失而未出版。1937 年於拉薩哲蚌寺 (hBras–sPungs) 剃度出家，法名君庇亟美。首期七年，修習因明、般若、中觀等重要大論。後自拉薩出發，進行藏、尼之旅，隨後又祕密完成大旺的調查報告。

歐陽氏在西藏生活甚久，離藏後即在重慶中央大學和政治學校教授藏文，並擔任訓導工作，抗戰勝利後又擔任國防部邊務研究所藏文教席。1948 年再度入藏，修習顯密教法。1951 年底，獲堪布告知被選為格魯派 (dGe–lugs–pa) 最高學位「拉然巴格西」❽的候選

---

❽ 格西為藏語「格外西念」(dge–bavi bshes–gnyen) 的簡稱，意為善知識，是西藏寺院學位的最高等級。西藏格魯派寺院依習慣分法可分僧人為四類：1.大小活佛；2.普通僧人；3.寺內各級僧職官員；4.不念經，專門習武練功及從事後勤服務的僧人。其中只有第一、二類的僧人可以參加格西學位的考試，得經過十、二十年的時間習完五部大論才具有考格西的資格。學習分五個階段，每階段要幾年方完成：
一、學法稱《量釋論》－因明學
二、學彌勒，《現觀莊嚴論》－般若
三、研究《中論》：月稱，《入中觀論》
四、學世親《俱舍論》，進行複習
五、學習《戒律本論》：德光，《戒經》
按著作全面複習，考取高級格西學位
格西分為四等級：

人，但當時中共在西藏已是箭拔弩張，歐陽與國民政府關係密切，此種身份使他留在西藏十分不利，於是歐陽在還未進行辯經考試前，即越藏印邊境，輾轉抵達台灣。

來台灣後，1955 年任「光復大陸設計委員會」的委員兼祕書，研究「中印國界」劃分問題。1956 年始，才受聘任政大邊政所（現為民族所），任藏學教席，講授藏文、西藏歷史、地理、文化等科。後來多所研究所的藏文課程，皆聘請歐陽擔任教席。

從上述資料可知，歐陽氏早年的經歷和「政治」關係密切，但是在本質上這位喇嘛並不是喜於權力中人，他對於宗教和教育還是有他的熱忱與終極關懷。自 1975 年退休起，歐陽在家中自設絳帳，依藏文原典，按照拉薩格魯派三大寺五部大論的教育學程，除了有系統地教授藏文外，依循次第地講授「印度佛教史」、「西藏佛教史」、「基礎因明」(rTags–rigs，攝類學、心類學、因類學等三學)、「宗義」(Grub–mtha')、「般若」(Phar–phyin)、「中觀」(bBuma)、「量論」(Tshad–ma) 等藏學重要論著，並不收取束脩，以默默培養藏學後繼者為一生的職志。至 1991 年，喇嘛猶受聘法光佛研所，為「西藏佛

---

1. 拉然巴格西 (lha–rams pavi dge–bshes)：要經過春三月份札倉法會的考試，秋季全寺法會的考試，次年五月份西藏政府在羅布林卡或布達拉宮進行的考試，和再次年拉薩正月發願祈禱（傳大召）大法會的考試，四次考試全部通過，才能獲得此學位。
2. 措讓巴格西 (tshogs–rams pavi dge–bshes)：要經過札倉、全寺、和拉薩二月份傳小召法會上政府舉辦的考試才能獲得。
3. 多讓巴格西：多是住寺超過十年，資質不佳，但對寺方布施很多，在他臨回本寺以前，寺方所授與一個格西學位。
4. 嶺賽格西：類多讓巴，視學僧對寺院、札倉捐獻的財物而贈。後兩者只需通過札倉的考試即可獲得。

學組」的指導教授，直至去世為止。今日台灣有能力和志業從事藏文、藏學研究的後起之秀，多出於君庇亟美喇嘛的門下。

君庇亟美喇嘛重視藏傳佛教的顯宗，在課堂上絕口不授密法，已成為他和學生間的不宣之祕了。他對於引導藏傳顯宗經典的翻譯和研讀的功勞極大。茲根據《法光雜誌》，將他在政大和私人住所所開設過的課程條列於下：

一、藏文方面

1. 自編，《藏文拼音教材》
2. 藏文文法：《司徒講義》
3. 藏文文法：《司徒大疏》
4. 塔爾欽編，《藏文尺牘》

二、西藏文學方面

1. 藏詩理論：《詩鏡及其舉例》
2. 西藏格言詩：《水木論》
3. 藏劇：《色日仙女》（蘇吉尼瑪）

三、西藏歷史方面

1. 五世達賴，《西藏王臣史》
2. 多羅那他，《印度佛教史》
3. 海外藏人教科書：《西藏佛教史》
4. 十四世達賴喇嘛，《吾土吾民》（導讀）
5. 夏古巴，《西藏政治史》（導讀）
6. 贊布諾門罕，《世界廣說》中西藏地理部分
7. 郭・宣努貝，《青史》（導讀）

四、藏傳佛學方面

1. 貢卻亟美旺波，《內外宗義略論寶鬘》

2. 北京版《甘珠爾》、《丹珠爾》目錄

3. 因明啟門（《攝類學》）

4. 因明啟門（《心類學》）

5. 因明啟門（《因類學》），上三門統稱《正理啟門集課》

6. 宗喀巴，《現觀莊嚴論金鬘疏》

7. 賈曹杰著，《量釋論解脫道明疏》（止於第三品，未授完）

五、其 他

1. 梵文文法（未授完）❾

經由此表，我們可以略知歐陽喇嘛曾設計開出的課程種類之多，與用心之勤。喇嘛上課的方式，在 1991 年 10 月喇嘛 79 歲入滅後，弟子林崇安曾回憶當年喇嘛上課時道:「(老師) 手捧藏文原文，逐字逐句剖析中觀奧義……洪鐘般的聲音，立出雄辯滔滔的因明論式。」可見仍然帶有幾分在西藏教育中的「辯經」所受到的訓練。不過，說來可惜，歐陽喇嘛雖勤於教學，但未能及時留下重要的學術著作，所發表的與藏傳佛教有關的學術論文，所知有《宗喀巴傳》（譯著，燬於戰火)，〈喇嘛教之我見〉、〈西藏的喇嘛教〉、〈陳那以後之量論〉、〈缽的疆域和邊界〉等數篇，其他歐陽喇嘛的著作，多半就是遊記、調查報告，和規劃西藏邊界的見解耳。

2. 第二代藏學研究者的出現

在歐陽無畏喇嘛的教育與人格感召下，孕育出下一代台灣藏學研究的中堅份子，今天在台灣第二代藏學學者可謂積極而活躍地活動在各自的學術領域中：如研究藏文的辛勉、蕭金松、龔煌城、孫天心；藏族歷史與文化的王吉林、呂秋文、孫子和、林冠群、馮明

❾ 見《法光雜誌》第 28 期，民國 81 年 1 月 10 日，第 3 版。

珠、王美霞、胡進杉、楊嘉銘、羅桑旦增；研究藏傳佛教與造像藝術的蕭金松、林崇安、陳玉蛟、許明銀、陳又新、葛婉章、張福成；與研究西藏現況的林恩顯、張駿逸、廖淑馨等，皆有其各自的學術表現。我們在下文將就與藏傳佛教研究有關的學者擇要簡介。

蕭金松 (1943–)，畢業於政大邊政所，現於政大民族所教授西藏佛教研究，並在法光佛教文化研究所開設《現觀莊嚴論》與「藏文」課程，蕭氏為歐陽無畏的高徒，由於在台灣缺乏研習藏語和西藏文化的材料和環境，蕭氏曾四度前往印度、尼泊爾參學，並曾至位於印度北境的西藏流亡政府所在地達蘭沙 (Dharmsala) 拜見十四世達賴喇嘛，得此因緣後，蕭氏又再向國科會申請計劃在達蘭沙拉研習一年藏語和藏傳佛學。蕭氏譯注有西藏文典《松居巴》及《大金局巴》，此兩書為研究藏語組織方式與時態的最早文法書。發表專著和論文有《清代駐藏大臣》(氏碩士論文的擴充，1996)、〈佛教對西藏社會的影響〉、〈關於西藏佛寺〉、〈藏學研究在台灣〉、〈十八世紀初期西藏當權者多羅郡王頗羅鼐〉、〈西藏格言詩「土木論」喻例試探〉、〈藏族志〉等多篇。

林崇安 (1947–)，美國萊斯大學太空物理學博士，為歐陽無畏之重要弟子，專擅因明學。曾習密法於劉銳之，[10]故除了修習解門外，行門亦有專擅，林氏亦是西藏研究會委員，除了研究印度佛教，對藏傳佛教的教史、西藏典籍、藏文拼音、修法亦有論文專著，發表

[10] 劉銳之 (1914~)，曾任香港密宗學會及台北金剛乘學會主持者，學法時間甚長，於十三歲皈依真言宗黎乙真，受胎藏界灌頂；年十五皈依禪宗虛雲老和尚，受菩薩戒；年四十六，赴印度噶林邦皈依寧瑪派法王敦珠仁波切習寧瑪密法，主要著作有《西藏密宗靜坐法詳釋》、《諸家大手印比較研究》，又譯註、倡印多種西藏佛教典籍。

的論文概要有:《西藏佛教因明的研究》、〈西藏密宗典籍研究〉、〈前弘時期印度與漢地佛教之傳入西藏與影響〉、〈西藏佛教後弘時期之源流與思想〉、〈印度部派佛教的分立—依藏文資料分析〉、〈漢藏佛教因明的傳譯研究〉、〈西藏佛教傳入蒙古與影響〉、〈西藏佛學中之存有論〉、〈西藏佛學中的真理觀「二諦論」〉、〈藏傳因明論式在辯證上的運用〉其著作風格是以不長的篇幅，提綱切領地掌握到論著的要旨。

高明道 (1952~)，德籍，曾研習梵、巴利、藏、蒙、滿、拉丁、德、法、英、日、中等諸種文字，專長為佛教典籍文獻學，碩士論文為《如來智印三昧經翻譯研究》(文大中研所)，校定的經書版本即有漢文譯本四種、藏、蒙、滿文譯本各一種。高氏以其西歐學界廣習經典語文和研究語文為論學基礎，校定版本、分析語法、並西譯藏經，由於同時的授課，對於國內各重要的佛學研究所，如中華、法光等的課程和學風，影響甚大。高氏曾在 1988 年的《西藏研究會訊》發表論文〈藏語實字 dam 義試探〉，見微知著，可見高氏藏語分析的功力。

許明銀 (1952~)，畢業於政大邊政所，曾於日本東京大學修習印度思想及西藏佛學，前後二年，後任輔仁大學兼任教師。自日本回國後，許氏致力翻譯工作，並在各大佛學研究所任教，他曾以多年研習的經驗，編著《西藏佛教史》、撰著有《西藏寺院的修學過程與教學制度》，現已將近年撰寫的藏學論文編成一冊出版。

陳玉蛟 (1952~)，中央大學物理學碩士，曾任中華佛研所暨法光佛研所教師，主要教授藏文和西藏佛學。1992 年出家。專事修行。自 1978 年起，親炙歐陽無畏喇嘛，學習藏文、西藏史及藏傳佛學，1984，受聘中華佛研所，教授藏文，一面指導學生研讀藏文佛典，一面對藏文重要佛典進行翻譯和註解，已完成的譯註有《宗義寶鬘》、《阿底峽與菩提道燈釋》、〈現觀莊嚴論初探〉、《入菩薩行導論・譯注》等。陳氏治學作風嚴謹，在譯註佛典時，除參考藏版原文與前人相關注釋外，亦輔以英、日、德文的譯註本，予以詳細的科判，並對於重要的名相加以詳細地說明。對於台灣研究藏傳佛學頗有開創之功。發表論文頗多，有〈宗喀巴現觀莊嚴論金鬘疏三寶釋義〉、〈宗喀巴現觀莊嚴論金鬘疏大乘二十僧釋義〉、〈現觀莊嚴論初探〉、〈「發心」在漢藏佛學中之意義及其在宗教實踐上的心理功能〉、〈西藏佛教文獻「宗義書」之源流〉、〈台灣的西藏佛教〉、〈關於「現觀莊嚴論金鬘疏」序〉、〈阿底峽的「入二諦」〉、〈宗喀巴對「現觀莊嚴論與般若經互相配合」問題的看法〉等多篇。

陳又新(1956~)，畢業於政大邊政所。就學期間師事歐陽無畏，以《第十三輩達賴喇嘛新政之研究》為題撰寫碩士論文。1981年畢業，擔任蒙藏委員會藏事處科員與編譯員，繼續在歐陽喇嘛的私宅學習藏文文史經典，《現觀莊嚴論》、《入中論》、《量釋論》等，經年如同一日。對於西藏的史地、宗教、文化皆有廣泛地涉獵。後陳氏昇任蒙藏委員會藏事處科長，並畢業於師範大學歷史學研究所博士班，曾在中華佛學研究所講授《六十頌如理論釋》及初級因明等。著作除其博碩士論文外，有〈第十四輩達賴喇嘛流亡印度後言論之研究〉、〈漢藏譯本六十頌如理論之初探〉、〈善說諸宗源流略傳晶鏡譯稿〉、〈西藏佛教宗義架構簡介〉、〈略談時輪與西藏〉、〈漢譯本六十頌如理論之比較〉、〈西藏第一位轉世活佛略述〉、〈崗波巴：迦當派與迦舉派教法的融合者〉、〈元朝時期的薩迦派略述稿—以薩班、八思巴叔姪為主〉、〈月稱著六十頌如理論釋藏文漢譯〉等多篇。

葛婉章，台大歷史研究所畢業，現服務於故宮博物院，在一九八〇年代，葛氏對藏傳佛教的造像和藝術產生興趣，連續在《故宮文物月刊》、《西藏研究論文集》、《法光雜誌》中，發表〈西藏金銅佛〉、〈藏密圖像分類及有關問題〉、〈素寫藏密諸佛〉之一佛部、之二菩薩部、之三護法部、〈由姚文瀚羅漢連作看藏傳佛教藝術在清宮的發展〉、〈藏傳佛教美術圖像的有關問題〉、〈藏傳佛教美術中佈畏法相的象徵意義〉等諸篇，內容可說是詳細地從葛氏自己接觸到藏傳佛教造像藝術所產生的疑惑開始，參考國外相關著作，所做的兼具藝術史和宗教史的論著，是國內少數研究西藏佛教藝術的學者。另外，葛氏的同學，亦在故宮服務的馮明珠，自碩士論文期間即研究近代中英兩國在西藏問題上的交涉，近年來對此一論題，仍從不同角度作深度的發揮，並不斷與國外的論著作進一步的對話。馮氏亦有對西藏文物作一介紹，如在《故宮文物月刊》就有她的一篇〈宗喀巴・曼達・嘎布拉〉的文章，是配合當期故宮的「蒙藏文物展」所做的導覽性文字，對於當年曾參觀該次展覽，或對西藏殊異宗教器物感到興趣的人士，可從文字中，加深對西藏宗教的體驗。⓫

3. 專門研究學會的誕生：一九八〇年代

宗教教法的流行與學術研究畢竟需要相當多的人材和經費，據陳玉蛟的研究，藏傳佛教自 1949 年以後在台灣流行的經過可分成兩個階段：

一、1940–1982 年，四十年。這時除了少數西藏教派，如格魯派、薩迦派稍有喇嘛在台灣外，弘傳的人員幾乎皆是漢人的居士，傳法的規模小，且集中在台灣北部。

二、1982– 今日，約十餘年，這段期間，由於台灣經濟發展達

⓫ 以上人物簡介，部分參考自藍吉富與果燈師等編，《當代中國人的佛教研究》，商鼎文化出版社，1993。

到高峰，與國外開放的結果，引進大量海外的藏族喇嘛來台弘法。1982 年，噶舉派喇嘛迦盧仁波切開在台弘法的先例，日後，西藏各教派喇嘛絡繹前來台灣，弘法規模日益龐大。⓬

自 1970 年代開始，台灣島內經濟狀況逐漸起飛，非基督教的傳統宗教的日益興旺，加上過去台海藏學研究的新興世代逐漸成熟，多方力量的牽動之下，而逐漸有了西藏學術研究會的倡議。若以 1980 年為界，可說前期的研究方法較為傳統，多重視藏文學習與經典的校釋；時至後期，多有比較、歷史研究，和新的方法之研究取徑，但由於致力的目標向各方面分散，對基本訓練，或有不及前期紮實之患。

1985 年五月，台灣十五位研究西藏的學者開始提議成立研究學會，得到台灣的南亞促進會（時理事長為梁永章）與政治大學邊政研究所（後更名民族研究所，時所長為林恩顯）的支持，經過一番詳細的籌畫，終於「西藏研究會」於一九八六年元月成立，這個學會最初集合了十五位從事西藏問題的專門研究者，每月舉辦一次學術性的講演，報告與交換彼此對藏學研究的心得，邀請會內外的學者作專題演講，並將部分研究成果刊登於所屬刊物《西藏研究論文集》與《西藏研究會訊》中。該會設置於政大邊政所內，初分成四組：語文組；歷史組；文化組；現況組。研究會的成立，結合了國內各方的藏學研究學者，開始時期的研究委員有林恩顯、蕭金松、龔煌城、王吉林、張遂俐、廖淑馨、邱螢輝、徐新登、呂秋文、王美霞、林冠群、林崇安、胡進杉、陳又新、陳玉蛟、孫天心、葛婉章、馮明珠、張駿逸，下設研究助理若干。

台灣藏學研究原先的特點，就是人員和機構都相當的侷限，集

⓬ 陳玉蛟，〈台灣的西藏佛教〉，《西藏研究論文集》?, 1990，頁 106–107。

中在政大民族所、蒙藏委員會（蒙藏文化中心）；以及文化大學民華所、中研院史語所（偏向藏語研究）等單位，彼此各自研究，專門領域也未必相同，與國外藏學研究、國際會議也較少有連繫，1986年初成立的西藏研究會，大體上是研究者們體會到這種景況，而思圖突破局面的一種努力，他們出版刊物，以便與國外交換研究成果與意見。如於1987年出版的《西藏研究會訊》，專門報導西藏的最新消息，與國內外藏學研究最近的課題和成果；至1988年《西藏研究論文集》這本刊物相繼問世，使得台灣西藏研究的學者，有了可以集中發表研究成果、相互交流，提供材料、觀點、方法、評論的重要園地。

已故的美國天普(Temple)大學佛學教授傅偉勳曾言道：佛學研究有兩種常見的取徑：以「信心為本」的佛法探索；和以「學術為本」的研究方式。前者旨在發揚教義中的深義，以啟讀者的信心，後者則旨在透過比較、歷史回顧和系統方法，發掘宗教教義在學術上的意義。⓭「西藏研究會」的成立，可說是帶動台灣藏學中的藏傳佛教研究從「信心為本」的研究取向朝向「學術為本」的研究取向的一個轉機，唯可惜的是，這個研究會後來面臨經費和人力的運作問題，已有減緩其發展之趨。

⓭ 傅偉勳，(《從創造的詮釋學到大乘佛學》自序)，見氏著〈台灣本土的佛學研究－回顧與前瞻〉，《台灣佛教學術研討會論文集》，1996,12。

四、台灣研究藏學的優勢與弱點

㈠檔案材料

1.《宮中檔》

故宮博物院藏有共計四十萬件的清宮檔案，其中有為數不少的西藏史料，是研究自十七世紀至二十世紀初漢藏政治、經濟、軍事、宗教事務等關係的重要文獻。另外，滿文奏摺共計有五輯四百餘件，其中有關西藏事務的即有四、五十件。

2.《西藏檔》

南港中央研究院近代史研究所檔案館藏。結合清代《總理衙門檔》和民國國務院、外交部的檔案，為自 1876–1928 年漢藏關係交涉與中英藏三方外交交涉史的研究，提供了頗佳的一手史料。近史所也自英國倫敦國家檔案局 (Public Record Office) 以重金購回部分與西藏相關的檔案微卷。

㈡研究條件

一、參與研究者平均學歷提高，學術態度日趨普遍。相對於早期偏向教義的研討，當今運用史學、社會科學、統計計量等方法從事研究者較有增加，但似乎還是以文獻學、宗教教義的研究佔主要地位。研究角度的繼續擴大和比例上的均衡化，以及不同學科的研究者保持連續性的交流、對話，相互吸收彼此研究成果，是台灣藏傳佛教「研究社群」建立必須突破的關卡。

二、藏文教授的地點逐漸增多，在台北，有政治大學民族系所、中華佛學研究所、法光佛教文化研究所、有時在蒙藏委員會所屬機構和相關藏傳佛教弘法道場，多有開設藏文課程，加上台灣英、日、歐洲語文的學習日益普及，學者可透過多語文的教材研習藏文。

三、Dr. Barber 主編的西藏大藏經七十二冊已由台北南山出版社影印，雖然所價不菲，但各大佛教相關圖書館多有收藏，使得學者接觸到研究重要的一手資料不再像以往一般困難。另外，自 1980 年以後，大陸學者紛紛將藏文版的西藏教史或史料翻譯成中文，如《佛教史大寶藏論（布頓佛教史）》、《青史》、《紅史》、《薩迦世系史》、《續薩迦世系史》、《漢藏史集》、《西藏王臣記》、《安多政教史》、《如意寶樹史》、《多羅那他・印度佛教史》等。雖然翻譯作品的良窳憑藉譯者的功力和良心，且由於不同語言轉換的過程，難免要經過「轉碼」的程序而有漏失，但中文版西藏教典和史料的取得，卻大大提高過去只能利用漢文資料來研究少數民族史事，造成文化觀點與敘事角度上的偏差，而較能從多方立場來理解史事中的複雜面貌；在研究西藏內部各教派的史事，方可以從不同教派資料的比對，獲得較全面性的見解。

四、近二十年來，由於台灣經濟的持續性發展和外貿的增加，使得國內國外學術交流的可能性大為增加，台灣學者參與國際會議、與國外學者來台開會、講演或進行短期講學的情況亦成為可能。使得國內外研究的信息可以透過互訪和交流而相互觀摩，無形可提昇台灣學界的研究視野和關注課題。而得到較全面性的瞭解。

但在台灣，不可否認地，要發展藏傳佛教研究還是有許多難脫離的弱點和侷限：

一、研究者多少是佛教徒或宗教愛好者，加上一半的重鎮存在於佛教寺院出資的佛研所，因此其研究中「弘法心態」和「研究心態」或有所偏，相互混淆的情況成為難以避免的趨勢。且台灣部分的寺院在研究的心態上猶偏向保守，不願意以客觀公正的態度面對過去事行上的優缺，也不樂於見到學生有檢討佛教發展的批判性論文，因此在其中多半只能從事佛教教理上的研讀，少有從事史學、社會科學研究的角度。

二、目前在台灣開設藏學課程的高等學術機構仍然太少，造成學生多半是經過自行摸索，而半途插隊的，到需要真正作出研究成果，撰寫論文時，所需的研究能力和材料往往有所缺漏。

三、這些對藏學有所興趣，並曾經鑽研的學生，待他們學成之後，又只能在少數幾所認同藏學重要性的機構，如佛研所、蒙藏相關機構、故宮博物院等地服務，但這些機構自己的經費和人員需求亦是相當有限，故多半改行或轉而研究其他領域，造成研究生涯規劃上的供需失衡。

四、台灣和西藏佛教風氣有所差異，也造成在宗教和學術上不能交流之處：在台灣，認為顯密二分，顯教對密教多有相當濃厚的排斥心理，因為有的密教舉行過多不切實際的灌頂法會，而忽略在灌頂前，應給與參加者必要的佛學概念。另外，顯宗寺院也多不願意在教義教學上提供支持，例如，貢噶精舍一頁安排有顯、密二宗的課程。但精通顯宗的法師或學者很少願意前去授課，似意與「密宗」道場保持一定距離。

五、藏學學者歐陽無畏曾說：「學習西藏佛學，就要直接從學習藏文入手，以藏文來了解文義。」他在政大邊政系教授藏文時，即以手寫方式編定一套《藏漢字典》，此外似不曾有學者再以國人熟悉的方式和需要編寫藏語字典，但此本字典的〈例言〉中表示：此字典的編輯是「以普通實用為目的；故取材之標準，以普通應用之字詞為限，凡專門名詞、佛學術語概不欄入。」足見這部字典的編輯目的是讓學生用來查詢藏文基本字詞，如果要閱讀專門經書或文獻，恐就落入字詞收錄不足的局面。故台灣學界要深入研究藏文，多得借重大陸編輯的藏文工具書，台北的新文豐出版社曾重新印刷一套大陸學者張怡蓀主編的《藏漢大辭典》，是書網羅了五萬三千餘條詞目，當是目前詞目最多的藏漢雙解辭典，但由於一套多達三冊，每冊又高達一千餘頁，內容雖詳盡，但實在不方便外出攜帶使用。而購買大陸出版的小冊藏漢字典，又必須透過特殊管道，有時猶有缺貨之虞。

又由於外在環境的限制，台灣的藏文教學多偏重在經典文字的閱讀，缺乏口語的訓練，使得在台灣少數幾位能用藏文交談的學者，如蕭金松、陳玉蛟等教授，皆是自行尋求機會，到尼泊爾、印北達蘭莎拉等地作實地的體驗和學習，才有今日的成就，但他們的學養，卻很難經過純粹教學而傳播到下一代。

五、藏傳佛教與漢傳佛教交流的必要性和應有態度

就藏經內容而說，藏文《甘珠爾》、《丹珠爾》保存了可說完整的中晚期大乘顯、密兩宗的佛教典籍，且藏傳佛教寺院在翻譯經典時，僅可能保留原來梵文的文法句式，故一譯名可以根據藏文《翻譯名義大集》(Bye bragtu rtog par byed pa chen po) 還原到梵文的原文。因此今天各國學者在梵文、巴利文佛典已不可尋獲的情況下，紛紛將藏文藏經視為最重要的參考經典，受到國外（歐、美、日）學風的影響，台灣的佛教學院和研究所已逐漸開設藏文課程，有教授指導學生翻譯藏文經典作為學位論文。今舉其要例如下：

文化大學史研究所博士論文			
研究生	畢業時間	指導教授	論文題目
林冠群	76.06	王吉林	吐蕃贊普墀松德贊研究
中華佛研所歷年與藏傳佛教有關的學位論文：			
研究生	畢業時間	指導教授	論文題目
釋果賾	79.03	陳玉蛟	『二萬五千頌般若波羅密多』「發心品」藏文釋註及漢譯四本對照
曾德明	80.06	陳玉蛟	藏譯本《學處集要》布施品譯註
釋禪松	80.06	陳玉蛟	藏譯本『二萬五千頌般若波羅密多經合論』初品「教授」中前三子目譯注
林純瑜	82.09	高明道	《龍藏・維摩詰所說經》考（參考《甘珠爾》）
釋繼欣	85.06	林崇安	藏本《瑜珈師地論・攝事分》「念處相應」首頌初探
廖本聖	85.09	釋惠敏	《古典西藏語文法教材的基礎研究》
梅靜軒	87.08	曹仕邦	民國前期的漢藏佛教交涉(1912–1949)

見目前佛研所的研究是以藏傳經典的探討為主，但據傅偉勳所言：現今美國佛學研究界的學術訓練方式，以苦修梵文、巴利文、藏文，乃至日文等多種語言為號召，如此訓練，費日耗時，多半學者皆只能停留在文獻學的基層研究，而無法深透佛學中更有普遍需要的「義學」，因此台灣的佛學研究者的語言訓練不妨以分工分學的方式，以共同合作的方式來加深彼此的研究廣度和深度。⑭

又，若與國際學界相比，中國大陸從事藏學教學和學術研究的機構已有二、三十所之多，定期出版的學術刊物有《中國藏學》、《西

⑭ 傅偉勳，〈台灣本土的佛學研究－回顧與前瞻〉，《台灣佛教學術研討會論文集》，1996.6.1；台北，頁9。

藏研究》、《藏學研究論叢》、《國外藏學研究論文集》、《格薩爾研究集刊》及各地民族學院出版的學術刊物等；大陸學者又持續不斷地翻譯藏文經典與西方學者的藏學研究成果，台灣學界無論在規模上和研究基礎上都不能與之競爭，在工具書與基本材料上也依賴大陸出版品甚多。台灣在藏學研究上要避免成為中國大陸的「學術殖民地」，勢必在研究心態和角度上抱持警覺，除了在宗教研究上可以不同於大陸學界慣常以「唯物主義」思考的角度，抱著僵化批判的態度外，在歷史研究上，我們也應當「以歷史論歷史」，避開大陸學界一貫認為「西藏是中國不可分割的一部分」的主觀想法。

而另一方面，自十三世達賴喇嘛親政以來，西方就有「西藏非屬於中國」的想法，研究學界二分「藏」、「漢」，分而視之的種子業已撥下，到 1959 年西藏發生抗暴活動，十四世達賴喇嘛出亡印北達蘭薩拉時，此種學風已經茂然茁壯，成為西方藏學界的主流研究取徑，尤其以西藏史的研究為然。對於漢人的研究成果，西方學界慣常以「漢族中心主義」的批評而嗤之以鼻，西方學界的這種態度，時會造成受傳統教育的台灣留學生感到困擾，如張駿逸在留學美國期間，於書寫報告時用「漢族」與「藏族」對稱，就激怒了上課的教授，因美國學界慣常不認為西藏乃中國的一部分，提到兩個民族的對稱時，不使用「漢、藏」，而使用「中、藏」，以表示「西藏」與「中國」在位格上是全然相同的。[15]

如此，美國藏學界和中國大陸的藏學界遂因長期觀點的差異而掀起大規模的筆戰，西藏學者夏格巴・旺秋德丹在 1976 年於印度達蘭薩拉出版了一本上下兩卷的藏文著作《西藏政治史》，以藏人特有的宗教角度（「供施關係」）看待藏漢曾有的交往關係，大陸學界

---

[15] 見張駿逸，《美國藏學研究方式》，《西藏研究會訊》2:2，1986–9。

見到這部大部頭的藏人著作，深恐「一般外國人往往認為夏格巴的書“大概就是真正的西藏政治歷史”」，乃組織「西藏自治區《西藏政治史》評注小組」，先於 1995 年 9 月，出版一本 746 頁的《西藏歷史地位辨》，分成十六章反駁夏格巴及繼承夏氏觀點的荷蘭法學學者范普拉赫的《西藏的地位》(The Status of Tibet–History: Rights and Prospects in International Law) 中強調國際法及民族自決觀點的寫法，論證西藏並不具有「獨立國家」的地位。再者，於 1996 年 11 月出版單獨一本 182 頁的《夏格巴的《西藏政治史》與西藏歷史的本來面目》，開列出六十七條雙方矛盾的問題點，逐條以藏漢史料駁斥夏格巴的說法。

中共對夏格巴的態度如此直接且不留情面，大約是因夏氏為藏人，但更甚者是以豐富的「證據」向夏氏背後的歐美學界示警，以示中共對西藏歷史的解釋權不容動搖的決心。西方這種「西藏自古即為獨立國家」，與中共這種「西藏為中國不可分割的一部分」的兩種天南地北的研究觀點，造成兩者在研究上判然為二的選材和解釋角度的差異，也使得兩方學界各有各的解釋慣有模式及隨之而來的嚴重偏見。台灣的藏學研究者處在兩方的邊陲地帶，處在夾縫中間，這時反而其有自長視野看較佳的研究優勢，而更能客觀地閱讀史料、如實地解釋史實的自由度，而可以達到「基於同樣史料，卻得到不同解釋空間」的可能。

附錄：台灣藏傳佛教道場：大台北地區（限於所聞，未能搜羅齊全）

寧瑪派 (rNying–Ma–Pa)（紅教）

1. 諾那精舍
   台北市南京東路五段 63 號 14 樓
   (02)2764–1117
2. 金剛乘學會
   台北市南京東路三段 278 號 4 樓
   (02)2752–7307
3. 噶陀佛學院
   台北市民生東路五段 81 號 3 樓
   (02)2756–5888
4. 卓千佛學會
   台北市南京東路五段 250 巷 18 弄 26 號 4–5 樓
   (02)2747–6458
5. 佛教密乘智慧中心
   台北市保儀路 159 號 5 樓
   (02)2938–4858
6. 利美學佛社
   台北市峨嵋街 88 號 3 樓
   (02)2381–2336
7. 寧瑪巴白玉塔唐佛學會
   台北市敦煌路 144 號 5 樓
   (02)2594–4617
8. 寧瑪巴蓮生顯密佛學會
   台北市永吉路 278 巷 37 弄 35 號

9. 協謙佛學中心
台北市安和路二段 23 巷 7 號 6 樓
(02)2709–0433
10. 瑪拉諦嘎無量壽佛學院
台北市江南街 103 號 2 樓
(02)2799–3917
11. 台北秘迦佛學院
台北市成功路三段 181 號 5 樓
(02)2790–0680
12. 白玉龍欽寧體法輪佛學院
台北市四維路 20 號 4 樓
(02)2704–2466
13. 寧瑪顯密弘法精舍
台北市永吉路 355 號 2 樓（法藏精舍）
(02)2766–6470
14. 自然解脫中心
台北市康樂街 711 巷 51 弄 2 號 5 樓
(02)2633–2917
15. 大菩提佛學會
台北市青田街 2 巷 7 號 2 樓
(02)2391–6632
16. 寧瑪巴喇榮三乘法林佛學會
台北市至善路二段 460 巷 19 號
(02)2841–2631
17. 寧瑪巴釋迦佛學會
台北市景福街 46 號 2 樓
(02)2792–2975
18. 白玉金剛護法團契

台北市健康路225巷11-1號3樓
(02)2528-1963
19. 中華西藏宗教文化學會
台北市承德路七段196號5樓
(02)2826-1021
20. 中華民國之寶顯密佛法中心
台北市興安街149號7樓
(02)2546-8492
21. 卓千大圓滿吉祥獅子佛學會
台北市信義路二段148巷4-1號
(02)2341-6316
22. 大圓滿吉祥獅子佛學會
台北市重度南路二段20號
(02)2321-66292341-6316
23. 貝瑪多傑
台北市基隆路二段150-1號5樓
(02)2377-0336 2738-8161
24. 寧瑪佛學會
台北市敦化南路一段336號4樓
(02)2708-1137
25. 噶陀十方尊勝佛學會
台北市民權東路三段103巷35號4樓
(02)2717-5645
26. 寧瑪巴九乘法輪中心
台北市四維路20號4樓
(02)2704-2466
27. 白玉中心
台北市健康路225巷11之1號3樓

(02)2528–1124

28. 中華藏密寧碼巴佛學會
台北縣新店市北新路三段9巷9號4樓
(02)2914–8682 2708–1137

29. 金剛護法功德會
台北縣盧洲鄉復興路87巷18號4樓
(02)2282–1445

30. 寧瑪南喜傳承青康藏中心
台北縣中和市景興街496巷30弄14號
(02)2941–1038

31. 噶陀仁珍千寶佛學會
台北縣汐止鎮東勢街201巷307號
(02)2269–3004

32. 寧瑪巴白玉淨明園佛學會
台北縣永和市秀朗一路一段62號4樓

33. 密宗行院雜喜秋佩佛學會
台北縣中和市中正路277號21樓之5
(02)2927–5166

34. 台灣寧瑪巴佛學中心
台北縣深坑鄉翠谷二村6–3號
(02)2622–4271

35. 寧瑪祥丘吉林佛法中心
台北縣新店市中正路542–4號6樓
(02)2182–4860

噶舉派 (bKah–brGyud–Pa)（白教）

1. 噌瑪噶舉法輪中心

北市新生南路一段170巷8號1樓

(02)2395-1684

2. 止貢噶舉顯密精舍

北市忠孝東路四段65之24號10樓

(02)2752-5057

3. 祖普基金會

中和市連成路263之2號2樓

(02)2298-5538

4. 菩薩書院

台北市信義路四段40號3樓

(02)2732-4873

5. 大寶法王法輪中心

板橋民權路310號4樓

(02)2968-6584

6. 智慧金剛佛學中心

台北市和平東路三段509巷33號

(02)2733-5659

7. 噶瑪噶舉法輪中心

台北市克強路10巷9弄6號1樓

(02)2834-4527

8. 教證法幢佛學會

台北市林森北路119巷55號5樓

(02)2542-2828

9. 正慧精舍

台北縣深坑鄉9巷昇高坑13號

(02)2662-1689

10. 明達佛舍

(02)2962-1262

11. 噶舉佛學會
台北市信義路265巷46號4樓
(02)2708–2548
12. 噶舉利生中心（達香寺）
台北縣中和市景安路69號7樓
(02)2363–2916
13. 竹巴噶舉佛學中心
台北市德惠街19號9樓
(02)2585–3678
14. 白教竹巴噶舉中心
台北市建國北路三段93巷5弄17號5樓
(02)2508–4937
15. 台灣止貢噶舉中心
台北市大安路一段75巷7號1樓
(02)2771–3450
16. 貢噶精舍
台北縣中和市中和路378巷16號
(02)2921–3129
17. 中國止貢噶舉顯密協會
台北市文林北路112號10樓之1
(02)2822–3733
18. 健身強學會
台北市臨沂街57巷9號4樓
(02)2321–5142
19. 蘇曼佛學會
台北市和平東路一段67號12樓之1
(02)2322–4362
20. 中華西藏協會

(02)2356-6168

21. 噶瑪噶舉協進會

台北市信義路四段 1 號

(02)2704-1959

22. 殊利大手印中心

台北縣新莊市化成路 188 號

(02)8991-0774

23. 蓮花生法輪中心

台北縣永和市輻和路 327 號 7 樓

(02)2920-1451-9

24. 噶舉蘇曼三乘法輪中心

台北縣中和市員山路 281 號 2 樓

(02)2226-9914

25. 鐵丘吉林大乘法苑

台北市復興南路二段 152-2 號 3 樓

(02)2707-9430

薩迦派 (Sa-Kya-Pa)（花教）

1. 大悲顯密佛法中心

台北縣三重市成功路 115 號 5 樓

(02)2974-6925

2. 藏密喜金剛協會

台北縣新店市如意街 120 號

(02)2214-18182210-2811

3. 薩迦弘修法中心

台北市錦州街 211 號 1 樓

(02)2563-0359

4. 薩迦旺則千中心
台北市德行東路 252 號 2 樓
(02)8355–0591
5. 中華密宗薩迦佛學會
台北市錦州街 215 號 4 樓
(02)2567–6467
6. 普惠弘法中
台北市大直街 57 巷 34 號 2 樓
(02)2501–2661
7. 薩迦巴法輪中心
台北市辛亥路四段 101 巷 85 之 2 號 5 樓
(02)2557–8989
8. 薩迦諾爾旺遍德林
台北市成功路五段 65 號 7 樓
(02)2632–9341
9. 中華薩迦佛學會會堂
台北市吉林路 161 巷 1 弄 14 號 2 樓
(02)2567–6467
10. 薩迦巴顯密弘法中心
台北市辛亥路四段 101 巷 85–2 號 5 樓
(02)2934–0103
11. 薩迦雅典弘法中心
台北市建國北路一段 57 巷 12 號 1 樓
(02)2506–0536
12. 佛海禪寺
台北市和平東路的三段 26 號 8 樓
(02)2736–86502736–0172
13. 希達多本願會

台北市辛亥路四段101巷26號
(02)2935–0498

14. 雅典弘法中心
台北縣板橋市大觀路三段210號6樓
(02)2687–4647

15. 大悲顯密精舍中和薩迦法輪中心
(02)2949–0412

16. 大悲顯密佛教協會
台北縣中和市景新街323–3號1樓
(02)2949–0412

17. 海天禪寺
台北市復興北路168號9樓
(02)2546–8111

18. 福圓善住精舍
台北市通化街200巷30號
(02)2701–02122736–6848

19. 薩迦貢噶佛教中心
(02)2733–9544

20. 薩迦福田精舍
台北市建國北路二段33巷1號1樓
(02)2516–5068

21. 蓮華映月軒
台北市健康路225巷11之1號3樓
(02)2528–1960

格魯派 (dGe–Lugs–Pa)（黃教）

1. 佛教如來功德會

台北縣板橋市信義路251巷8號2樓
(02)2951–1149

2. 經續佛法中心
台北市八德路三段81號12樓之1
(02)2577–0333

3. 菩提學會
台北市德昌街185巷90號5樓
(02)2305–6886

4. 甘丹佛學中心
台北市中原街52號2樓
(02)2563–9915

5. 西藏佛學會
台北市天母東路53號7樓
(02)2871–7841

6. 普賢王如來佛教會
台北市林森北路119巷55號2樓
(02)2523–0996

7. 藏海學會
台北市中山北路五段290巷29號7樓
(02)2835–2275

8. 南方寶生佛剎（樂明法苑）
台北縣中和市景平路259巷25之3號4–5樓
(02)2942–52732507–9511

9. 宗喀巴佛學會
台北市康樂街131巷25號
(02)2632–09742632–2574

10. 甘珠精舍
台北縣新店市大豐路68巷13號

(02)2911-2021

11. 中華格魯巴佛學會

台北市中山北路七段 186 號 7 樓

(02)2873-8987

12. 阿彌陀佛精舍

台北縣三重市自由街 17 巷 13 號 4 樓

(02)2983-5364

13. 中國佛教金剛乘時輪佛學會

台北市合江街 70 巷 9 號 2 樓

(02)2503-2649

14. 中華民國西藏協會

台北市徐州路 5 號 4 樓

(02)2356-6168

15. 中華民國漢藏協會

台北市承德路三段 181 號 2 樓

(02)2592-9216

16. 中華民國漢藏學會

台北市忠孝東路五段 510 號 7 樓

(02)2871-7841

17. 釋全度

竹子湖 56 之 4 號

(02)2861-8075

18. 佛教顯密研修會

台北市永吉路 30 巷 157 弄 12 號 2 樓

(02)2763-37282763-3729

評論

為阿富汗人民及巴米安大佛合十祝禱

阿富汗小檔案：人口：一千九百五十萬 (1999)。首都：喀布爾 (Kabul)。歷史：阿富汗在古波斯帝國，亞歷山大大帝遠征，伊斯蘭王朝的時代中，均十分活躍，可說是古代史的重要舞台之一。19 世紀之後，淪為英國的保護國，1919 年 5 月獨立為王國，但仍經常發生革命。蘇聯於 1980 年代入侵，使該國陷入動亂狀態。蘇聯撤軍後，組成以首都喀布爾為首的政府，因政府受外國勢立【疑為力】扶持，不被反叛軍所接受，時有嚴重的武裝衝突。最近揚言要摧毀佛像的神學士政權，是由南部民兵組織而成的，1996 年攻入首都喀布爾，重組新政府。由於神學士組織以伊斯蘭教為其反抗舊政權的號召，施政強調極端的伊斯蘭正統教義，因此新政府頒布的方針，皆以伊斯蘭教義為參考：如禁止西方式奢靡的娛樂活動，婦女皆需蒙面等。此次下令毀滅巴米安佛像之舉，也是基於同樣教義色彩作祟。

一、阿富汗回教徒再度摧毀佛像

今年三月一日，從泰國首都曼谷發出一則消息：阿富汗神學士 (Taliban) 政權的軍隊將要使用坦克、火箭筒等毀滅性工具，在全國各地展開摧毀佛教造像的舉動，初選地點在喀布爾、加拉拉巴德、赫拉特、堪達哈、加茲尼、及巴米安等六省。其中較令人矚目的是位於阿富汗中北部的巴米安 (Bamiyan) 省。

二、巴米安的佛教遺產

阿富汗巴米安省擁有一座全球最高的佛陀立姿石像，高五十三公尺，相當於 I8 層的大樓；另外還有一座較小，高度也達卅八公尺的石窟佛像。二像皆鑿山刻製而成。立於像前，瞻仰佛陀巨像，訪客易生出特殊的宗教情懷而難以忘懷。以故，在過去，巴米安的石佛群像成為到阿富汗旅遊最重要的景點之一。

佛像石窟的所在距離阿富汗首都喀布爾西北約 230 公里處。當地的佛教文物已有兩千多年的歷史。中國東晉時的老僧 (時年 68) 法顯，和唐代前往印度求法取經的高僧玄奘，在他們途經西域、前往印度的行旅記《佛國記》與《大唐西域記》中，都提到前往到「梵衍那國」這個梵衍那，據學者們考證，就是今日的巴米安一帶。由於日後梵衍那一地投陷於接連戰火中，未留下足夠的文字資料以推想當日佛教盛況，今天，連外國學者也承認，若沒有中國人的這些著作，一部西域佛教史簡直難於梳理，得借助中國的旅行記來填補和修訂。

三、歷史上當地佛教情狀

那麼，古代中文資料是怎樣記載梵衍那國的呢？玄奘《大唐西域記》(大正藏 N.2087 ・ p.873–2) 卷一中如此說道：

> 梵衍那國．東西二千餘里．南北三百餘里．在雪山之中也．人依山谷逐勢邑居．國大都城據崖跨谷．長六七里．北背高巖．有宿麥．少花果．宜畜牧．多羊馬．氣序寒烈．風俗剛獷．多衣皮褐．亦其所宜，文字風教，貨幣之用．……上自三寶．下至百神．莫不輸誠．竭心宗敬．商估往來者．天神現徵祥．示祟變．求福德．伽藍數十所．僧徒數千人．宗學小乘說出世部．王城東北山阿．有立佛石像．高百四五十尺．金色晃曜．寶飾煥爛．東有伽藍．此國先王之所建也．伽藍東有——石釋迦佛立像高百餘尺．分身別鑄，總合成立．

文中對巴米安河谷平原和山脈地形，主要是經營牧業、商業，和少數農業，信仰佛教和當地多神崇拜的情況，都有清楚的說明。更重要的是，玄奘提到當地位處山河要衝，商旅行經頻繁，以周圍天地風土嚴酷、民風剛獷，商人運送行貨，懼被劫搶，心理壓力極大，乃有強烈倚恃宗教護佑的需求，這一點，恐怕正是時人願出鉅資雕造大石佛像的心理背景吧!

位在興都庫什山脈西端的肥沃河谷，巴米安自西元二世紀起一直是佛教文化重鎮。佛像雕塑是整個聚落的重心，四周的寺院、佛畫與走迷津般的洞窟，吸引各地的佛教信徒前來朝拜行禮。至今多存放於喀布爾博物館。其特徵之一是融合印度和希臘文化的影響，形成獨特的「犍陀羅藝術」傳統，強調人顏面雕刻的深度，高鼻深目，及服飾上的紋路。作品多風格富麗，融合東西風味。

四、佛像建構的時間、人與手續

石雕大佛的海拔高度約 2500 公尺，佛像建構的日期至今仍有爭議，據估計：較小的一尊約刻於西元第三世紀或四世紀初，一說西元五世紀；最大的一尊則刻於第一尊後二百年之內。一千多年以前，在絲路上經商行旅的隊伍，經過長程旅途，總是會固定地來到巴米安河谷停頓個幾日，向佛像禮拜、祈保商旅平安，順便捐些香油錢，有時還會再找些雕工畫匠再添幾座石窟佛龕，供養新的佛像。今日在當地洞窟中，還曾發現過捐款者的畫像。從畫像中的形貌看來，這些捐獻者率多商人。

自今日的遺跡和相關史料推想，石刻佛像是由信徒各開一座石山，劈出一個大型石龕，先定好佛身樣態，再來加工裝飾而成的。佛像先以山的石材做底，初成輪廓後，外表再覆蓋上由黏土和麥梗混合起來的漿料，以方便模塑出細節的臉部、手部和袍子的皺摺。等到漿料乾涸以後，當地人再將佛像著上顏色。資料中，在全盛期，38 米的較小佛立像被上色為藍色，53 米較大的佛立像則為紅色，另外在佛手和佛面處則上成金色。

五、絲路時代的宗教心態

對於當時行旅於絲綢之路上的商人和僧侶們，經過黃沙蓋地，盜賊橫行，一片肅殺之氣的旅程後，來到這些佛像的面前，瞻仰佛容時，一定會感到相當的震撼與感動。周圍的一切都顯出人生的常相：艱苦、無常、殘忍、寂滅，只有巨大的佛陀立像，依然立足於綠油油而「美麗」的巴米安河谷上，帶著無憎無喜，亦莊亦嚴的手勢和表情，揭示著人生的真實相，和持心慈悲的自我救贖性，指引歷代商人和僧侶們，由心念的解脫獲得愉悅和希望。

六、過去摧毀佛教文物的事蹟

然而，世間無常，回教在西元九世紀後傳至當地。由於回教「一神」的概念，和排斥「偶像崇拜」的教義，歷史上回教徒以暴力和強制的手腕，逼迫當地佛教徒改宗和就範的事件，屢屢發生，就連破壞佛像的活動，本月【民國九十年三月】也絕對不是首次。個別的回教反偶像崇拜者總不定時地毀壞雕像和繪畫。另外，對佛教文物最主要的衝擊，還來自接二連三的外國侵略。

一波波入侵者時而劫掠，時而為了立威，不惜消滅既存宗教，以破壞當地社會紐帶。例如，五世紀匈奴人入侵，毀滅了鄰近巴基斯坦大部分佛教文物，但後來，也因一名改信佛教的匈奴人，促成巴米安佛教繪畫風氣的綻放。另外，蒙古成吉思汗在十三世紀率軍毀壞了巴米安山谷大佛，為他征戰中喪生的孫子復仇。

然而，之前的劫掠與破壞，都像是一陣風，倏忽而過。破壞者並沒有立基於教義的全套理由和價值去毀壞佛教，蒙古人征討南北，其實多半還是收攏各地信仰，在其「騰格里」(天)的信仰之下安插不同的位格的。但「一神信仰」的作法則不一樣，他們把人類所有的立像都視為不當的「偶像」，自然而然，對國內存在佛像這個事實，阿富汗回教徒自然感到矛盾與威脅，對佛像破壞的時間和範圍也就長得多和大得多了。神學士政權是阿富汗本國的多數種族。他們對禁止繪製人形的伊斯蘭傳統禁忌採取「基本教義派」的解釋，故決心徹底毀滅佛教雕像也成為理所當然的「義舉」。報載，較小的一尊佛像在一九九七年神學士軍進佔巴米安後已遭刻意開火毀傷，在最近的命令中，神學士文化部長說，將運用所有必要武器，全面將佛像加以毀壞。如圖中的佛像，拍攝時間在多年之前，當時佛像的面容已經被剷平了眼睛部分，手腿部也被嚴重破壞了，很顯然，這些回教破壞者要將佛像中象徵宗教靈性的眼睛部分先除去，以避免感到太多的異教「威脅性」。

七、阿富汗的命運：要衝與兵旅不斷

但從另一個角度來看，阿富汗人也有其與生俱來悲哀的一面。由於地處歐亞交通要道，阿富汗自古就擺脫不了長年征戰的宿命。這個兵家必爭之地，亞歷山大大帝來過，成吉思汗兵臨過，近代的英阿戰爭、蘇聯入侵更令人記憶猶新；但最可悲的，莫過於因入侵者樹立魁【疑為傀】儡政權，導致入侵者退出之後，造成同胞兄弟間的殺戮相殘。

自多年前蘇聯入侵阿富汗以來，阿富汗國內陷入嚴重內戰。據聯合國統計，今日阿富汗約有一百多萬人活在饑饉的死亡陰影之下，頂多能苟延殘喘幾個月。另據台灣曾前往阿國救災的慈濟功德會指出：數年前阿國面臨乾旱長期肆虐，情況嚴重，乾旱引爆饑荒，數百萬人民流離失所，徘徊於餓死、病死、凍死的地獄邊緣。如今阿富汗山區農民帶著全家大小長途跋涉，湧入國內較大的城鎮，甚至越過邊界逃向伊朗與巴基斯坦，但費盡千辛萬苦的結果，往往只是落腳於環境惡劣、傳染病猖獗的難民營，每天領取一份微薄的口糧，冀望能熬過中亞嚴酷的寒冬。

然而，此時控制阿富汗境內 95 ％地區的神學士政權仍忙於內戰，1996 年 9 月，神學士民兵攻陷首都，一方面仍與北方民族游擊隊作漫長拉鋸戰，另一方面施行嚴厲回教法規，造成三十萬人逃離，其他宗教亦被嚴禁。而因其推行嚴苛伊斯蘭教律法、仇視西方文化與收容恐怖分子的行徑，一直不見容於國際社會，結果不僅引來聯合國貿易制裁，連各界援助的意願也大受影響。

然而，提到國際援助，歷來國際社會的救援顯然是杯水車薪。阿富汗每年至少需要四百萬噸穀物來養活人民，但現在它自身只能生產二百萬噸，儘管已有救援組織致力奔走，但也只能募到一百多萬噸穀物。

阿富汗近年來為了擺脫貧困，成為全球最大的鴉片與海洛英產地，去年即製造了三千二百噸鴉片，約佔全球產量的四分之三。雖然為了遵照聯合國「毒品管制計畫署」的命令，於去年七月神學士政權下令禁止種植罌粟，農民改種小麥。但仍然沒有任何一個西方國家肯提供資金，協助阿富汗農民繼續進行改種計畫。

因此，神學士政權在國內內戰，旱災頻仍，災民流離失所；國際上因支持恐怖份子與對政權「政教合一」的堅持，而與美國、俄國交惡的情況下，斷然宣布要將國內最著名的觀光遺產：巴米安大佛石像摧毀，不禁令人懷疑，神學士政權的領袖歐瑪爾，到底葫蘆裡賣的是什麼藥？

八、是「毀佛」，還是「轉移國際視聽」

有新聞記者看出這其中的矛盾性，如張謳評估認為，整件事情只是阿富汗領導人歐瑪爾氣憤國際社會對阿國的災難和糧食供給危機不理不睬，而出做的一項「吸引國際媒體焦點」的陰謀。其步驟如下：

1. 今年 2 月底，歐瑪爾宣布將摧毀國內六省佛教文物。

2. 宣布巴米安的佛頭和大腿被毀壞。

3. 報導全國三分之二的雕像已經被搗爛，剩下的也將在兩天內炸毀。

這一陣子，整個國際社會果真都跟著神學士政權的舉動而緊張起來。眾多佛教國家竭力勸說，一些伊斯蘭教國家也發出呼籲。聯合國教科文組織特使也奉命到了阿富汗。巴米安一時成了國際的焦點。

但是，記者指出，整件事讓人感到有點兒撲朔迷離。由于阿富汗當局拒絕國外記者入境，境內記者又不允許接近現場，壓根就沒有任何記者見過搗毀佛像的場面，所流傳出來的照片，又頗為模糊，不足以判定拍攝的地點。在首都喀布爾，神學士政權不讓任何人進入博物館。誰也不知道裡面是否有文物，誰也沒有聽到裡面有砸毀文物的響聲。神學士為什麼在嚷嚷炸佛的時候，又給人躲躲閃閃的感覺呢？【第 3 版 專輯】

九、「毀佛事件」背後真相的揣測

(一)憤怒的表達飢餓

記者指出：神學士政權領導人所以選擇在這個時候要「滅佛」是有其政治目的和經濟原因的。神學士政權目前雖已控製【疑為制】了阿富汗 95 ％的領土，但目前僅有巴基斯坦、沙烏地阿拉伯和阿拉伯聯合酋長國三個國家承認。國際社會對阿富汗人艱難處境普遍抱持冷漠，這點迫使神學士政權不得不向世界發出了一個「憤怒的信號」，以獲得注目。一位巴基斯坦商人就說，神學士政權宣布炸毀巴米安大佛的通告，當與神學士的軍隊在宣布滅佛前的兩個星期，剛從反對派的手中奪回了這座小鎮來有關。巴米安被雙方的武力先後攻佔，前後易手三次，直到現在才被神學士政權完全控制了。他認為，神學士政權並不可能把佛像都砸毀。倘若真要如此，他們在雙方交戰時早就把佛像搗毀了。宣布毀佛像，正可作一宣示：當國際社會對上千萬處在生死邊緣的阿富汗人無動于衷，卻又對搗毀佛像一事指手畫腳，這種行為是極其虛偽的。

㈡販賣佛教文物以中飽私囊

另外，神學士政權軍隊的主要經濟來源有二，一是來自國際恐怖分子本拉登的經濟援助，以用大量資金來換取神學士政權對自己的保護；第二個經濟來源是毒品走私生意。但當聯合國宣布對神學士政權進行制裁之後，神學士政權的經濟來源也受到了影響。走私文物於是猖獗了起來。由于局勢的動蕩，全國各地的文物館、博物館和名勝古蹟幾乎無人問津。一些珍貴的藝術品被走私分子偷運到了國外，特別是當文物販子與神學士政權的官員勾結起來後，文物走私更可以明目張膽的進行了。阿富汗伊斯蘭時期以前的歷史文物，如小型佛像和塑像等，正被有組織地偷運到國外，賣給一些大收藏家或者博物館。然後用走私文物換來的金錢在購買武器和彈藥。藝術珍品的偷運活動近期來更為頻繁。阿富汗又沒有文物登記制度，拍賣商不可能找到有關文物的來源資料，買賣交易當然能順利進行。例如喀布爾博物館曾經珍藏有大批佛教和希臘文化古物，但神學士政權 1996 年攻佔首都後，該館不少收藏品就不翼而飛了。

文物是有限，而且走私文物總有敗露的那一天。在把博物館的文物盜空之後，幹脆說由于宗教原因把所有的佛教文物搗毀了，這樣就可以掩蓋自己的走私文物的行為，又能引起國際社會對阿富汗問題的關注，而最能引起國際社會關注的就是說「要炸毀巴米安大佛」了。

沒想到這一招果然靈驗，寥寥數語的「滅佛」消息在神學士政權控制的電臺廣播，全世界就為之震驚了。當國際社會開始忙著呼籲制止「滅佛行動」時，或許，神學士政權製造新聞的目的就達成一半了。

十、餘 論

然而，新聞也是善忘的，曾經喧騰一時的「阿富汗神學士政權毀壞世界第一立姿佛像」的事件短短一個多禮拜的時間，就歸於平靜了。儘管透過種種跡象分析，這件事似乎是「陰謀論」的成分居多，但我們沒有理由那麼樂觀的相信，巴米安大佛真的可以安然無事，因為就算神學士的長老們，藉此機會演齣大戲，也很難評估對於那些基本教義派的士兵信徒們而言，會不會有擦槍走火的事情發生；另外，也不得不擔心，在國際新聞熱潮一陣熱炒後，各國又繼續對阿富汗的天災、人禍導致的飢餓和疾病不理不睬，那麼，憤怒而貪心的阿富汗回教徒，又會想出怎樣更激烈的手段，來應對於國際的冷漠。

佛本空相，但是有相，可以提醒末法凡夫記起佛陀的教誨，和對說法恩德的感恩，因此在正信的佛徒來看，佛像與「偶像」是不可相提並論的。另外，以異教觀點，去摧毀他教崇高聖地，將會引起人間仇恨和廝殺，更為我們所不樂見到的。身為今日的阿富汗人，有他們的悲情存在，我們只能以所能及的手段，祈禱並幫助阿國眾生早日脫離貧困、內戰和飢餓，也希望真如前述記者所言，神學士政權毀佛的命令只是解決現實問題的權宜之計，待他日阿國政情重獲穩定，兩尊巨型石佛像能依然挺立於阿【上文均做巴】米安河谷，迎接從世界各地的佛教徒前來參訪，體會一千多年前佛教信仰者的心情。

評江燦騰：《殖民統治與宗教同化的困境》
——日據時期臺灣新佛教運動的頓挫與轉型

一

「江燦騰的博士論文寫成了，準備在今年畢業。」在今年六月得知這個消息時，因考量到我所知道學長近年的身體狀況，筆者不由得衷心感到慶幸和高興。同時，筆者相信，以學長對學術論文品質的要求，和多年來不計成本與時間地廣泛在國內外蒐羅大量資料，與國內外學者、研究對象家屬不斷對話，累積長期的思考和心力，他這本論文的問市，對於只有少數學者埋頭開墾的「日據時期台灣佛教史」這個領域來說，應當算是一部重要的奠基且開山之作。

大約三年多前，筆者得知：與筆者同門的著名「鐵漢學長」江燦騰竟然病倒了，罹患的是當今醫學並沒有有效控制方法的癌症，而且還是會在體內隨血液到處擴散的「多發性骨髓癌」，聆聞到這樣難以致信的消息，當時筆者的心情至為難過與沈重。

追溯筆者與燦騰兄的關係，應當上推至家父那輩就開始了，高中時代，家父便曾拿燦騰兄的來信給我過目，對於他信中的自許和開拓性的能力印象頗為深刻。上台大歷史系大二那年，我負責編輯系上的《史系導報》，乘職務之便特別向江兄邀稿，記得他交給我文章的篇名是〈我的自學歷程〉，那是篇很能夠鼓勵人上進的文章，內容描述江兄自小因父親迷信算命者的話，將家產蕩盡，因而無力負擔學費，到國中時不得不靠打工來養活自己，後來在當兵時受到益友從旁開導、鼓勵，和時代新秀如李敖及其主編《文星》雜誌的影響，逐步從逆境中力爭上游，剛開始以同等學歷考上師大歷史系夜間部，同一時期還在菲力浦竹北廠工作，半工半讀，畢業後再考取台大歷史所碩士班，燦騰兄在文中詳述整個歷程，讀畢很令我感動。此後，他在碩士班期間，因積極努力找論題，四處投稿、出版，已可說是著作等身了，博士班期間，研究領域從明末和民國轉向研治台灣佛教史，挾著前期的治學功力來看後期的論題，自可說是更上層樓。這三十多年的艱苦自勉的求學生涯，有記者比喻他是現代台灣版的「學術阿信」，用這顛撲的人生遭遇來研究講「無常」「苦」「空」「無我」的佛教史，使得學長的研究，如治李卓吾、憨山德清、或其他佛教人物上，會有一種「喫過苦的人生厚度」，往往能夠深切見到背後的精髓，發人所未發，這是當今在升學路途平舖直上的研究生們所難以趕上的。

學長的文筆健朗而帶有自信，筆端常不知不覺流露出感情，頗有他那時代文學作者手筆的味道。但是與他一起上過課的人會發現：感性，只是學長文章中「文學性格」的一面（他小時候常讀小說，曾有當文學家的念頭），但是他還有更強烈的一面，那就是「學術性格」，這一面性格是堅持「學術至上」的真理，極好強、極善辯、極嚴肅，是不分對象、沒有地位高低，與不懼權威的；在討論場合上你若沒有燦騰兄書讀得多，資料沒有他看得紮實，最好別去惹他，和他抬槓，否則一定是一場滔滔不絕、振振有辭、絲毫不假詞色的痛批，就算你是他的朋友也不例外。討論場合如此，這種主觀經常還流露於學長的論文之間。我相信，學長這種「事實當前，就算是政要富賈也不退讓」的學術霸氣，善讀書論學，不擅「作人情」的人生態度，是使得他在當今學界和文化界成為一號「異類人物」的原因。欣賞他的人，會讚嘆他的執實、率真、不妥協的典型學者個性，而願意前去接近他，請教他，和報導他，如博士論文口試完畢後，當場就有五、六名文學、攝影記者等在門口，由學長召開空前的記者會，就反映出燦騰兄在社會上是有廣大關心市場的；但在另一方面，不可諱言的，讓當今知名人物下不了台，會容易招來大批追隨者在情感上不能接受，而油生排斥和反感的，部分人士對學長敬而遠之，甚至敢捋虎鬚地對他無情的詆毀，原因當在於此。

因為學長重視新史料的發掘，經常看他走在文學院的長廊，背著一個沈甸甸的大包包，其重量是一般男孩子也難荷擔走遠的，但常見學長若無事然背著騎上腳踏車，還要趕到台北車站去搭車開往竹北的車子，史研所每個人都知道，學長前來台大，來回車程要三個小時，但天知道他那來的時間和精力，論題一個又一個拋出、著作一本又一本的出版、演講從台灣頭講到台灣尾，學術會議上充當發表人、講評人、評審的場合也比同儕多出許多。像這樣的學術鐵漢，誰知道在他的內心深處還藏有另一種情緒呢？他最害怕的事就是「死亡」，童年時代辦喪事的經驗讓他毛骨悚然，產生無以名之的恐懼感，對生離死別發生太多的好奇和不解，就是他到研究所後，要研究佛教史的原因吧！和他講過電話的人都知道，當從話筒聽到他說「就這樣吧」這句話時，就要隨時準備斷線了，因為他從來不會跟你道「再見」的。

這樣外表堅強，內心卻害怕死亡的江學長；這樣「讚譽紛來，謗亦隨之」，名滿海峽兩岸的江學長，在他精心籌畫多年，花錢百餘萬蒐集材料，博士論文尚未寫成，卻罹患隨時會離開人世的癌症，在他的內心，會有多麼的不情願啊！雖如此，在三年前我便相信，以學長在生活和學術上表現出驚人的耐心與毅力，他不會讓自己這麼輕易就被病魔打敗的，他自己和他的親友一定會同他站在一起，共同向疾病宣戰。首先，在龐大的經費問題上，學長停職和休學期間，由歷史所金仕起等籌畫，向全台大及全台灣募款，不旋踵即已募足全額，這顯示社會上普遍對這位佛教史研究上的後起之秀病情的關切；另一方面，學長幾次到台大醫院接受化療，多次被施行直線加速照射和注射干擾素，為避免因腳部無力造成翻身困難，而導致在背後的皮膚上長褥瘡的後遺症，故需要有人在日夜輪班，每隔二小時協助他喝水、翻身，我就曾多次做這樁輪班的差事，當我在醫院，看到學長的夫人許麗霞女士有幾次因按捺不住心中的顧慮，躲在洗手間痛哭，出來後再強顏歡笑繼續照顧學長飲用果菜汁；當我看到深夜時分學長在熟睡中被我們喚醒，毫不埋怨地配合進行翻身動作，有時不小心碰到白天治療留下的傷口，卻咬著牙連痛也不叫一聲時，我遂瞭解，這對堅強的、有毅力、有計畫的，對自己身體和心理有強大自制能力的伴侶，一定可以在最後，讓所有的醫生跌破眼鏡，不但能夠成功的在身體上對抗病魔，治癒疾病，還能在學術上完成對「日據時代台灣佛教史」的研究，實踐學長近年的最大心願。

現在我所要介紹的這本厚達六百五十頁的論文，就是學長在肢體不便，拄著枴杖，初學電腦的狀況之下，結合以往的研究，和今年六月以前的三個月間，以不眠不休的毅力下，所趕工完成的大著。前面之所以要抒寫這麼一大段，只不過要舖陳這部著作是在如此艱難的環境底下完成的，讓讀者們有所體會。並藉此機會向江燦騰學長表達由衷敬意。

二

依據蔡錦堂在〈日據時期台灣之宗教政策〉中的分期，日本殖民台灣的五十年其宗教政策基本可分成三個時期:

一、「溫存放任」時期: 自 1895 (明治二十八年) 到 1914 年 (大正三年)

二、「調查整備」時期，自 1915 年 (大正四年) 到 1930 年 (昭和五年)

三、「皇民化」時期，自 1931 年 (昭和六年) 到 1945 年 (昭和二十年) 為止。

其中一、二期的分界點是余清芳發起的「西來庵事件」，造成日本殖民政府注意到以前讓台灣宗教以「舊慣」為依歸的不當，從而對台灣齋教、佛教寺院進行組織化、去迷信化，訓練出來一批台灣知識精英；第二、三期的分界是以第二次世界大戰擴大為主，因為中日關係的緊張瀕鄰臨界點，日本勢必要加速台灣全面的同化，以為天皇在戰場上效勞，於是原本知識化、社會主義傾向、有「神佛分離」跡象的新佛教運動就又轉變為為政治服務、馴化民眾的趨勢，本書處理的時間是第一、二期。

本論文第一章，主要闡明日據時期宗教行政的法制化，列舉相當多的法規和圖表、數據；第二章，是研究殖民時期日本的同化政策，與台灣本土佛教的辯證發展；第三章，討論加盟於日本曹洞宗及臨濟宗妙心寺派的台灣各大法派，以台灣北部寺院為例，包括江善慧的基隆月眉山派、沈本圓的觀音山淩雲禪寺派，林覺力的大湖觀音山法雲禪寺派、張妙禪的新竹州南庄獅頭山金剛禪寺派等，探討各派經營策略，與日本宗派的加盟、疏離之辯證關係；第四章，以大正、昭和之際，也就是五四運動後反日浪潮高漲時召開的「東亞佛教聯合會」為中心，探討在日本提出「日華親善」的架構底下，台、日、中三角佛教的交流，及此際中華「佛化青年會」所醞釀的新佛教理念；第五章，主要關心的是在新思潮的帶動下，台灣知識階層，主要研討的是在佛教藝術創作上的回應，文分兩部，前面討論張妙禪的「保守才藝表現」，後面探討畢業於東京美術學校的黃土水及其在帝展獲獎作品「釋迦出山像」；第六章，這是全書最長的一章，探討於昭和二年（1927）在「新僧」林德林創立的台中佛教會館的一樁擬似「桃色風波」，引起彰化儒教團體「崇文社」張淑子與社長黃臥松在報章上的連續抨擊，後集結五冊《鳴鼓集》出版的始末，焦點集中在日本宗派傳來娶妻食肉新風氣下，接受新風潮的僧侶，與傳統士人間觀念的衝突，文中作者始終認為沒有任何直接證據證明桃色事件確有發生，要替「台灣佛教的馬丁路德」林德林在七十年後「去污名化」的意圖至為明顯；第七章，以高雄大崗山超峰寺派的源流和發展為例，說明在日據時代台灣寺院長久來的教派性格和在戰後，政權移交到國民政府手中後的轉型，主要著墨在身為日本曹洞宗禪師、駒澤大學校長（1925–1934）的忽滑谷快天最得意的台灣門生高執德（證光師，出家台南開元寺），如何接受新佛教運動的洗禮，後住持超峰寺，批判舊式修行方式，後於二二八事件後被國民黨槍斃，而寺院亦接受來自大陸印順法師「人間佛教」的思想，逐漸轉型的過程；第八章，結論。總結前面各章，提出作者對於日據中期新佛教運動的經驗在戰後完全沒有透過傳承和研究來繼承的不滿，並且冀望未來台灣佛教的發展，能回復到各自的傳統上。附錄中，作者將與論題有關的作品放進來，值得一提的是，〈徘徊在中日佛教的斷裂與繼承之間〉研究的是近代台灣兩位具影響力的比丘尼之一，畢業於曹洞宗駒澤大學，戰後一度默無聲息，晚年出資支持恆清法師興辦法光佛教文化研究所，但去世後所方卻面臨困境的如學法師。

平心而論，在材料上和研究角度上，這本論文皆不能算是作者嶄新的作品，大體上來說，它是作者近年來的作品，添加入大量豐富的材料集結，再加上作者在寫作論文時期構思到的新論題（如第六章）而成的。

當然，以寫作期間作者罹患頑症，需要時常跑醫院治療，而注射完畢干擾素後，整個人又容易陷入昏沈來看，作者能夠在畢業前交出這樣一部厚實有物的成績，而且並非過去原文照搬，多少皆有添加材料和修改，文中又提供如此豐富的史料，這樣的情況已經是很難得，非常人所能及了。

文中看得出作者身為學術研究者的盡忠職守，日據時期官方調查的檔案、私人回憶錄、日記、紀念文集，一般學者很難搜羅齊全的資料，作者都適度的呈現並翻譯出來，表達在論文中，更重要的是，作者並不限制在材料本身，還積極而全面性的與相關研究者在材料和觀點上有所對話，我們在前言中的研究回顧中可以看到作者分類地舉出現今大部分的中、日文研究論文，並指出他們的盲點，如慧嚴法師、王見川、李世偉、松金公正、蔡錦堂、姚麗香等，作者對他們的貢獻皆加以批判式的繼承，這種繼承對這本論文的架構來說是有其必要的，我們在相關齋教和東海宜誠的討論裡，和在第六章討論「崇文社」的篇章中，就可看出王見川對齋教等和李世偉對儒教的研究成果，對江燦騰這本論文有很顯著的貢獻。江學長這種「學術上的謙虛」不只對上述知名學者，連一些學弟妹的碩士論文，學長也擇優拿來參考，並不忘記稱讚。這樣的治學態度就使得江燦騰的作品如百川流向的大海，博大而有其內涵。再者，與湯用彤、陳援庵、胡適之、余英時、印順法師、牟宗三、唐君毅、葛兆光等諸位佛教研究前輩的研究取徑不同，作者別開佛教發展與民族、政治、社會、文化諸多外在條件的關聯和緣起，別開佛教研究的新視野。

再者，過去學者探討日據佛教史，多從負面角度，將佛教視為日本殖民政府教育馴化台灣百姓的工具，相關研究角度，偏向「去日本化」。像江燦騰這樣從殖民者和被殖民者兩方面的角度，來看到日本佛教扮演的多面性角色，及其在時間階段上的研究，尚可說還方興未艾。另外，在地域層面上具備開展性：照顧到臺日中三地，及台灣內部上下階層的關係。唯稍可惜的是，重點似乎較多在臺、日，對於中國，尤其是清代台灣主要是閩南泉、漳兩地的移民社會，為何會到閩北語音不通的福州鼓山湧泉寺受戒，卻著墨不多。又，全面探討日本佛教各宗來臺的人員、經費、策略。然而對於為什麼淨土真宗兩系的本願寺和大谷派（俗稱東西本願寺派）的經費遠遠超過其他各宗，但傳教結果卻由曹洞宗和臨濟宗淨心寺派獲得較大的影響，與淨土真宗最早放棄出家僧侶不得娶妻、食肉的戒律有無關係，應再加以說明。

再者，如同任何新材料使用者會陷於材料而不自知，有一點想要建議作者，畢竟並不是每位讀者對這個論題都有很好的研究，作者在文中，有時會為了排上難得一見的珍貴材料，放上一大段又一大段的原始材料，其實在文意上有些是前後重疊的，如此反而會造成讀者吸收作者精采文意的困難。任何流傳廣遠的作品都必須精簡有力、擲地有聲的透過適當篇幅，將意思傳達給讀者，建議作者仿效前輩學者如孟森、傅衣淩、謝國楨等人的作法，將所研究的論文和材料分開，分別出版，讓作者的研究成果反映在書中，讀完後有興趣繼續深研的讀者可去翻察資料集。如此，當可大大增加本書的閱讀性，豈非美事。

無論如何，這本著作是作者歷近十年的浸濡和研究所得出的最新研究成果，在字裡行間，可以看出作者不只在研究歷史，也期待著今天眾生能不再戴著有色眼鏡來看待日據時期台灣佛教史。他能及時在時候尚不算晚時，能用歷史人類學的方法，去廣泛接觸戰後成為「受難者」的過去新佛教運動者的家屬後裔，為後代的學者保存下來一批珍貴而絕版的史料，也使得日後學者對日據台灣佛教史較張曼濤的時代將全然改觀。個人極度建議對台灣佛教的過去、現在和未來有興趣的讀者，好好去參考這部歷盡業考的書。

評江燦騰:《廿世紀台灣佛教的轉型與發展》

自一九八九年江燦騰先生以晚明佛教叢林改革為題發表其碩士論文後，江氏接續其連貫的研究脈絡，將研究的重心向下轉移至中國近現代佛教史及台灣佛教發展史，數年來勤奮耕耘，成果斐然。其作品廣見國內各宗教學報與學術會議中，近來亦多集結成冊。以關於台灣佛教史的專著為例，計有:《台灣佛教與現代社會》(台北:東大，1992)、《台灣佛教文化的新動向》(台北：東大，1993)，另主編有論文集數種❶。本書的出版，大體可稱得上是江氏近年研究成果的一個較新的集成。

書中搜羅了自日據前期到最近台灣佛教發展的相關論文共十一篇，誠如作者在自序中所陳，本書「是針對特定的主題提出相關性的觀察報告，因此儘管在內容的解說上已遍及台灣佛教歷史與文化的諸多領域，可是仍非屬全面性的研究。」即是說，這本論文集並非通史性、以前後貫串地論述交待台灣佛教在這百年來的轉折與變遷。(以目前研究的成果來說，也絕無如此從事的條件) 而是以個別論題為主軸，所作的深入分析、評論之作。但是，在看來各自獨立

❶ 包括與龔鵬程合編，《台灣佛教的歷史與文化》(台北：靈鷲山般若文教基金會國際佛學研究中心，1994)；與王見川合編，《台灣齋教的歷史觀察與展望》(台北：新文豐，1994)。

的各篇之間，若讀者加以通讀，不難發現其中仍是環繞著幾個脈絡而成形的。而江氏自撰寫碩士論文以來，多年留心的佛教在思想和實踐上如何入世的出路，佛教與政治、社經背景間如何關涉等現實關懷，以及作者嘗試為台灣佛教史找尋新研究方向的企圖心，在書中的各篇文字裡猶多處可見。

為了先對這十一篇論文有一個簡單的介紹，我初步把它們歸類為以下四個論域：

探討佛教道場的崛起與其發展過程的問題。以日據／戰後作為研究時期的區段，前者作者討論了〈日據前期台灣北部新佛教道場的崛起〉，以基隆月眉山靈泉寺、台北觀音山淩雲禪寺的發展為中心；後者的論述則分見二文，〈南台灣佛教大法派的崛起〉一文討論高雄大岡山超峰寺在戰後的轉型；〈戰後台灣地區重建大陸佛教的經驗及其發展的模式〉一文，以東北籍的慧峰法師在台南建立天台宗道場湛然寺為例，論大陸佛教在南台灣重建的經營歷程。此類論文數量上雖只有三篇，但總篇幅卻達全書之半，且以有限的史料能論入精微，堪稱是本書的重心所在。

從佛教思想與研究的理路出發，來看台灣佛教的變遷脈絡。這一類型的論文計有二篇，其中〈戰後台灣禪宗研究的爭辯與發展〉一文旨在探討由胡適所提出壇經作者與虛雲和尚生平等問題，在學術界引起的一連串辯證與迴響，算是相關研究的回顧史；另一篇〈台灣當代淨土思想的新動向〉是自中國近代佛教改革的角度，來檢視印順法師《淨土新論》中對西方彌陀淨土之淵源、念佛往生諸問題的檢討與批判，並深究其蘊含的時代與社會意義。

與佛教藝術相關的有兩篇：〈日據時期台灣知識分子的自覺與佛教藝術的創作〉以三〇年代藝術家黃土水對龍山寺「釋迦出山圖」

的創作為切入點，廣泛探討大正時期台灣文化意識的覺醒，黃土水個人在佛教藝術上開創的新風格，及其創作在九〇年代引起的迴響；〈處於轉型期中的當代台灣佛教藝術〉是作者參加第三屆當代佛教藝術展時對參展作品的一番評論，部分與前文作了相關的回應。

餘下四篇，較難歸為一類，統皆羅列於此。〈戰後台灣齋教發展的困境〉將研究的角度指向台灣佛教特有的在家佛教形態——「齋教」，並指出其在戰後由盛轉衰的因由；〈從佛教「法界觀」的歷史性格看現代台灣佛教的實踐模式〉一文以華嚴宗法界觀中「即一即多」的教義，反觀地球共生一體的思想，並舉慈濟功德會的事業作為實踐的例證；〈戰後台灣佛教徒的政治經驗〉與〈戰後台灣佛教發展經驗的綜合檢討〉二文皆以歷史分期的方式描述戰後台灣佛教史，前者檢討解嚴前後台灣政治情勢對佛教的影響，並簡論佛教徒政治參與的問題；後者點出民國六、七十年代為台灣各宗教消長的關鍵時間，佛教的成長在超越轉型期後顯著興盛，教界的多方努力和善用媒體，鞏固了各方信徒捐獻的經濟支持；而佔多數的女性出家人，和各佛學社團、印順法師的著作，對佛教發展大眾服務事業與拓展佛學研究，發揮了關鍵的作用。二文篇幅皆不長，但提綱挈領，論說堪稱扼要，初識台灣佛教史者可引為導讀之作。

就學術成果而言，台灣佛教史尚可稱是一片荒湮漫漫的處女之地。其原因不外為宗教史研究向來是史學領域中的邊陲，而普遍佛學研究者又有偏教義而略教史，重中古而輕近代的傾向，加上戰後本土人類學者又多將著眼點偏重在民間信仰方面❷。自這一點來看，

---

❷ 見張珣，〈百年來台灣人類學漢人宗教研究之回顧〉，《台灣史研究百年回顧與專題研討會》論文（中研院台灣史研究所與台大歷史系主辦，1995.12），頁 43–44。

江氏多年來致力為台灣佛教史開發新史料，創發新論題，確實可無愧居於開拓之功。

熟悉江氏過去研究的學者或可同意，江氏的研究擅長於將思想教義等「內在理路」放置在一宏觀的政治社會經濟文化等「外在理路」的背景來檢視，再用環環相扣的推論深究歷史事件背後的因果。以此種研究方法，江氏不論在探討憨山德清叢林改革的「世俗化」問題，太虛「人生佛教」與印順「人間佛教」的異同比較，林秋梧與慈航法師在台灣佛教史的行事等，皆獲致了一定深度的成績。但之前江氏所選擇的研究對象，在教義思想上多可說是秀異當代，對其時代較具有反省性和前瞻性的認識，也足堪作個人傳記式的研究。然而在這本論文集中，讀者可發現江氏逐漸將研究的題材從「個人」轉移到了「道場」（教團）研究，利用日人的舊慣調查報告書、省市通志及各寺院的沿革志的資料來討論一個法派的發展背景、經營策略；道場組織方式及經濟來源等極為實際的問題，再結合地方史及時代變遷的視野，進行深入分析。我認為，這個新方向對於台灣佛教史，乃至對江氏本人的研究而言，應皆是一項有趣而具有開拓性的嘗試。原因是：百年來台灣佛教禪淨雙弘，且受大環境政權更迭影響，以教義創發聞名的法師並不多見，多數法師弘法的才學，展現在道場經營、為眾說法及凝聚信眾等極為實務性的事業上，這種由在地因素、政教關係、教派法脈、法師個人的默然耕耘等條件播下的因種，當是今日台灣佛教生態背後真正的成因。未瞭解此點，而僅承襲傳統教義思想等「上層結構」的角度研究台灣佛教史，恐將無法盡窺台灣佛教的許多重要面貌。

將研究落實在地方「教團史」，江氏對研究題材的選擇並非任意或抽樣，而是具有「比較」和「反映時代變遷」二種特質。例如，在日據前期江氏對靈泉寺和淩雲禪寺做比較研究，乃是因二寺創寺法師善慧和本圓為本島齋教徒出身，故研究二寺，而不選擇日據台灣佛教四大法派❸的其他寺院，是由於江氏意在「側重台灣佛教從齋教到正統佛教的轉變」。二法師曾相繼赴福建鼓山湧泉寺受戒，日據後又分別加入日本在台曹洞宗及臨濟宗派下，這樣多重的「宗教身份」相當微妙地呈現本島法師在日據後的認同和生存處境，也由於提出這種「台、中、日佛教的三角關係」，使得此個案研究有了歷史和地理的縱深。

而江氏研究戰後台灣教界「重建大陸佛教」的問題，選擇了台南湛然寺慧峰法師，而非北部的白聖、道安等更知名且具影響力的教內長老，也別具慧眼。慧峰隻身自山東來台，又身居本省教徒佔絕大多數的南部，操著濃重的東北鄉音，靠翻譯為民眾說法，他如何一步一痕地在台南經營和復興天台宗道場？江氏在文中細述了慧峰的學行背景，對其在來台初期寄人籬下，吃盡苦頭的磨練，如何藉著開辦幼稚園、補習班，和主持法會，來凝聚信徒，聚資新建道場，與晚年面臨法脈繼承乏人的處境，皆娓娓詳析。由於江氏善於利用回憶錄等當事人留下的第一手史料，扣合上彼對慈航法師與戰後社經背景的熟稔，使得這篇學術論文閱讀起來絕異於一般信徒追思的個人傳記，而更似一篇論據充實，評判中帶有同情的深度報導，使人感受到作者的企圖似非在論述慧峰法師一人事蹟，而在為時代立傳。

另外，對於「齋教」是否屬於佛教這個問題，自日據時代的調查書中便存在有爭議，江氏在本書中評判各家之說，最後提出自己

---

❸ 指基隆月眉山靈泉寺、台北觀音山淩雲禪寺、苗栗大湖法雲寺、台南開元寺。

的看法。對此因作者已編有論文集❹，有興趣的讀者可自行參閱，在此就不再贅述。

作為一本學術論文集，本書仍存在某些缺陷，首先，論文體例來說，部分是有註釋，有引文，論據嚴謹的學術論文，也有幾篇是概說性質，簡潔說明的演講稿，宜或在書籍編排上略作區隔，或也能作為本書導讀之效。另，關於慧峰法師一文，引證歷歷，頗為精采，但翻到文末，卻完全不見註釋，詢以作者，答因篇幅之限使然。建議或可在再版時將註釋補上，以饗後繼的學者。另，有時學者提出一個有創見的問題，或限於材料，或有待較深的蘊釀和積澱，故在初期未能對此問題作出詳密的討論，這是任何一位學術的先行者皆會面臨的問題，本書一部分問題的處理亦是如此。江氏意藉善慧、本圓二師來反映日據初期「台、中、日佛教的三角關係」，但對其時齋教徒對往福建受戒的態度，似著墨不多，則此一三角關係的討論就有了缺陷。但無論如何，作為台灣佛教史少數的研究成果之一，本書在史料的運用，角度的宏闊，及新研究論題的提出上，皆有值得讚賞之處，有興趣的讀者宜善為參考。

---

❹ 即江燦騰與王見川合編,《台灣齋教的歷史觀察與展望——首居台灣齋教學術研討會論文集》(台北：新文豐，1994。)

訪談

西藏與藏傳佛教一席談

——訪大陸學者王堯教授

採訪／王俊中、黃偉雄　　整理／王俊中

王堯教授，江蘇人，現任教於北京中央民族大學藏學系，兼任中國佛教研究所與中國敦煌研究院研究員，為大陸西藏學著名學者。曾多次赴歐美、日本講學，並主編多種西藏文物、譯介之刊物書籍，頗得好評。著有《薩迦格言譯注》、《吐蕃金石錄》、《敦煌本吐蕃歷史文書》、《宗喀巴評傳》等。上學年王教授前來台灣，於政大與佛光山叢林學院講學，並在法光佛研究所開授「藏傳佛教專題」、「古藏語」等課程。本次訪問進行於王教授離台前夕，在其中教授簡介了明清乃至中共時期西藏佛教的歷史、教授早年入藏進行文物調查的情形、以及對研究以至於修習藏傳佛教的一些建議，是為教授個人對西藏佛教的理解，可供讀者參考。

——編者

問：我們知道，今日西藏流行的喇嘛教，也就是黃教，它的整個形式和內容，是到晚近明清時代才發展起來的，請教授先簡單談一談這二個朝代中喇嘛教的情形。

答：就在漢地來說，明朝的武宗以後，喇嘛在社會上的聲譽是極遭貶抑的，明末的許多小說，經常把喇嘛當作嘲諷或批評的對象，尤其是普遍誇大喇嘛傳播男女淫術上的作為，如《金瓶梅》和一些清初的小說，裏面所言及的「胡僧」，其面目多半是極為不堪，聲名狼藉的。這就是因明武宗對喇嘛的佞寵，在民間留下來的反感。

喇嘛在明代的名聲很不好，可是到了清代就不一樣。有一句話，是乾隆所說的，這句話語出雖晚，卻能夠指出清代初年幾代皇帝政策的要害，這句話出自乾隆親筆寫的一篇碑文，叫〈喇嘛說〉，文中言道：「蓋中外黃教，名部蒙古，一心歸之。興黃教，即所以安樂蒙古。」清朝乃少數民族，入主中原以後，為了團結更多的民族，來治理國家，所以乾隆的話，說得可說是相當坦率。

但是，到了後來，情況就不相同了，滿洲人對喇嘛教已經是很投入了，在宮廷裡便設有密宗修煉道場。清朝官方成功制定了一整套的民族宗教政策的管理辦法，他們將黃教抬到宗教中的最高位置，也自稱是黃教徒，而委託宗喀巴的兩大法系：達賴和班禪，來統治蒙藏，同時又與其他的宗教領袖發生聯繫，所以其下就冊封八大呼圖克圖，這「呼圖克圖」意即是「朝廷承認的活佛」。其目的不外是：提高這些活佛的地位，來輔助達賴和班禪在西藏進行宗教上的管理。而又在喇嘛教中，仿造朝廷官位等級，亦將喇嘛劃分成有等級的位階，因此喇嘛教僧侶也樂於在品級上逐步求得提昇，與朝廷保持關係。有清一代，這個傳統始終未斷。

依我個人的看法，藏傳佛教，在有清一代，總的說來，在宗教管理上是成功的，清朝對西藏固有的傳統，大都表示尊重，如格西考試制度，在這段時期才開始制度化，清代大臣每次舉行傳召大會，並賜「熬茶」（布施藏僧），總有五、六萬，乃至十萬名喇嘛與會，朝廷出面，皇帝派遣駐藏大臣主持這樣的傳教活動。此外，一位喇嘛故世，新的仁波切轉世以後，朝廷就給予承認，就是這樣，雙方的關係才能維持。這是充分利用了傳統，予以制度化，而納入清朝宗教管理的規範之下。

問：如此來說，喇嘛教在清朝是獲得政府的支持，而得到發展；但另一方面，漢地佛教在清代一般都被認為是處在衰頹期，可否請教授說明一下？

答：就清廷來說，他們已把尊重喇嘛視為國策，但是對於漢地佛教，則抱著一種懷疑的態度。在明亡以後，有一批知識分子由於與異民族的隔閡，並感於漢民族的萎亡，而走上出家，這就是所謂「逃禪」，陳援庵先生曾寫過一篇文章：〈清初僧諍記〉，他是透過研究宗教史事，來看當時社會與政治的事情。逃禪的人，多半是反滿洲政府的，這是清政府早期所憂慮並禁止的事情，但對喇嘛呢，則沒有這一層顧慮。

問：清朝以後，特別是中共時期，其對西藏的早期政策是如何？

答：中共對西藏的宗教，在我的看法，還是沿襲著清朝留下來的政策。一九五一年五月，雙方進行第一次談判，西藏方面的談判對方是中共中央的政務院（後國務院），即中共的最高層機構，與以達賴為首的西藏人員進行談判。最後達成了十七條協議，其中有兩條，一條是關於達賴喇嘛的政治、社會地位；另一條則是關於班禪的，訂在協議上，且公佈於全國。這正是清朝政府治藏政策的延續。因此在五九年以前，達賴喇嘛和班禪喇嘛曾時到北京，造成最大一件事情是：使得班禪喇嘛能夠回到西藏去。九世班禪一度流放在內地幾十年，最後在內地去世，始終到死也無法回西藏。十世班禪亦是在內地轉世。班禪喇嘛能夠回到西藏去，是經過調解的結果。

在西藏，沒有多少數派的分歧，任何教派老百姓都是尊重，「達賴也好，班禪也好，都是我們的佛爺！」，因此，看到達賴和班禪再度團結起來，藏人都感到十分欣慰。加上對保護寺廟的承諾，這兩件事使得中共初期尚可獲得藏人的支持。

問題在於一九五九年，拉薩發生了一個事件。對此事件至今各方還有不同的說法：在北京方面來說，是農奴階級發動武裝叛亂；是「帝國主義策動之下的武裝暴動」；在西方，或者台灣，則稱之為「西藏人民抗暴鬥爭」，之後，達賴逃亡到印度去，這事件可說是西方世界與社會主義的共產世界在西藏進行的一次較量。一直到現在，達賴在國外所代表的力量就有好幾萬人，這幾萬人也代表著一股不容小看的勢力，堅持著西藏獨立，而北京則主張，在中國體制下實行民族區域自治的方式。這是雙方之間的歧見所在，至今天仍未解決。

問：我們知道，社會主義背後所立基的哲學是唯物論，是主張無神的；那麼，中共持唯物論的立場，與西藏人民所採取的相當虔誠的宗教傾向，是不是有本質上的衝突？

答：嗯！我想中共是個講現實的政體，在嘴上，他是信仰唯物論，是無神的，可是，在現實上如何呢？藏族這麼大的民族，它是有神的；伊斯蘭教呢，有十個民族信仰，怎麼辦？他（中共）必須要尊重嘛！所以現在，班禪一去世，中共立即在三天公佈了一份文告：按藏族傳統，進行尋找活佛的活動，由國務院承認。如此難道是說，中共也承認了活佛和靈魂轉世的存在？這當然已經不是所謂無神論了。為政者不能不面對現實，因為要治江山，要當權，自然不能不考慮到全面的情勢，而不希望有局部的動亂，對吧！

就講清朝吧！滿洲人的祖先原本信的是薩滿教，他連佛教都不曾認識。等到接觸藏傳佛教，一下子成為藏傳佛教信徒，在宮廷裏還修建道場，這不能不說是由於政治需要。現在北京的中共領導人看到這一點，他要求穩定，再三再四強調在西藏應進行兩方面的政策，即：「經濟要求發展，社會要求安定」。中共希望西藏的宗教仍然夠發揮其安定社會的功能，所以今後，我想應該是不會打壓宗教的。

問：教授當時在怎麼樣的學術背景之下接觸到西藏佛學研究？

答：我個人是由於工作，在大學畢業被派到西藏去，到西藏後就學習藏文，再到寺廟裏面學習藏傳佛教。因逐漸感到興趣，於是就全心投入。在西藏的十三個年頭，曾在藏族的各個地區，包括前、後藏，康區……等地造訪，這經驗使我對西藏的宗教能有一些切身的體會。

問：那麼，教授在入藏期間進行過那些整理西藏文物的工作？

答：我曾經參與過西藏的「中心工作」，就是在西藏進行過幾次規模的工作，一次叫「全國少數民族社會歷史調查」；第二個是「全國少數民族語言普查」第三次則進行了「文學和宗教調查」，這三次調查我都有參加，因為我能通藏語，能溝通語言。我上課講過一些藏族故事，就是在藏區各地親自聆聞得來的。你只要能深入生活，語言能力就可以得到一步的訓練，而使語言不帶書卷氣。我們在學院所唸的經典或佛經，如果直接向老百姓講說，他們根本都聽不懂，而且認為你這是文謅謅的，和生活是脫離的。我基本上是每次在工作當中致力提高我的藏語，和對宗教理解的水平，所以後來我一系列的著作就是這樣子產生的。

問：就那次「文學與宗教調查」來說，教授有沒有什麼特別的發現？

答：在那一次調查，我自己所做的有二方面：一個是書面的；

另一個是民間訪問的。在書面方面，我曾投入到最古的藏文文獻，如敦煌的藏文卷子，和唐代的藏文資料，搜集與整理，最後出版了三本書，其中一本是《敦煌本吐蕃歷史文書》，另一本是《吐蕃簡牘錄》，一本就是敦煌藏文卷子的選擇。這三本書是對於唐代的藏文文獻儘可能地搜集完全，然後翻譯、公諸於世的成果。

藏語的歷史分期，可劃分成五個時期，我所從事的工作，是屬於第二時期，叫作「中古藏文」；「中古藏文」有三種大類文獻，且同一時代，出版過兩部字典，（在當時的世界上，還很少有民族像西藏人一樣，那麼努力地出版民族語文字典），之後，他們進行了一次文字改革。熟悉「中古藏文」，並出版文獻資料，是我在西藏多年來的一大收穫。

問：在那次活動裏，教授參訪過那些寺廟？那些是印象最深刻的，可否稍作介紹？

答：在進行「文學與宗教調查」時，西藏能去的寺廟我都前去考察，寺廟中的壁畫、塑像、文獻、大藏經的版本，特別是其中珍藏的梵文貝葉經，尤其珍貴。我們的工作一部分就是將這些重要的文物妥善維護和保存。最令我印象深刻的是薩迦寺吧！那裏基本上保存了元代以來最完整的文獻資料；另外，黃教也有幾個重要的寺廟，其中有一部現今僅存的明朝永樂版的藏文大藏經收藏於色拉寺，色拉寺為供奉這套大藏經，特別修建一個殿堂，保存著這套永樂九年雕版印刷，朱色套印的藏經。經過我的研究，第一個藏文本的刻本，在南京刻的，就是這個版本，當時的南京還是明朝的首都。永樂皇帝在靖難之變奪得天下之後，一心想做好事，想在天下臣民之前做出名聲，他把喇嘛從西藏請了去，於永樂五年封為大寶法王，現在於拉薩留有一幅長約一丈六的「行樂圖」，就是永樂時期的畫卷。

在西藏，我見了不少宋元和明朝的東西，多極了，這都是歷代朝廷的賞賜，在寺廟保存得很完整。在薩迦寺裏面，八思巴的鞋、衣服、法器等完整地被收藏；當時元朝賞賜給他們宋代的瓷碗，在喇嘛廟裏看來，顯得極為普通。我所側重的是各個時代與那些偉大的宗教家有聯繫的文物，像阿底峽的文物、八思巴的文物、五世達賴留下來的東西等，歷代佛教大師們有關的紀念物，因為是能印証藏傳佛教文獻的資料，所以特別有意思。你們如果有興趣的話，在西藏原達賴的夏宮，有一個機關，叫「西藏文物管理委員會」，裏面有兩棟樓，收藏有上萬件珍貴文物，尚沒有經過完整的整理，而已經整理而分別出版成專冊的，有《薩迦寺》、《哲蚌寺》、《色拉寺》、《大昭寺》、《札什倫布寺》等，都有專門的圖片畫冊出版，包括它的寺廟、壁畫、塑像，以及其他文物收藏，我個人多次參加這些畫冊出版的編審工作，在台灣似乎還未將這批書籍引進，否則你們或許會有同感，那就是：現存的西藏文物其價值，是很了不起的。「西藏文管會」裏有博物館，是開放參觀的，有空各位去西藏，不妨前去看一看。

問：目前在台灣漸漸有愈來愈多的人對藏傳佛教感到興趣，以教授從事研究這麼多年，是否可以就學術的觀點，簡單說明研究藏傳佛教有那些重要的主題？

答：我在台灣的這三個月，曾在政大、佛光山叢林學院、及法光佛研所教書，開授〈古藏語研究〉，〈藏族文化史專題〉、及〈藏文大藏經專題〉等課程，另外從古文獻看漢民族與藏民族之間的關係，自敦煌卷子中我們發現，有吐蕃在唐代對《戰國策》、《尚書》、《史記》的藏文翻譯本，但卻變成了西藏人自己的故事，此事於正史裏可以獲得證實，而漢文書籍翻譯為非漢文的，恐怕以此為最早，如此，在唐代，漢藏之間已有層次很深的文化交流，但很少有人提到。為什麼呢？因為資料收藏於敦煌，且能夠閱讀的人相當少，這是從文化史的角度所可研究得一個主題。

第二方面，從文獻裏面可看到，從宗教的角度，考察藏傳佛教和漢地有怎麼樣的關係。現在西方搞語言學的人，學習藏文的人不少啊！假如他們有的人研究中國史或亞洲史，唐以來的中國史裏，能少得了談藏族嗎？特別在唐朝這一朝，吐蕃作為一個獨立的邦國，它所佔有的領域，推行的政策，與其他民族文化的接觸……若真想搞通隋唐史的話，你必須研究藏族。

另外，在中西交通史上，像絲綢之路，是自漢朝以來溝通中國與西方的重要通道，經過絲路時，能和藏族不發生聯繫嗎？基於以上因素，有不少學者乃投入西藏學的研究，當然，對西藏宗教的興趣更是推動這研究領域的主要力量。

問：修習藏傳佛教，尤其是密法，國內近年來也有相當的風氣，教授對此有什麼看法？

我個人覺得：第一，假如不通藏語，想修藏密，那真無啻「緣木求魚」。能讀藏文，持密咒時才能唸得準，對吧！咒語是藏傳佛教很重要的一環，通過咒語，能夠和本尊、護法溝通的；持咒不準，接受不到咒語的訊息，如何能溝通呢？

從我個人對台灣有限的接觸，有一種感覺，就是有些修藏密的人似乎與藏傳佛教距離很遠，認為密教就是神祕的，不可理解的，應直接學密，用不著學顯教，我想這真是一種誤導。在西藏，黃教一向把修行的等級次第區分得很清楚，一定要循序漸進，其中最重要的，是要有「顯密雙運」的觀念。如果只去學密，不去學顯，我認為是行不通的，你語言不通，顯教不通，連基本的「空性」都不曾如實理解，又怎麼會有所成呢?

此外，親近好的上師也是極重要的，修密很需要有導師指導，他會為你介紹本尊，示範具體的儀軌；有些東西為要防止洩密，所以要各別傳授。這個「祕傳」的性質，並不是因為裏面有什麼詭異的成份，而是因為防止人們道聽塗說，盲修瞎練，而出了危險；或避免一些外界無聊的攻擊，而採取的作法。

居住在台灣的人經濟條件相當的富足，物質慾望獲得滿足之後，精神上的，也就是宗教要求就自然產生了。(在此我所指的是有自覺性的，高層次的宗教需求，不是泛指遍地可見的「拜拜」)。在人生之中，一但真的下定心意要修行佛法，步伐便要走得穩健，也要在顯教上多下功夫，不要老是想鑽求捷徑，一蹴可及。這幾個月我在法光開授兩門課，與法光的同學們有過接觸，裏面不乏有高學歷學歷畢業的學生，甚至有一位王先生，已經在大學中擔任教授了，仍孜孜地學習；而我在台灣所接觸到的其他的道場，也曾見過一些紮實精進，努力研究的人。我認為，學習佛法若要有成，就需要幾分紮實的功夫。

禪定與醫學

——訪西蓮淨苑惠敏法師

採訪・整理　王俊中

惠敏法師，台灣省台南市人，台南一中，台北醫學院藥學系畢業。大學時代接觸佛法而頗受法益，日後薰習漸深，乃於畢業四年後出家，後進入中華佛研所，深入法海，鑽究佛學。民國七十六年考進東京大學大學院成為正式院生，在二年之內，以論文取得東大的印度哲學碩士，再越三年，以《「聲聞地」研究序說——瑜伽行の所緣を中心として》為論題取得東大的文學博士。回國後曾在法光佛研所教授唯識課程，現任教於國立藝術學院與中華佛研所，並擔任西蓮淨苑副住持。

問：我們知道法師在台灣是醫學院畢業，到日本留學期間，選擇的亦是與禪定和醫學相關的論題，請法師說明一下所研究的內容，和對此問題特別有興趣的原因。

答：我在日本所寫的博士論文主要是以印度大乘瑜伽行派的基本論書《瑜伽師地論》為主，來處理「禪定過程當中身心的變化，與修禪定原理的相關性」這個主題，另外也談到一些修習禪定當中與醫學有關的部分，像不淨觀與法醫學，數息觀和呼吸生理學，都是在我論文中有涉及到的。赴日之前亦對禪定與腦生理學之間的關係作過演講，大概研究過的就是這些吧!

我開始學佛之時，是學念佛法門，很少有機會接觸其他法門，出家之後，漸漸覺得念佛三昧的修行雖有其殊勝之處，但是應該與其它的修行法門有共通之處，並非絕對是「水火不容」的，如何站在整體佛教的觀點來詮釋念佛三昧呢? 這個想法刺激我去試著瞭解佛教中修禪定的過程: 何謂禪定? 如何能得禪定? 念佛可得三昧，但什麼叫三昧? 其過程是怎麼樣? 何種修行是正確的路? 何種是岔路? 遇到狀況時當如何處理? 這些問題。研究可以說是出於我本身的需要。在研究的過程裡，大學時代所學到的醫學知識有些幫助，但其他我還需一些心理學的知識……諸如此類。

問: 那麼，法師顯然是對「禪定」的內容欲一探究竟，但是，為什麼選擇瑜伽行派作為研究主題?

答: 這要從佛教史來解釋才比較清楚。在佛教史來說,「部派佛教」中重視禪定的有兩個系統，一個是在西北印度，即一般所謂的罽賓，這個地方的禪法自第二世紀安世高開始便傳入中國，三世紀竺法護，一直到五世紀的鳩摩羅什、佛陀跋羅時都不斷有西北印的禪法傳入中國，從這個年代來推斷，在印度最晚可能在一世紀就出現這一系統的禪法。西北印度可說是禪法的重鎮，原因很多，可能與這個地方氣候比較涼爽，在山區適合修禪有關，相關的禪法一直延續到喜馬拉雅山地帶。

另一個系統在阿育王的時代便向南傳播，一直到五世紀覺音論師的《清淨道論》是集大成的作品，從此南傳佛教修習禪法大都以該書作為指導原則。這是部派佛教的兩大系統。另外，在大乘中有我所研究的大乘瑜伽師的系統，它發展於中印度，興起大約在四世紀左右。我在研究當中不斷地比較大乘瑜伽師的禪法與前述部派佛教之兩大系統的關係是如何？大乘瑜伽師對以後的印度佛教，乃至藏傳佛教有何影響？

問：印度三系的禪法，在中國佛教史上的影響如何？它們與後來的禪宗有沒有淵源？

答：我想從幾方面來回答這個問題：㈠西北印的禪法傳入中國，早期對中國北方佛教有相當大的影響，一直到北魏，其中最有名的禪師大概就是僧稠了。從《高僧傳》裡可以時看得出來，許多人都受到西北印禪法的影響，但是我想，大家都知道，那些重視禪定的禪師，和後來的禪宗，是不一樣的，兩者不能一概而論。

與西北印禪法同時的是竺法護、鳩摩羅什所傳的大乘佛教，特別是鳩摩羅什本身就具備這樣的性格，他自已到過西北印去留學，亦傳譯了一些西北印度的禪定法，後來他又接受大乘的思想（尤其是龍樹這個系統），如《般若經》，《法華經》等大乘佛典。鳩摩羅什在中國播下的種子，隋朝天台智者大師可以說是集大成者，他把禪定和教理結合起來，即所謂「教觀雙美」。中國，西北印的系統可說是被天台宗所融合，也因此，在中國就沒有所謂純粹的西北印禪法。

另外一個衝擊是由於南朝開始禪宗的興起，就是達摩所傳的這個系統，這一系禪宗的修法，到了唐朝六祖以後，可以說是「眾流匯歸於曹溪」，原先西北印的禪法，在這些中國佛教流變中，更失去它存在的價值了。

㈡南傳的禪法，雖然五世紀即有《解脫道論》傳譯至中國，但可能是因為突不破中國大乘佛法的氣運，所以對中國佛教不太有影響。

㈢大乘瑜伽師的系統，到了唐代，玄奘雖然到印度去留學，也把《瑜伽師地論》完整地翻譯過來，但是當時的中國佛教以「禪宗」與「淨土宗」為修行主流的大方向已經確立，因此《瑜伽師地論》所說的禪法在中國不怎麼被重視，可說是時代之環境使然。

問：在這麼多的系統和發展出的禪法中，就「南傳」和「大乘」的禪法而言，法師能否簡單介紹其中的差異？

答：嗯！這牽涉到其背後理論架構的不同，南傳系統本來就是沿襲著戒→定→慧的次第，對於修禪定，即以所謂初禪、二禪、三禪、四禪……之色界、無色界定為主，著重禪定具體方法的敘述；這種從初禪乃至四禪的禪定是需要相當專業才有辦法修習的，要求很多條件，不是在家眾每一個人都可以修持的；可是大乘的思想就不是這樣的，它要求修法的普及性，其重點不在初禪乃四禪之修行的描述，因此「禪定」的觀念乃改用「三昧」來敘述，兩者是不太一樣的。「三昧」的涵義很廣，可通色界的禪定與欲界的散定，不一定要四禪，或比較高層次的無色界定才可以叫做「三昧」，普通日常生活，即在欲界裏面，也可以得到層次不那麼高，「定」的時間也較短的「三昧」，包括用稱名念佛的方法也可得念佛三昧等等，所以大乘佛法談種種三昧，有所謂百八三昧。因為大乘比較重視「智慧」與「慈悲」，不一定要求太深的色界、無色界的「禪定」不可，也因此，才能比較有普遍的適應性，所謂悲智深廣，而且下手方便。

問：法師剛才提到二個很重要的觀念：「禪定」和「三昧」，可否再進一步解釋一下？

答：禪定在梵文是用 dhyana 一字來表示，音譯為「禪那」，就是「靜慮」的意思；三昧的梵文則是 samadhi 定義是心能夠以平等地，平正地安住在一個對象，它是通於色界定的境界，色界定一般人不容易達到，欲界定就比較可以。

提到 dhyana 一定要講到「禪支」，得到禪支才有資格稱其境界為 dhyana，否則是不能算的。簡單的說，禪支的具備就是一種「離欲」、「離分別」的心理狀態，「離欲」、「離分別」的狀態有種種層次，例如初禪具有五支，二禪具有四支，三禪具有五支，四禪具有四支等等，要到這種心理狀態，對一般人來講，並不是容易的事。

至於我所研究的《瑜伽師地論》，因為屬於大乘瑜伽師的系統，因此它不特別著重禪定的路線，另一方面，由於修行對象的多樣性，方法亦各式各樣，它必須作一個統合。所以很有意思地，大乘同時具有兩個方向，一個是積極適應多樣性，但是在多樣性中也積極要求統一性，否則便不能以簡來馭繁，兩個相當不同的取向，卻又配合得很微妙，其最終可以歸納出兩個簡單的觀念，那就是：禪修，不外乎「有分別」和「無分別」，也就是「止」與「觀」的操作。

問：談了這麼多禪定的內容，以下想請法師談一談，自醫學的觀點來看，禪定有怎麼樣的醫學功能？

答：醫學是研究與治療疾病的學問，而疾病經常是身與心失常的總集，事實上身心兩者也很難截然分別。只是醫學會比較注重「外力」的幫助，透過診斷，藥物來進行治療，不論中西醫都是如此。

禪定所處理的則是在身心交集之處，其中有一個基本的觀念，也是我論文提到的一個重點，就是：在身心交界的領域，能夠愈輕安，你的心力狀態就愈集中，定力便愈強；而你的精神狀態愈集中，則身心便愈較安，兩者會相互幫助、增上，呈一良性循環，這就是禪定的下手處。許多修行者會自禪定開始下手，就是由於它正好對身、心都有幫助。對於疾病，禪定有一種從根本治療的效果。因為，講起來，東方醫學的精髓處，就是重視「治療疾病在於自覺自療」，這是一種自我覺察，覺醒，藉著禪定的方法去瞭解自已的身心狀態。

問題就在這裡，你去瞭解的話，身體就會產生自我療效。

一般醫學都是從外在試圖給予患者協助，不管是藥物，放射線，針灸，按摩都是如此，其實這些都只是來幫助人體內在的生命系統而已。人體內在有一種自覺自療的能力，這是我們的本能，可是這個能力經常被現代人忽略掉了，沒有去注意它。舉一個例子，在日本，有一種叫「突然死」的現象，特別是他們公司的職員，長期工作，加班、應酬，累積的壓力很大，平常並沒有聽過他們有心臟病，高血壓等病，但是某一天突然地就暴斃而死。在醫學上來講，這那裡可能！人這樣一個長久經物競天擇所歷練而演化出來的生命體，生物世界的主人翁，哪會那麼簡單就被擊潰了！為什麼呢？他自已平常不能察覺出他有病嘛！工作，家庭上的壓力，使他的身體不斷在發出警告：這樣不行！你要趕快來注意它，調節它，可是這個人無暇理會，總以為沒有關係，有意無意地強把警告訊息壓制下去，撐到最後，身體崩潰了。反過來，你給他一個機會去瞭解他身心的種種反應，你一注意到身體，它就會調節啊！譬如，長期處在緊張的狀態，一旦自覺：「現在怎麼緊張了？」肌肉就會跟著緩和下來，這是自我調節的一種能力。自覺、放鬆、調節，禪定就有種功能。

以自我覺察來醫治身心疾病，有一種釜底抽薪的效果，它讓你誠實去面對自已現實的身心狀態，如此，你就容易恢復原來自然的面貌，這個面貌就是所謂禪定狀態，智慧狀態，身心健康狀態。

問：可否請法師簡單介紹修禪定的一些法門，譬如「調息」為什麼是進入禪定較好的方式，它對於身心健康有何助益？

答：可以這樣來說，出入息，也就是呼吸，在醫學上是一種很特殊的活動。呼吸活動有二種控制，一種是有意識的控制，像深呼吸，暫停呼吸等，可稱之為“mental control”，另外一類，是所謂自主性的控制，如夜間睡覺時的呼吸，以及平時無意識地自動呼吸，是不需要特別去留意的，這叫作“bodily control”，乃自主性的呼吸。在生理學來講，較之於心臟、胃腸的運動，肌肉的收縮，唯獨呼吸這個動作兩種 control 都可以運用，說得明白一些，呼吸是身、心二種活動的唯一交會點，固它具有這種特殊的生理特徵，從這地方注意的話，有一個好處，就是可以同時調節身和心。

問：那麼其它法門的情形如何？

答：目前在台灣最常用法門的應該是「念佛」吧！念佛也有很微妙的效果，它要發出聲音，聲音是自呼吸來的，所以它採取了呼吸修行方法的特徵，是呼吸的一種延伸；另一方面它又是心念的，念佛法門之所以那麼普遍，其原因乃在於：它有兼集呼吸和心念的二種好處。因為純粹注意呼吸的話，有時候宗教的情緒不太容易產生，若在念佛當中能「心口合一」的話，這樣地，念佛者理性的部分和感性的部分才能產生共鳴。

問：念佛時「心口合一」，如何會有信徒的感性上，發生共鳴？

答：我所謂的「心口合一」，是說把佛號「阿彌陀佛」歡喜恭敬地念得清楚。佛號是聲音，亦是念頭，它的意義是可以連繫凡夫與佛之間的關係，對信徒來說，它有很強大的信仰的力量，不像呼吸，不太有什麼特殊宗教上的意義，是很純理性的東西。「稱名念佛」微妙之處，就在於它溝通了信徒心中的理性的感性二處，這一點或許是一般人較少注意到的地方。

問：以下來談一談持誦咒語吧。有老師曾經指出，中國是一個善用文字的民族，像「符籙」便是中國本土宗教的特點；相對而言，印度人對於聲音的運用，似乎也有其特色。

答：印度，或可以說是整個印歐民族，對「聲音」的理解和使用有相當敏銳的獨特性，我們從他們文化中音樂特別發達就能感受到這一點。在印度，有一種認為聲音是很神祕，或者是很神聖的看法，乃至於有派叫作「聲常論」者，認為聲音是常住而永恆的存在；再加上他們認為人和神的媒介可能也是透過聲音，比如說祈禱，咒語等都是作為人與神，或著人與天之間的一種溝通和祈求。如果說，要研究印度人是如何「究天人之際」，而寫出一本書的話，那大概就是一本「聲音論」吧！（笑）

從吠陀時代開始，古印度人的祈禱就很注意聲音的準確性，乃至於牽涉到它的文法結構，譬如對文法中的命令式，他們有特別的詮譯，當我祈求神的時候，我用命令式，經由這個命令式所蘊含的宗教意義，來保証祈禱有效。所以不僅聲音，對於聲音和聲音之間產生的文法結構，他們都有獨到的宗教性的看法。

問：方才法師還提到曾經對修不淨觀作過研究，以及禪定與身心變化的關係，可否作一些說明。

答：不淨觀是面對屍體腐化的過程來作觀察，在修禪的書中，不論是經典，或是論典，都敘述到屍體的變化。很有趣的問題是，南北傳的禪法對屍體變化，其描述的順序並不太一樣，解釋這種「相異」現象的方式有很多種，但是我所關心是，假如用法醫學的方法來敘述的話會怎麼樣？也就是用第三者（南北傳禪法以外）的角度來觀察屍體的變化，該如何去解釋？於是我就從這方面去研究，而得到一個結論，就是：倘若在自然狀況，沒有任何外力的情形下，應該會有一個屍體變化的標準過程才對。我希望能對不淨觀作一個較現代化的詮譯，當一個修行不淨觀的行者具備有這個知識的時候，或可以更正確穩定的來觀察也說不定。從這個觀點，我在這個領域曾寫過一些論文。

另外，身心變化在醫學上有它的意義，可是，這些身心變化的過程不宜太過於執著，按照佛教的觀點，你太過於追求，太過於在意，反而是一個岔路，可能就走向類似於中國的「練氣」，古代印度的「仙人」，或者「瑜伽」這種修行方法，再高的境界可能會有神通，佛教於此並不特別排斥，但也不把它視為是終極目標，因為佛教實際上是藉著禪定，希望解決身心方面的困擾，最後得到智慧解脫，禪定當中所生的身心種種變化，應視為是一種自然過程，沒有必要值得大驚小怪，或視之為終極的境界。就醫學上來講，佛教也會利用修禪定的經驗，對身體上的疾病作一個調節，它不會太過度地重視它，使它向無限制的方向去發展與追求，身體的調節只要到某種程度，不要妨礙修行就足夠了。某些人要將身體調節到幾乎是操縱自如的境地，像印度瑜伽師一樣，可使心臟暫時停止跳動，或將身體埋在土中好幾個月，身體軟得像海綿一樣，或坐在釘床上都不要緊……，將身心控制鍛鍊到爐火純青一樣，但反過來看，要往這條路去發展實在是很可惜，印度瑜伽師們花下很久的時間才能練到這個地步，但身體的情況是會無常變化的，很多瑜伽師，一旦遇到老、病、死的因緣，原本熟練的能力將會退失，則他一生辛苦投注的心血便化為烏有了。「身心」在佛法來講，本是一種有為法，是種種條件組成的，所以，你如果認為這類的鍛鍊就是涅槃，就是解脫的話，那真是名副其實的大上當！

問：最後，法師有什麼話願意告訴讀者的？

答：我對於修行，很希望用理論與實踐並重的態度來進行。因為修禪定的過程愈明朗化，就愈不容易走岔路。我的信念是，你瞭解愈清楚，問題就愈少，我要說的大致就是如此。

附錄

清初承德避暑山莊在多民族國家建構上的角色

——以皇帝政教身份、恩威並施及建築景觀設計為切入點

（國立台灣大學八十七學年度博士班招生考試研究計劃書）

一、研究緣起

在撰寫碩士論文期間就對於避暑山莊甚有興趣，原因是個人選擇明末清初東亞長城以外三個民族的關係為論文主題，在讀史料的過程中，深覺得承德避暑山莊實是滿清皇帝在非漢人的地域——塞外與西北西南邊疆，展現皇權（或汗權）的重要舞台，也因此，山莊蘊含的意義，較多屬於邊區民族的色彩，而顯示出大清帝國原本即是多元民族，多元文化的一個側面，尤其可以反映出康乾盛世這段期間在統治非漢民族的諸多點滴。

避暑山莊具有的意涵相當複雜，至少在康乾兩朝來說，此地是滿洲對被統治的非滿漢民族展示「恩威並施」的統治技巧一個劇場。有時是現以軍威（臨近秋彌所在的木蘭圍場）；有時是以民族文化娛

慶羈縻蒙藏等民族；有時是以建築藏傳佛寺的宗教方式（山莊外圍幾座佛寺）對前來的西藏喇嘛加以攏絡，甚至，在乾隆時代，除了政治外交等目的外，還多加入幾分藝術色彩，這座具有廣大庭園的皇家別宮乃具有類似佛教曼荼羅 (Mandala) 式的小天下的建築設計，不論是庭園、建築，或是寺廟，都有取法自大清帝國東西南北各地的景緻特色融合在一地，各地的牌樓、門匾，亦均書寫上滿蒙漢藏回五體文字，使得來到此處謁見皇帝的各民族代表，在經過大門（麗正門），瞻望山莊景緻時，多會看到一些熟悉的文字和建築，而產生心理上的歸屬感。在避暑山莊的宴飲活動中，搭配的娛興節目又多是蒙古的競擊、西藏的歌舞或新疆一帶民族的傳統節目。這種使用各民族自身活動的象徵對於滿洲欲維持多民族國家的形態，與各民族認同各個非本族組合於同一國家在心態上當有其必要的，滿洲皇帝則在各民族象徵的直線當中，成為各線輻湊的中心點。

此外，建築在山莊外圍的十二座寺廟，如眾星拱月的姿態排列在山莊北方和東方的山坡上（如後圖），暗示著宗教為政治輔弼的地位，為政治所用，這正是清廷對於清初與西藏往來所產生的政教關係處理的一個總結式的表示。總而言之，在避暑山莊處處以空間的設計、活動的安排作為大清帝國頂盛時期的象徵，以皇帝本人為此處最重要的表現者，這個地區的種種活動下，可以象徵性的看出在清朝盛世統治和維持前朝所未有的民族和疆土，所發揮的智慧和努力，這個努力正是從歷史中國到現代中國決定其組成民族和疆域大小的一關鍵性的時刻，值得研究者特別留意。

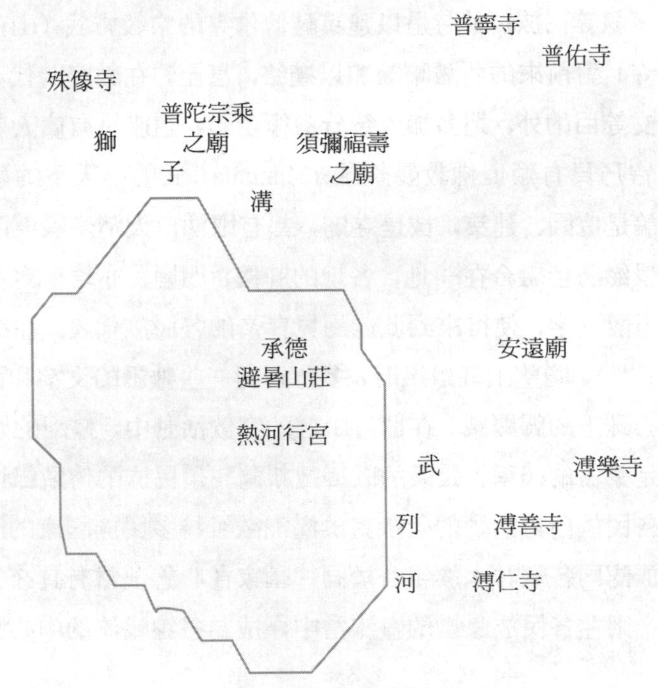

參考：承德市文物局等編，《承德避暑山莊》，北京，文物出版社，1980。（三座較小寺院未列圖中）

二、研究回顧

但是，這個主題雖顯得相當有趣，在台灣的歷史學界對這個主題似乎長久乏人問津，專門學者只有羅運治作過木蘭圍場的相關研究，並未處理避暑山莊的議題；馮明珠亦曾發表外八廟與邊防關係的論文，亦未直接切入到避暑山莊。另有學者從景觀學或文學思想觀念上發表過論文，不過在數量上仍然是極少。

大陸學者的研究成果稍多，大致可以從所附書目看出端倪。可從幾方面來分析其成果：

⑴從歷史淵由的角度來審視避暑山莊，此一方面以袁森坡的研究最有功力。他在許多論文上以分析滿漢兩族統治邊疆的觀念差異，探討避暑山莊建立背後的思想背景，從而以清初國防史的角度，看待滿洲的民族文化政策，可謂有成。

⑵以造園技術、植物配置和景觀藝術來討論避暑山莊。

⑶從政教關係的角度，分別探討「外八廟」的建立和攏絡邊疆民族上的作用。

又，自 1982–1983 兩年開始，在承德召開過多次「避暑山莊學術研討會」，頭兩年共發表了六十三篇論文，再從中選擇編輯出《避暑山莊論叢》一書（參考書目中文論著之 2）。該書內容可謂包羅萬象，有從生態學的觀點討論避暑山莊的植物分配和鳥類保護；有由建築和詩集論收藏《四庫全書》的承德文津閣；有論山莊外圍外八廟的佛像造像藝術；有以宏觀的角度，研究山莊活動反映出康熙、乾隆兩朝的民族政策；也有從現今存留下來的史料，如《康熙首征噶爾丹命福全帥師出征圖》，與乾隆朝的《土爾扈特全部歸順記》等來探討當時史事；也有因乾隆晚年在避暑山莊接見英國使臣拒絕通商一事，探討這段史事的意義。這些研討會的舉行，可說是在廣度上為避暑山莊這一主題打下了基礎，足以提供後續研究者接續向前，將研究的觀點和成果作一匯整，而更進一步朝向深度的探討出發。

在外國學者方面，日本在二次大戰侵華期間似乎對避暑山莊很感興趣，各種調查報告皆出版於此時，本文之末所列舉的僅是其中的一部分，多是探討滿清民族政策和在當地的藏傳佛教藝術有關。歐美方面，瑞典的女性學者 Sven Hedin 曾於 1933 年寫過一本熱河的記事，她參考了一些資料，探討乾隆朝在當地的活動梗概。在美國學界方面，由於美國漢學界一向注意中國近代史的研究，早期因歷史分期觀念所限，一度只注重 1840 年以後的清末歷史。70 年代開始，才逐漸有所改變。近十年以來，清代對邊疆各民族的統治漸有美國學者重視，許多學位論文皆以滿清對新疆、西藏、蒙古的治理，乃致滿清自身民族的認同為主題，甚至在 1980 年代，由耶魯大學博士班畢業的 P. K. Crossley 為首，開始質疑滿洲「漢化」年代的問題，一度還在美國的歷史學界展開論辯。在這種風氣下，產生了以下與避暑山莊有關的研究成果，首先，是在 1993 年，芝加哥大學地理景觀系博士班的 Philip Foret 以避暑山莊的「帝國景觀」為題發表其論文（見後西文論著類之 2）；其二，1994 年夏季在美國人文科學基金會的資助下，密西根大學舉辦了一場為期五週的「承德避暑山莊暑期研究班」，有二十二名跨越學科的學者參與其間，在研究會中討論研究，隨著研究深入，美國清史學者愈來愈瞭解，若繼續忽略清代邊疆學的研究，將無法全面對清朝盛世作認識和解釋。

三、研究主題舉要

在承德的避暑山莊作為清朝皇帝的「夏宮」，其形成的因素當是因為康熙皇帝個人對國防和民族政策考量的結果，與承德當地原先既有的條件大約關係不大。如俄國學者波茲德涅耶夫在其著作《蒙古及蒙古人》(p. 247) 中即如此敘述：

> 就承德府的自然條件來說，它也沒有發展成為一個通都大邑的可能。承德府四周環繞著連綿的崇山峻嶺，好像是一道一

> 百四五十俄里厚的圍牆，這當然能使它很少有進出方便的商路，因此它也就不可能期望在通商方面有所作為。……中國與東北蒙古之間幾乎所有的貿易都取道比較直捷而方便的通過多倫諾爾大路。……可以肯定的說，只是在有歷代皇帝前來巡幸的時候，承德府才是興旺和發展的，皇帝一走，它能成了一個幾乎是不值一提的地方。就是提高它的行政地位也只能賦予它以微弱的生氣。

由此可見，承德作為一個「城市」的生命機能，大致於「清帝巡幸」這一因素有關，而非得自其自然條件。據莊吉發的研究，自康熙十六年開始，帝每年皆到承德巡幸，除了極少數的年代，如康熙三十五、十三十七，帝因故未能啟行之外，一直到康熙六十一年，帝在位的最後一年，猶要前往承德，前往的天數從最初一至兩月到康熙四十年代突然增加為四至六個月，幾乎每年清帝有二分之一至三分之一的時間在承德避暑山莊；乾隆皇帝的情況於乃祖相似，自乾隆六年開始帝巡幸避暑山莊，最初每年不過兩個月，至乾隆三十七年以後，帝住避暑山莊的每年日數開始破百，達到四個月以上，一直到乾隆六十年皆毫不間斷。

因此，本研究所要探討的主題，是康乾兩帝在承德主要的活動是什麼？並嘗試比較居間的雍正帝未去承德的心理上和民族上的因素，然後並在研究中比較康乾兩帝時期的承德與北京，地位上與遼朝的「北京」與「南京」的兩京制度的異同。

其二，本研究意圖在點出「清朝皇帝」，主要是康熙、乾隆兩帝，在承德時期，所扮演的統合多民族國家的角色，及所從事的活動。並嘗試說明乾隆帝在〈避暑山莊百韻詩序〉中所云的：「我皇祖建此山莊於塞外，非為一己之豫遊，蓋為萬世之締構也。」所蘊含的意義。

其三，本研究嘗試點出在史料中出現在承德的儀式活動的安排細節，及其在康熙朝和乾隆朝的差異，以及此種差異的意義。

其四，本研究要探討在避暑山莊反映出的藏傳佛教色彩，尤其以乾隆朝時期，乾隆帝與當時的國師第三世章嘉呼圖克圖如何在承德對當地寺廟作出仿西藏寺院的建構，以作為展現清帝攏絡西藏喇嘛，尤其是六世班禪的舞台，其所反映出政教關係的內涵。

其五，本研究希望透過地圖和實際的體驗來瞭解避暑山莊設計的用意，嘗試以「避暑山莊建成史」的時間角度，展現其中曼荼羅式的建構是否成立，如果答案為是，那麼又是在怎樣的過程中完成的，並嘗試結合文字史料、圖像史料以及實際旅遊的經驗，尋找當時各民族的代表來到山莊，所能感受到的心理反應。

四、研究準備

1. 由於希望能從不同民族的語文記載中，發現一些突破單一民族的史料所可能造成的限制，個人目前正在進行藏文的學習，以期能從藏文資料中看到較能反映出當時的實際感受。

2. 密西根大學當時開會的助理 Jennifer 後來至台灣的史丹佛中心學習中文，本人曾有半年時間和她作語言交換，獲得一些研究方面的訊息。據她告知該次討論會的論文將擇期出版，希望能早日取得該書，以能瞭解西方學界對避暑山莊的研究角度。

3. 本人預計將在今年暑期至大陸承德避暑山莊作實際的考察，以能加深研究時的「臨場感受」。

五、參考書目舉隅

（一）、文獻史料

1. 一般類

＊《清聖祖仁皇帝實錄》（台北：華文書局，1964）

＊《清高宗純皇帝實錄》（台北：華文書局，1964）

＊（清）托津等奉敕修纂，《欽定大清會典事例》（嘉慶朝），（台北：文海出版社，1993）

＊《元以來西藏地方與中央政府關係檔案史料匯編》第二冊，中國藏學研究中心、中國第一歷史檔案館、中國第二歷史檔案館、西藏自治區檔案館、四川省檔案館合編，（北京：中國藏學出版社，1994）

＊（清）沈喻、朱上如，《清聖祖避暑山莊圖詠》，臺北，廣文書局，民72。又名《御製避暑山莊圖》，見陶湘輯，《朱上如木刻四種》，臺北：新文豐出版社，民78。

＊秦仲龢譯，《英使謁見乾隆記實》，香港，大華出版社，1972，6。

2. 方志類

＊（清）海忠修；林從炯等纂，（清）廷杰，李世寅增補，《承德府志》，六十卷，清道光十年(1830)修，光緒十三年(1887)補刊本，4冊；附地圖、圖、表，台北：成文出版社，民57。

＊（清）張子瀛增輯，（承德縣志書），臺北：學生書局，民56，據清宣統二年重編石印本影印。

3. 碑銘類

* 楊天在著《避暑山莊碑文釋譯》，北京：紫禁城出版社，1985。

* 何鳳臣編，《乾隆御制碑文：承德避暑山庄碑文精選》，北京：中國文聯，1991。

* 齊敬之著；承德避暑山庄研究會編，《外八廟碑文注釋》，北京：紫禁城出版社，1985。

4. 詩文類

* 布尼阿林，白鶴齡，羅星明選注，《承德歷代風景詩選》，北京：文化藝術出版社，1987。

5. 地圖類

* 直隸陸軍測量局製圖課班員蘇國珍模繪：《承德縣》? 地圖 ? 比例尺 1:100,000，直隸陸軍測量局，民國 5 年調查，民國 9 年製版。

* 國民政府軍委會北平分會第一處第一組繪《承德府》? 地圖 ?40x55 公分，北平：國民政府軍事委員會北平分會，民國 22 年。

* 日本陸地測量部測製，《承德》? 地圖 ?47x63 公分，比例尺 1:25,000，橫麥卡脫投影收於《中國大陸二万五千分 ? 一地圖集成》第 3 集；第 142 幅，東京：科學書院，1991。

（二）、相關研究論著（中文部分）

1. 袁森坡，《避暑山莊與外八廟》，北京，北京出版社，1981。

2. 避暑山莊研究會編，《避暑山莊論叢》，北京：紫禁城出版社，1986。

3. 天津大學建築系，承德市文物局編著，《承德古建築：避暑山庄和外八廟》，北京：中國建築工業出版社：香港：生活．讀書．新知三聯書店香港分店，1982。

4. 承德市文物局，中國人民大學清史研究所編，《承德避暑山庄》，北京：文物出版社，1980。

5. 劉玉文著，《濃縮天地：避暑山莊營造技藝》，遼寧人民：清代社會文化叢書・科教卷，1997。

6. 孟兆禎著；承德避暑山庄研究會編，《避暑山庄園林藝术》，北京：紫禁城出版社，1985。

7. 傅清遠主編，《熱河行宮》，中國建設出版社，1990。

8. 金濤著，《承德史話》，上海：上海人民出版社，1983。

9. 羅清吉著，《中國傳統庭園與歐洲傳統庭園的比較研究：以承德避暑山莊與巴黎凡爾賽宮苑為例》，國立台灣大學園藝學研究所博士論文，民 86，附插圖照片、英文設明索引。

10. 承德地區民研分會編，《承德的傳說》，北京：中國民間文藝出版社，1984。

11. 承德地區文物管理所編，《木蘭圍場》，北京：文物出版社，1986。

12. 羅運治著，《清代木蘭圍場的探討》，台北：文史哲出版社，民 78。

（三）、相關研究論著（西文部分）

1. Sven Hedin. Jehol: City of Emperors, translated from Swedish by G. E. Nash, New York: E. P. Dutton and co., inc., 1933.

2. Philippe C. Foret, Making an Imperial Landscape in Chengde,

Jehol: The Manchu landscape Enterprise, dissertation of University of Chicago, December 1992.

3. Frederic Wakeman, The Great Enterprise. The Manchu Reconstruction of Imperial Order in Seventeen Century China. Berkeley and Los Angeles: University of California Press, 1985.

4. John Fairbank ed, The Chinese World Order, Harvard Univ. Press, 1968.

5. H. L. Kahn, Monarchy in the Emperor's Eyes: Image and Reality in the Ch'ien–lung Reign", Harvard Univ. Press, 1971.

（四）、相關研究論著（日文部分）

1. 五十嵐牧太，《熱河古蹟と西藏藝術》，東京，第一書房，昭和五十七年十月。

（五）、相關研究論文（中文部分）

1. 王思治，〈清帝興建承德避暑山莊與綏撫漠南蒙古〉，《清史論稿》，巴蜀書社，1987,12。

2. 王璐、天放，〈承德外八廟與西藏的關係〉，《中央民族學院學報》1988:4。

3. 王璐、天放，〈乾隆皇帝與第三世章嘉活佛〉，《西藏研究》1987:4。

4. 王璐、天放，〈承德外八廟與西藏的關係〉，《中央民族學院學報》1988:4。

5. 李克域，〈漫話避暑山莊的造園藝術〉，《承德文史》II，1986,8。

6. 周潤年，〈歷世章嘉活佛與藏傳佛教的連繫〉，《法音》1989:10。

7.袁森坡，〈清代口外行宮的由來與承德避暑山莊的發展過程〉，《清史論叢》二，1980。

8.袁森坡，〈論避暑山莊建立的歷史背景、位置和歷史地理環境——從康熙不修長城的諭旨談起〉，《避暑山莊論叢》，北京：紫禁城出版社，1986。

9.張國柱，〈多倫與章嘉活佛兼談清代對待喇嘛教及其治蒙政策〉，《大陸雜誌》68:2，民 73.02，頁 12–13。

10.莊吉發，〈清初諸帝的北巡及其政治活動〉，《中國邊疆史學術研討會論文集》，台灣師範大學，1995,6。

11.彭俊波，〈清代的皇家園林——承德勝景避暑山莊〉，《歷史月刊》77，民 83.06，頁 4–8。

12.曾慶瑛，〈承德避暑山莊與康熙乾隆的民族政策〉，《歷史知識》，1986:6。

13.黃崇文，〈須彌福壽之廟的建立及其歷史意義〉，《西藏研究》，1989:3。

14.——，〈普陀宗乘之廟的建立及其歷史作用〉，《西藏研究》，1988:2。

15.馮明珠，〈外八廟的興建與清初的西北邊防〉，《食貨月刊》（復），11:11–12，1982,3。

16.賈寧，〈美國史學界的於清代早期邊疆研究的發展〉，《清史研究》1996:2。

17.趙啟光，〈承德避暑山莊的境界——中國哲學宗教和文學傳統在避暑山莊中的體現〉，《九州學刊》3:2(10)，民 78.06，頁 109–118。

18.趙雲田，〈章嘉與清朝的藏傳佛教政策〉，《西藏研究》，1987:2。

19.劉怡瑋，〈清熱河避暑山莊之設計觀念〉，《東吳大學中國藝術史集刊》15，民 76.02，頁 389–422。

20.衛今，犁工:〈統一多民族國家鞏固與發展的歷史見證——承德避暑山莊外八廟〉，《文物》12,1974.

21.羅運治著，〈康熙帝與木蘭圍場的關係〉，近代中國初期歷史研討會論文，台北: 中央研究院近代史研究所，民 77，附圖及地圖。

（六）、相關研究論文（日文部分）

1.北條太平，〈熱河〉，《邊事研究》11:1–5，1934,12——1935.4。

2.鎌田重雄，〈熱河省承德の今昔〉(1)(2)，《歷史教育》14:9–10，1939,1940。

王俊中生平著作及存稿完整目錄

佛教史研究

1.〈中國佛教早期「宗派」問題研究的相關探討——以吉藏及其三論教學為中心〉《諦觀雜誌》，第81期，民國84年4月，頁107–129（亦見：《史原》，第20期，民國86年5月，頁67–87）。

2.〈五台山的「聖山化」與文殊菩薩道場的確立〉，《正觀雜誌》，第7期，1998年12月25日，頁87–113。

3.〈有關五台山成為佛教聖山的二則研究——以與華嚴學興起的關係，和元代藏傳佛教勢力的進入為主〉，收入於《大專學生佛學論文集（八）》，台北：華嚴蓮社與趙氏慈孝大專學生佛教獎學金會，1997年12月。

4.〈近代黃教傳入蒙古之因由初探——以明萬曆六年阿勒坦汗與索南嘉措之會面為中心〉，收入於《妙林》第八十一期，高雄：1996年12月至1997年。

5.〈雍正為何總是「臨難拜佛」〉，http://www.jdisc.com.tw/china_drama/history/buddhism.htm。

6.〈帝王與宗師－雍正與佛的一段因由〉，《法光》，第51期，民國82年12月10日，第4版。

7.〈救國、宗教抑哲學？——梁啟超早年的佛學觀及其轉折（1897–1912）〉，《中國歷史學會史學期刊》，第31期，1999年6月，頁93–116。

8.〈日本佛教的近代轉變——以佛學研究和教團傳教為例〉,《獅子吼》,第 33 卷,第 4 期,1994 年 4 月 15 日,頁 27–36。

9.〈評江著《廿世紀台灣佛教的轉型與發展》〉,《台灣研究通訊》7–8 期合刊,新竹:清華大學人文社會科學台灣研究室,1996 年 4 月。

10.〈評江著《殖民統治與宗教同化的困境:日據時期台灣新佛教運動的頓挫與轉型》〉,《台灣宗教研究》第二期,2000 年 12 月。

西藏政教史研究

1.〈「滿洲」與「文殊」的淵源及西藏政教思想中的領袖與佛菩薩〉,《中央研究院近代史研究集刊》,第 28 期,1997 年 12 月,頁 89–132。

2.〈與李勤璞先生商榷:入關之前滿洲藏傳佛教「建立」的問題〉,《中央研究院近代史研究所集刊》,第 31 期,1999 年 6 月,頁 253–257。

3.〈五世達賴來訪北京時期的清藏關係〉,第三屆歷史學論文討論會,台中市:東海大學歷史學系,1997 年 5 月 17、18 日,23 頁。

4.〈藏傳佛教格魯派的發展與在蒙古傳教——五世達賴喇嘛在西藏掌權的前夜(上篇)〉,《正觀雜誌》,第 10 期,民國 88 年 9 月 25 日,頁 109–161。

5.〈藏傳佛教格魯派的發展與在蒙古傳教——五世達賴喇嘛在西藏掌權的前夜(下篇)〉,《正觀雜誌》,第 11 期,民國 88 年 12 月 25 日,頁 151–194。

6.〈蒙藏二度的政教合作:五世達賴久噶丹頗章政權在西藏的建立〉,民族問題學術研討會,台北市:台灣歷史學會,1998 年 3 月 14 日,26 頁。

7.〈清太宗皇太極時期滿洲「藏傳佛教政策」的演變——以滿洲與蒙古之關係發展為切入點〉,第二屆宗教學與佛學論文研討會,嘉義:佛光大學南華管理學院，民 87 年 5 月 1–2 日，頁 247–269。

8.〈對蒙古帝國前朝與烏斯藏教派關係的再考察（1240–1256）——特別論究薩迦派地位的發展與轉折〉，國立台灣大學歷史學研究所博士生學期報告，19 頁。

9.〈台灣與西藏及在台的藏傳佛教研究〉，《思與言》，第 37 卷，第 2 期，1999 年 6 月，頁 69–102。

10.〈明末右翼蒙古土默特部阿勒坦汗（Altan Khan）建立呼和浩特（Koke khota）城與藏傳佛教格魯派的關涉〉，國立台灣大學歷史學研究所「宋遼金史專題研究」課程期末報告，13 頁。

其他論著

1.〈從通賢神女到天上聖母媽祖神話的演變和歷史意義〉，《國語日報》，1990 年？ 月？ 日，? 版 。

2.〈城隍信仰研究三題〉，國立台灣大學歷史學研究所「中國城市史」課程報告，10 頁。

3.〈明代漕運與海洋政策的一些觀察——以隆慶末年「漕糧海運」的興罷為例〉，《史繹》，第 21 期，1990 年 5 月，頁 57–87。

4.〈王心齋與其泰州學派（上）〉，《國語日報》，1990 年 12 月 12 日，版 8。

5.〈王心齋與其泰州學派（下）〉，《國語日報》，1990 年 12 月 19 日，版 8。

6.〈清初承德避暑山莊在多民族國家建構上的角色——以皇帝政教身份、恩威並施及建築景觀設計為切入點〉，國立台灣大學八十七學年度博士班招生考試研究計劃書，9 頁。

7.〈走上一神教的道路早期猶太人的宗教史（上）〉，《國語日報》，

1990 年 9 月 19 日，版 8。

8.〈走上一神教的道路早期猶太人的宗教史（下）〉，《國語日報》，1990 年 9 月 26 日，版 8。

9.〈為阿富汗人民及巴米安大佛合十祝禱〉，《法光》，第 138 期，民國 90 年 3 月，第 3–4 版。

10.〈靈山何處〉（筆名「月湧大江」），《法光》，第 137 期，民國 90 年 2 月，版 1。

11.〈神秘現象的生命科學觀〉，《法光》，第 70 期，民國 84 年 7 月，版 2。

12.〈對陳永發教授《中國共產革命七十年》（上）一書的試評和建議〉，國立台灣大學歷史學研究所「中共史專題」課程學期報告，10 頁。

訪問紀錄

1.〈西藏與藏傳佛教一席談——訪大陸藏學學者王堯教授〉，《法光》，第 60 期，民國 83 年 9 月 10 日，版 4。

2.〈禪定與醫學－訪西蓮淨苑惠敏法師〉，《法光》，第 54 期,，民國 83 年 3 月 10 日，第 3–4 版。

後記

一個失落的希望

歷史乃是「究天人之際、通古今之變、成一家之言」的一門大學問。也是椿值得學者畢生從事的千秋大業。我是個學歷史的、教歷史的，同時也是個熱衷於歷史的研究者，所以常鼓勵有志一同的年輕後輩與我攜手奮鬥，藉期對於歷史教學與研究工作能有更多的貢獻。適巧小兒俊中在這樣的環境薰陶下，漸漸地對歷史這塊領域也產生了濃厚的興趣，並且正不斷地朝著學術研究方向邁步前進。因此，非僅同輩友人深羨我「後繼有人」，而我也常為此引以為慰。

俊中出生於民國五十六年 (1967) 十二月六日，自二歲開始就進入台北幼幼托兒所，接著就讀永和野聲幼稚園、育才小學、台北師專附小、台北和平國中。不料，就在他剛剛讀完國中一年級時，卻突然察覺在身後有一腫瘤。經過台大醫院做了切片檢查，出來的結果，卻是鼻咽癌；而且是已經轉移到耳後淋巴的中晚期。這樣的訊息在我們平靜的生活中，真不啻是一個晴天的霹靂，在暗地裡也不知流過多少的淚水。在束手無策之下，我們只得遵照醫囑做放射線鈷六十和化學藥物治療。此外，還到處搜尋密方，以加強療效和降低治療後所產生的副作用。經過二個多月密集搶救後，小命雖然得以暫時保全，惟諸多的後遺症卻如影隨形地伴著他日後的歲月，造成他在生活上許多看不見的痛苦。同時也形成了他艱忍奮發的性格，而以堅毅不拔的意志力走出一條自己的道路。

其後，為了他於大病之後心理的調適，我們特別為他轉學到南門國中。在那裡頗受到教務主任許瀛日先生和級任老師莊小萍的愛護。由於他曾一度休學，深知讀書的可貴，故而倍加努力勤學，畢業後遂順利地考進建國中學。在那裡又幸運的遇到一位從師大歷史研究所畢業的藍宏老師（他曾是我的學生）。藍老師常常鼓勵學生做專題討論，練習寫報告，使學生獲得不少的啟發。俊中曾在《國語日報》發表過幾篇小文章，就是在那個階段的處女作。

提到俊中的史學訓練，如果說是得力於家教，實不如說是得力於台大為多。據我所知，他在台大讀書期間曾有三位老師對他影響很大。首先是在一年級時教他《史學導論》、二年級教他「明史」的徐泓教授。徐教授年輕熱情，又富於理想，教學也有他自己的一套方法，因之為俊中的史學研究奠定了一個良好的基礎。如〈明初的漕運〉一文，即是那時的一份明史報告。第二位是李永熾教授，他擔任俊中的碩士論文指導。對學生的要求甚為嚴格，論文未達到一定的標準，絕對不予過關，對於俊中自然是個很好的訓練。另外就是他的博士論文指導老師黃進興教授。黃教授為哈佛博士，學養豐富，為人溫文儒雅，言教身教，經師人師。無論是學術研究，或是為人處事，都使他獲得不少的教益。當然，還有多位曾教過他的教授，其功亦不可沒。惟因我對他選課的情形並不知其詳，無法一一列舉。謹以一個家長的身份對於他曾受教過的所有教授，深深致以無限地感謝。

師長之外，俊中與同學之間的相處，亦大體甚為融洽。如金仕起、王仁祥、湯世鑄等，大夥頗能合作無間、互相切磋，其中以學長江燦騰對他的研究影響較深。燦騰曾是我的學生，也是一位研究宗教史的專家。在他的博士還未畢業前，就已經有四、五種學術論著的出版，表現非常傑出。而且他的為人也很正直而講義氣，除鼓勵俊中的學術研究之外，還特別推薦俊中的碩士論文《五世達賴教政權力的崛起》，列入於其所主編的佛教文化叢書之內，由新文豐出版公司於 2001 年 11 月刊印。

俊中於就讀研究所期間，也曾不斷地擔任過學術主持者的助理工作。計曾從中研院近史所陳存恭教授整理徐繼畬及徐世昌的資料；從許文堂與張力二位教授整理口述歷史的工作；在黃寬重、劉增貴二位教授的指導之下，擔任史語所「史學連線」網站管理的工作。在台大方面，高明士所長曾命他擔任《台大歷史學報》的責任編輯；李東華院長曾推薦他參與台大校史的編輯工作。此外，法光佛學院的智宣法師與蕭全松院長則聘用他為《法光》雜誌月刊的編輯等。這些前輩學者對於他的栽培與提攜，都值得我們深深感謝。本來在他博士學科完成後，一位前輩尚計劃推薦他到一間大學兼任教職。可惜，就在他於博士學科考試結束後不久，竟因長期受到台大一黃姓教授與台北師院一耿姓副教授的無端指控與誣衊，並不斷地施以威嚇及騷擾，以致他大感苦惱。終因刺激過深，導致腦溢血而一病不起。並於民國九十一年 (2002) 四月十七日逝世於台大醫院，計得年尚不及三十五歲。以他在史學及語文（英、日、藏、滿文）方面所付出的心力，以及在電腦操作應用等技能的訓練，如能再假以時日，其對史學研究的成績當不止於此。他的英年早逝，非但是一位熱衷於史學研究者的一大悲哀與遺憾；同時，也留給我們全家一個錐心刺骨的永恆傷病。因為我們非但失去了辛苦栽培的一個愛子；同時，也失落了一個美麗的希望。

俊中於去年 (2002) 一月十五日還與台大的同學爬山。不料，當晚深夜卻突然昏倒於地，醒來後即無法言語和行動了。由於無家人在旁，躺地一日夜，直到十七日的早晨方才為室友鄧淑芳、吳菁菁兩位學妹發覺。經緊急聯絡一一九救護車。並通知師大鄭瑞明教授，才由樓下熱心的鄰居江陳燕雪女士護送至最近的市立仁愛醫院急診室。但在那兒卻並沒有給予任何的處治。幸而不久台大生活輔導處的郭玉華教官及時趕來，在她熱心四處聯絡下，方得以轉進台大醫院急診室，由黃勝堅醫師主持治療。整整在那裡住了三個月，不知受了多少地折磨與苦痛。其間所經歷的辛酸，真是非一言所能盡。

我們是一月十七日的傍晚方由師大教授葉高樹以越洋電話告知，頓時全家陷入一片愁雲慘霧之中，心中更是充滿了忐忑與不安。隨即緊急購買機票。當時我原擬與內人同行，但內人以我患有疝氣，且年事已高，經不住這樣沉重的打擊，恐怕再生枝節，因之堅持獨自扛下這付重擔。在台北期間，她除了要面對愛子的病痛之外，還要各處奔忙，處理一切相關的事務，真是千頭萬緒，心力交瘁。幸得台大的李東華院長、高明士所長、張秀蓉教授、張嘉鳳教授、黃進興教授的關懷以及金仕起、王仁祥、湯世鑄、江燦騰、呂小燕、賀廣如、王培紅、陳元朋、王和安，余曉嵐、黃玫茵、雷逸婷、李渝、王鵬惠、陳閔惠、郭文雄等同學的相助。而師大的鄭瑞明教授、朱鴻教授和葉高樹教授與施志汶教授以及何萍博士，也都聞訊趕來伸出援手。其他如謝劍教授夫婦、魏乃文先生夫婦、林華英女士以及俊中的幾位建中同學，都曾盡力地予以協力，因而才使內人不致陷孤立無援的地步。尤其是張秀蓉教授與黃進興教授幫忙為多。張教授是俊中的導師，也是我在台大時的學妹。為俊中之事，數度與台大院方連繫，以爭取最佳的醫療。儘管因車禍而行動不便，但仍然經常前往醫院探視。慈悲心腸，感人至深。黃進興教授是俊中的博士論文指導教授（其論文題目為「清初承德避暑山莊在多民族國家建構上的角色」）。於聞悉俊中住院後，仍然於百忙之中，抽暇趕赴醫院關注，計前後達三十餘次之多。除與醫師討論病情外，還特別地寫俊中爭取到一份補助金，以濟燃眉。似此悲天憫人，仁心慈腸，於今實不多見，使我們夫婦數度感動地流下眼淚。另外，我還要再次地提到俊中的那一班好同學們，他們不但主動設立俊中網站，隨時公布病情，連絡同學排班輪流看顧，同時還為了後續的養護費用，籌劃募款事宜。其後，並出錢出力在台大文學院為俊中籌辦了一場追思紀念會。充份地展現出一股濃郁的同學之愛，手足之情。其他關懷俊中的師長、同學還有很多很多，實在無法於此一一盡述。他們或者親臨醫院探視；或者致以卡片祝福關懷；或者賜予餽遺；或者默默地為他祈禱；或者來參加他的追思紀念會，這些隆情厚誼，都使我們萬分地感謝。

最後，我也要特別感謝俊中的舅舅和舅媽，李偉天先生和謝瑜女士。他們不但於俊中生病期間，每天都於下班後不辭辛勞地前往醫院探視，並且隨時協助內人處理一切難題，甚至三更半夜還要陪同在開刀房門前守候。直到今日，他們還在為俊中的遺文出版事宜負責與各方連絡。雖係至親，在他看來乃是誼所當為，可是這一份高尚的情誼，仍使我們永遠難以忘懷。

承蒙俊中好友江燦騰、金仕起等同學的雅意，擬將俊中生前所發表過或未發表的遺文，裒集成帙、予以出版，作為紀念。他們都有工作在身，生活也相當忙碌，而對這位亡友竟能如此熱情相助，殊為令人深為感佩。目前蒐集工作已經告一段落，中經金仕起往返奔走、多方聯絡，復經江燦騰加以整理排比、潘光哲輸入電腦，李訓詳與書局接洽，終於獲得東大圖書公司的首肯，同意將此書出版，後承黃進興教授慨允賜序，師恩有情、千秋高義。我與內人謹於此再度地表示謝忱。

王家儉

二〇〇三年三月八日于

溫哥華之寄廬

現代佛學叢書

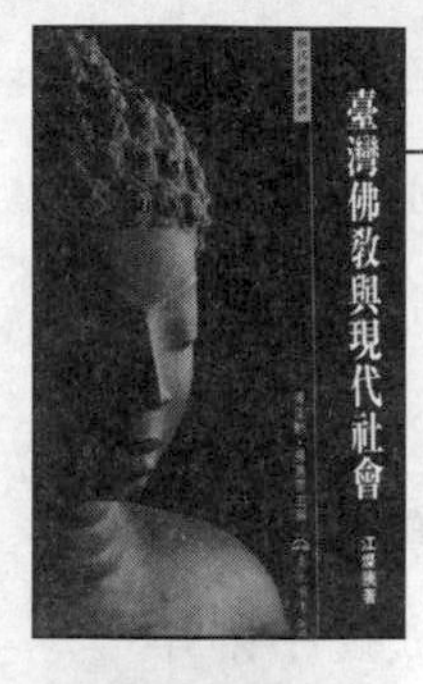

◎ 臺灣佛教與現代社會　江燦騰／著

本書是專為理解當代臺灣佛教理念和社會關聯性而寫的新著。由於作者長期精研近代中國佛教思想史和臺灣佛教發展史，因此本書除了一貫奠基於深厚的佛教文獻學知識之外，並能以深入淺出的筆法，介紹臺灣佛教在現代社會中的變遷與適應，以及交代各種相關的佛教人物在此時代環境中所扮演的角色。

◎ 學佛自在　林世敏／著

佛學的卷帙浩繁，理論深奧，盡人皆知。然，空有理論而不知如何實踐，只能徘徊在佛學門外，不能一窺它的富麗；也難畫餅充飢。現代人汲汲營生，爭逐名利，往往迷失人生的方向，自墮煩惱的深淵，不見天日。本書從佛學的觀點，活用佛學的內容，試圖提出一條用佛學來做人處世、來品嚐生活、來揭示生命意義的方法。其文筆輕鬆，禪 意盎然，深入淺出，最適合一般初學的社會大眾閱讀。

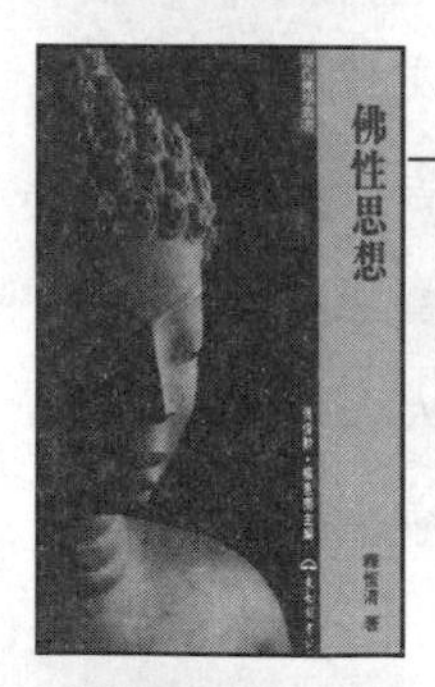

◎ 佛性思想　釋恆清／著

本書共收六篇專文，前三篇是印度佛教中有關佛性思想之經論的研究，即《大般涅槃經》、《寶性論》、《佛性論》的佛性思想。第四篇討論《大乘起信論》的心性說。第五篇討論初唐性宗和相宗關於「一性」、「五性」的爭辯。最後一篇則是從天台宗主張草木有性談到現代深層生態學，以論證佛性說可為現代生態學的哲理基礎。

◎ 佛學新視野　周慶華／著

本書旨在指出「對治現代化」是再度開展佛學研究最有遠景的取向。書中各章，有的直接表露佛教對治現代化可以最見力道，有的先強化佛教本身的「功能」而間接導向對治現代化的道路，充分顯示作者對佛教未來發展的一點期望，而總題為「佛學新視野」。

◎佛教史料學　藍吉富／著

本書是一部綜合討論佛教文獻的著作，是專為佛教研究者所設計的史料學專書。首先將各種常見的大藏經作實用性的分析； 其次介紹重要的佛教叢書與工具；然後分別論述印度、中國（含西藏）、南傳、日本等系佛教文獻的內容及特質；最後又以實例說用佛典翻譯、版本、藏外文獻、偽經與遺跡等項在佛教研究過程中的不容忽略。

◎宋儒與佛教　蔣義斌／著

本書由山林佛教的建立，討論宋儒在山林間講學、建立書院的現象；從佛教與宋儒賦予蓮花、芭蕉的意含，說明宋儒受到佛教影響，而又不同於佛教的複雜情況；並又不同於佛教的「大雄」、「大丈夫」與二程的「豪雄觀」，展現儒佛理想人格的差異。全書藉由對上述新領域的探討，呈現出宋儒與佛教對話的「錯綜複雜」關係。

◎淨土概論　釋慧嚴／著

本書分教理・教史上下兩篇。在上篇教理方面，是根據般若系統的經論及淨土三經，依序介紹〈淨土的原義〉、〈淨土與極樂世界〉、〈阿彌陀佛與極樂世界〉、〈 四十八本願及三輩九品往生〉。而下篇教史則循繹彌陀淨土教在中國流傳的經緯，及其在流傳過程中逐漸漢化的經過，說明它是在漢族文化土壤上衍生出的信仰。

◎佛學與當代自然觀　李日章／著

本書的目的，在於以當代物理學與哲學印證佛學對世界的一貫看法，如「緣起性空」、「萬法唯識」、「諸行無常」等等。相對論物理學與量子力學的新發現，是作為證明的 實例。前者證明事物在物理層面的「緣起」性；後者證明佛學主張的「一切唯識」、「萬物一體」、「性空」、「無常」、「萬物相因互入」。而懷德海與羅素的論述，則可視為 佛學在宇宙論與認識論上的同調。

◎中國末代禪師　陳慧劍／著

虛雲老和尚自一九五〇年以來，被中國佛教界尊為「民國四大高僧」的首座，誠是實至名歸。他雖非鳩摩羅什、玄奘三藏因譯經、取經為中國佛教出繁花碩果，也非道生、達摩能為中國佛教思想建立一片新天地；但他在中國佛教的末法時代，作為一位孤臣孽子，承擔了歷史上的災難，肩負起中國佛教興滅繼絕的大任，而「捨身飼虎」，為佛家命脈投入洪流，實在是驚天地、泣鬼神之悲歌；至於他一衣一缽、深入禪定、歷遍千山萬水，重興故剎，則猶是餘事！

◎臺灣佛教一百年　闞正宗／著

本書旨在介紹近百年來在台灣具有重大影響力的佛教宗派，當然有些宗派或許名不見經傳，但其地方性的影響力卻未必不存在，這些在本書都有適當的說明。台灣佛教的宗派主要傳承自福建鼓山湧泉寺，以臨濟宗為最多，在日據時代初期才有傳承曹洞宗派的覺力法師由閩來臺，其亦出身於鼓山湧泉寺，是台灣佛教四大法派的開創者，其弟子至今在台灣佛教界仍深具影響力，光復後的台灣佛教以大陸來臺僧侶為主導力量，其中又以江蘇籍為最多，至今仍是台灣佛教的主流力量。

◎道教與佛教　蕭登福／著

道教影響於佛者，有儀軌上的，有哲理上的，有習俗禁忌，及鍊養術法。在哲理上的，如道教太極圖被唐代的宗密拿來解釋佛教唯識學、清代的行策用來說明禪宗的曹洞宗；甚至唐代禪宗的不立文字、明心見性、頓悟成佛等，也都與老莊的思想有關。再者，在儀軌及習俗、鍊養上，道教的講經儀、壇儀、符印、星斗崇拜、安宅、葬埋、藥餌等等，也都曾對佛經有所影響，常被佛經所襲用。而道教房中術與佛教密宗無上瑜伽，更有密切關係。

◎天台性具思想　陳英善／著

只要人們出社會找工作，「勞動基準法」就如影隨形。從工資、休假、退休……，處處規範著一輩子的勞資關係。小職員要懂法，大老闆也要守法。本書是一部關係千萬人一生的實用法，作者長期服務公職，以其法律專業素養和豐富的勞工行政經歷，兼顧法理與實務，不論是有心鑽研這部實用法，或是一般勞工大眾，都可以從中收穫良多，很值得一讀。